JN485702

글로벌화와 국가전략

경북대학교 기초교육원
복현모둠강좌 No. 2

글로벌화와 국가전략

초판 인쇄 2010년 10월 28일 | **초판 발행** 2010년 11월 1일

저자 박경로 · 서익진 · 심승진 · 홍성민 · 김은기 · 손철성 · 이강국 · 김형기 · 조희연 · 김호기 · 임혁백
편자 김형기
펴낸이 함인석 | **펴낸곳** 경북대학교출판부

출판등록 1973년 10월 10일 ㉣ 97호 | **주소** 대구광역시 북구 산격동 1370번지
전화 053) 950-6741~3 | **FAX** 053) 953-4692
이메일 press@knu.ac.kr | **홈페이지** http://knupress.com

ISBN 978-89-7180-305-9 93320

값은 표지 뒷면에 있습니다.
잘못 만들어진 책은 바꾸어 드립니다.

글로벌화와 국가전략

저자_박경로 · 서익진 · 심승진
홍성민 · 김은기 · 손철성
이강국 · 김형기 · 조희연
김호기 · 임혁백

편자_김형기

경북대학교출판부

책을 펴내면서

2008년에 발생한 세계경제위기를 계기로 그동안 진행되어 온 글로벌화 globalization에 대한 전면적 재검토 필요성이 제기되고 있다. 지난 30년간 전개된 글로벌화의 성격과 그 효과를 분석하고 '모두를 위한 글로벌화'란 관점에서 새로운 글로벌화 전략을 모색하는 것이 이 책의 목표이다. 이 책은 경북대 기초교육원이 교양교육 혁신의 일환으로 마련한 프로그램인 '복현모둠강좌' 중의 하나였던 〈글로벌화와 국가전략〉(2009년 1학기)에서 이루어진 강의내용으로 구성되어 있다. 필자는 이 강좌를 기획하고 진행한 후 강의 노트들을 묶어 이 책을 발간하였다.

이 책은 글로벌화의 개념과 그 다양한 측면을 소개하고 세계사 속의 글로벌화 추세를 개관한 후, 글로벌화가 경제, 국가, 시민사회, 사회적 의식 등의 측면에 어떤 변화를 초래하였는지를 경제학, 정치학, 사회학, 철학 등 서로 다른 학문의 관점에서 총체적으로 분석한다. 그리고 글로벌화의 승자와 패자를 성장, 고용, 분배의 측면에서 밝히고 글로벌화에 대한 찬반론을 검토한다. 나아가 글로벌화에 반대하는 다양한 사회운동을 알아보고 대안적 글로벌화의 비전과 전략을 논평하며, 한국의 바람직한 글로벌화 전략을 제시한다.

제1장은 글로벌화의 배경과 추세에 관해 경제사적으로 조망하는 경북대 박경로 교수(경제학)의 강의 내용이다. 제2장은 생산과 금융의 글로벌화를 포함한 경제적 글로벌화의 성격을 밝히는 경남대 서익진 교수(경제학)의 강의 내용이다. 제3장은 글로벌화의 경제적 측면, 즉 경제적 글로벌화의 핵심주체인 다국적기업의 활동에 관한 경북대 심승진 교수(국제경제학)의 강의 내용이다.

제4장에서는 동아대 홍성민 교수(정치학)가 글로벌화에 대한 정치학적 접근에 기초하여, 국민국가가 글로벌화에 따라 약화되고 있는지 아니면 국가의 역할이 변화하고 있는 것인지를 논의한다. 제5장은 글로벌화에 따른 다문화 현상을 어떻게 이해하고 대응해야 할 것인지를 다루며, 이 분야의 전문가인 고려대 김은기 교수(사회학)가 집필했다. 제6장은 글로벌화에 대한 철학적 접근으로서, 글로벌화 과정에서 나타나고 있는 두 가지 상반된 경향인 세계시민주의와 애국주의에 관한 경북대 손철성 교수(철학)의 강의 내용이다.

제7장에서는 『다보스, 포르투 알레그레 그리고 서울 : 세계화의 두 경제학』이란 책의 저자인 일본 리츠메이칸대 이강국 교수(경제학)가 글로벌화의 승자와 패자라는 주제를 다룬다. 제8장은 글로벌화에 대한 찬성론과 반대론의 논리를 소개하고 논평하는 경북대 김형기 교수(경제학)의 강의내용이다.

제9장에서는 성공회대 조희연 교수(사회학)가 현재 진행되고 있는 신자유주의적 글로벌화에 대항하여 세계 각지에서 나타나고 있는 다양한 반反글로벌화 운동들의 특성을 소개한다. 제10장에서는 현행 신자유주의적 글로벌화와 반글로벌화를 넘어서는 대안적 글로벌화 방향을 연세대 김호기 교수(사회학)가 모색한다. 제11장에서는 고려대 임혁백 교수(정치학)가 글로벌화 추세에 대응한 한국의 세계 전략을 제시하고 있다.

서로 다른 전공 교수들이 글로벌화라는 하나의 주제를 놓고 다학문적 접근을 했다는 점에 이 책의 특징이 있다. 이 책을 통해 독자들은 글로벌화라는 현상을 다양한 측면에서 인식할 수 있을 것이며, 글로벌화의 빛과 그림자를 알게 되고, 지구촌 주민들 모두의 삶의 질을 높이는 대안적 글로벌화 방향을 이해하게 될 것이다. 우리 학생들이 장차 글로벌 리더로 성장하기 위해 필요한 기초 소양을 갖추는 데 이 책이 조금이나마 도움이 되기를 희망한다.

2010년 10월

집필자를 대신하여

김형기

차 례

책을 펴내면서 004

제1장 / 세계화의 역사적 이해 _박경로 009

제2장 / 경제적 글로벌화 : 생산과 금융을 중심으로 _서익진 049

제3장 / 다국적기업과 글로벌화 _심승진 063

제4장 / 세계화와 국가의 역할 변화 _홍성민 089

제5장 / 세계화와 다문화주의 _김은기 103

제6장 / 세계시민주의와 애국주의 _손철성 129

제7장 / 세계화의 승자와 패자 _이강국 145

제8장 / 글로벌화에 대한 찬반 양론 _김형기 167

제9장 / 반세계화운동의 전개, 성격과 전망 _조희연 187

제10장 / 대안적 글로벌화의 비전과 전략 : 지속가능한 세계화의 과제와 전략 _김호기 203

제11장 / 글로벌화와 한국의 국가전략 _임혁백 223

제1장

세계화의 역사적 이해

박경로(경북대학교 경제통상학부)

1. 머리말

2. 세계화란 무엇인가?

3. 시장 통합의 역사

4. 세계화의 역사가 주는 교훈 : 결론을 대신하여

제1장

세계화의 역사적 이해

박경로

1. 머리말

미국의 시애틀에 본사를 둔 스타벅스는 2008년 현재, 전 세계 49개국의 16,635개 가게에서 커피를 판매하고 있다. 이 가운데 미국에 위치한 가게가 11,068개이고 캐나다에 약 1,000개, 일본에 800개 이상의 가게가 있다 (Starbucks Coffee Company 2008). 우리나라에서도 스타벅스 커피가게를 손쉽게 볼 수 있다. 그뿐만이 아니다. 어릴 적부터 외국으로 유학을 떠나는 아이들이 늘고 있는 가운데, 조만간에 우리나라 안에서도 아이들이 미국 학교의 분교를 다닐 수 있게 된다고 한다. 우리만 외국의 상품과 서비스를 소비하는 것은 아니다. 일본이나 미국, 중국, 동남아, 중동, 아프리카 사람들까지 우리나라 영화나 노래를 즐기는 세상이다. 바야흐로 세계화 시대이다. 지구가 한 마을이라는 생각이 점차 강해지고 있는 것이다. 이와 함께, 세계화가 진행되면 사람들의 생활이 더욱 좋아질 것이라는 생각도 확산되고 있다.

하지만 세계화에 대한 반발도 만만찮다. 세계화와 관련한 다양한 모임이 열릴 때마다 세계화를 반대하는 시위가 일어나는 풍경은 이제 낯선 일이 아니다. 세계화가 사람들의 삶의 질을 더욱 낮춘다는 생각도 확산되고 있는 것이다. 2008년 우리나라의 봄을 뜨겁게 달구었던 미국산 쇠고기 수입반대 시위는 먹을거리의 안전성과 농산물시장 개방 과정에서 정부의 자주적인 태도에 대한 우려에 기초한 것이었다. 외국의 값싼 제품을 소비하는 데 따른 부작용에 대한 우려가 확산되기는 미국에서도 마찬가지이다. 예를 들어 중국산 장난감에서 아이들의 건강에 유해한 물질이 검출된다는 뉴스나, 상품 및 서비스 무역의 확대로 인해 미국의 일자리가 없어진다고 성토하는 정치인들의 주장을 미국의 신문과 방송에서 심심찮게 접할 수 있다. 최근에 일본 브랜드 자동차의 안전성을 둘러싸고 미국과 일본 사이에, 그리고 미국 내에서도 일본 자동차 회사의 공장이 입주한 주들과 그렇지 않은 주들 사이에 심각한 견해 차이가 나타나는 것도 세계화와 무관하지 않아 보인다. 그뿐만 아니라, 세계화가 소득분배의 형평성을 악화시키고 한 나라의 경제적 충격이 세계적인 위기를 초래할 것이라는 우려의 목소리도 커져 가고 있는 실정이다.

그렇다면 세계화는 무엇인가? 세계화가 사람들의 삶에 어떤 영향을 끼칠 것인가? 세계화는 앞으로도 계속 가속화될 것인가? 세계화를 추진하는 힘은 무엇이고 방해하는 힘은 무엇인가? 바람직한 세계화를 위해 우리는 어떤 자세를 취해야 하는가? 이러한 문제들과 관련하여 다양한 사회과학 서적과 논문, 방송 토론과 신문 칼럼들이 숱하게 쏟아져 나오고 있다. 세계화는 실로 복잡한 과정이다. 따라서 다양한 시각과 관점에서 접근해야 할 문제이다. 여기에서는 세계화를 역사적 관점에서 이해하고 교훈을 얻기 위해 몇 가지 주제를 살펴보고자 한다.

2. 세계화란 무엇인가?

세계화globalization는 사상과 기술, 정치, 경제, 문화, 환경 등 다양한 차원의 현상이다. 경제적 차원에서 세계화란 '세계적 규모의 시장 통합'이라고 흔히 정의된다. 다시 말해 '생산물(재화와 서비스)과 생산요소(노동과 자본)의 시장이 더욱 밀접하게 국제적으로 통합되는 과정'을 세계화라고 부르는 것이다(Bordo 2002 : p.20).

그렇다면 '시장 통합market integration'은 어떤 개념인가? 예를 하나 들어 보자. 대구와 서울의 의료 서비스 시장이 분리되어 있다면, 대구 지역의 주민들은 대구의 병원을 찾아서 의료 서비스를 구매할 것이다. 하지만 KTX가 개통된 이후에 대구와 서울 사이의 시간적 거리가 단축되면서 대구 지역의 주민이 서울에 있는 병원을 찾는 경우가 늘고 있다. 실제로 서울의 종합병원 가운데에는 지방에서 찾아오는 고객의 편의를 위해 서울역과 병원 사이를 오가는 왕복버스를 운행하는 경우도 있다고 한다. 이처럼 KTX로 인해 대구 지역의 주민이 서울의 병원으로부터 의료 서비스를 구매하게 된 경우를 대구와 서울의 의료 서비스 시장 통합이라 할 수 있다.

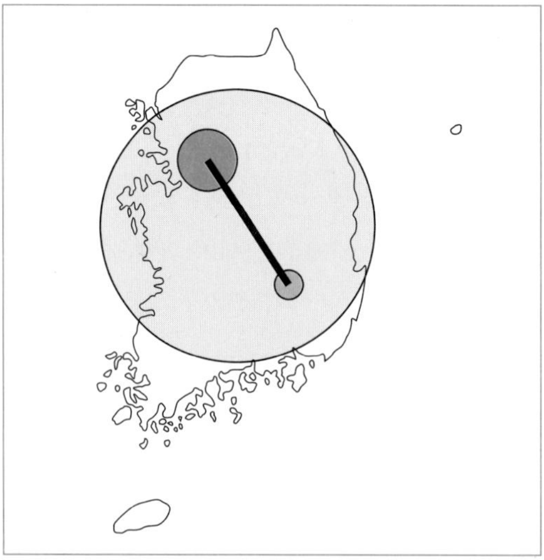

[그림 1] KTX 개통으로 인한 대구와 서울 의료시장의 통합

그렇다면 두 지역의 시장이 통합되는 것은 두 지역의 사람들에게 어떤 결과를 안겨 줄 것인가? 아담 스미스는 분업이 발달할수록 사람들의 경제적 삶의 수준이 더 나아질 것이라고 생각했다. 생활에 필요한 것들을 자급자족하는 경우보다 각자가 잘 만들 수 있는 제품을 만들어 서로 맞바꿀 경우에 더욱 윤택한 소비생활을 할 수 있다는 것이다. 이러한 분업과 교환의 이익은 시장이 커질수록, 즉 분업과 교환에 참여하는 사람들이 늘어날수록 커질 것이다. 아담 스미스는 이를 "전문화의 정도는 시장의 크기에 달렸다."라고 표현했다. 이런 관점에서 보자면, 시장의 크기를 증가시키는 시장의 통합은 경제를 발전시키고 사람들의 생활을 윤택하게 할 것이다. 즉 세계화는 사람들에게 이익을 안겨 준다.

그렇다면 시장은 왜 무한히 통합되지 않는가? 전통적인 경제학은 다음의 두 가지 이유를 들어 시장의 통합이 제한된다고 본다. 첫째는 수송비용과 같은 기술적 제약이다. 내게 필요한 것을 아무리 잘 만드는 사람이 있다고 하더라도 거리가 멀거나 길이 험해 그 사람이 생산한 것과 내가 생산한 것을 맞바꾸는 일이 너무 힘들다면, 그와 나 사이에 분업과 교환이 일어나기는 어렵다. 따라서 교통통신의 발달과 같은 기술 발전은 시장을 통합시키는 중요한 힘이다. KTX 개통으로 인해 대구와 서울의 의료시장이 통합되는 것이 이러한 예이다.

둘째는 시장의 통합으로 인해 손실을 입는 사람들의 반대, 즉 정치적 제약이다. 시장의 통합이 분업을 촉진시켜 경제적 이익을 가져다준다면, 시장의 통합으로 인해 손실을 입는 사람들은 어떻게 생겨나는가? 이를 이해하기 위해, A국과 B국 사이의 생산물시장의 통합 즉 무역이 두 나라에 어떤 결과를 낳는지 수요, 공급 곡선을 이용하여 살펴보자.

예를 들어 D와 S가 쇠고기에 대한 A국의 수요와 공급을 나타내고, D*와 S*가 B국의 수요와 공급을 나타낸다고 하자. B국의 경우에는 원점에서 왼

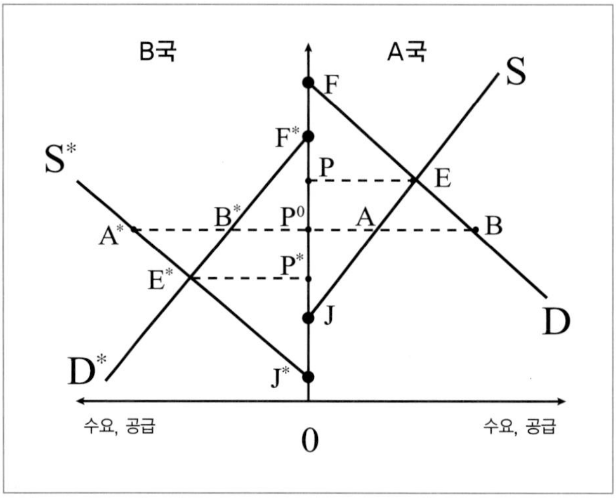

[그림 2] 두 나라 사이의 무역의 결과

쪽 방향으로 그려져 있으므로 A국과 B국이 반대방향으로 표시되어 있다는 점에 유의하자.

만약 두 나라 사이에 쇠고기 무역이 이루어지지 않는다면, 각국에서는 수요곡선과 공급곡선이 만나는 점에서 수요와 공급이 일치할 것이다. 따라서 A국의 쇠고기 생산량과 수요량은 E에서 결정되고 가격은 P수준이 될 것이다. 그리고 B국의 경우에는 E*에서 수요와 공급이 일치하여 P*수준의 가격이 형성될 것이다.

이제 A국과 B국이 쇠고기 무역을 하게 되었다고 생각해 보자. B국의 쇠고기 생산자들은 A국의 쇠고기 시장에서 더 높은 가격에 판매할 수 있으므로 쇠고기를 수출하려 할 것이다. 마찬가지로 A국의 쇠고기 소비자들은 더 낮은 가격에 쇠고기를 구입할 수 있으므로 B국으로부터 쇠고기를 수입하고자 할 것이다. 이처럼 무역을 통해 A국에서는 쇠고기 가격이 하락하고 B국에서는 상승할 것이다. 다시 말해 차익거래를 통해 가격의 수렴이 나타나는 것이다.

이러한 가격의 수렴 과정은 A국의 쇠고기 수입량과 B국의 수출량이 같아지는 가격수준에 이를 때까지 계속될 것이다. 두 나라 사이에 쇠고기 무역이 자유롭게 이루어진다면 P^0수준에서 균형을 이루게 될 것이라고 가정하자. P^0수준의 가격에서 A국의 쇠고기 수요는 B이고 공급은 A가 되어 초과수요(AB)만큼의 쇠고기가 B국으로부터 수입될 것이다. 이 가격수준에서 B국의 수요는 B*이고 공급은 A*가 되어 초과공급(A*B*)만큼의 쇠고기가 A국으로 수출될 것이다. 다시 말해 AB와 A*B*가 일치하는 가격수준이 P^0인 것이다.

이제 두 나라의 소비자 잉여와 생산자 잉여를 따져 보자. 무역을 하기 전의 쇠고기 가격이 A국에서는 P이므로 소비자 잉여는 FEP의 면적으로, 생산자 잉여는 PEJ의 면적으로 나타난다. 그런데 무역을 하면 쇠고기 가격이 P^0까지 하락하므로 소비자 잉여는 FBP^0의 면적으로 확대되고, 생산자 잉여는 P^0AJ의 면적으로 축소된다. 즉, 무역으로 인해 A국에서는 소비자의 이익이 늘어나고 생산자의 이익은 줄어든다. 하지만 소비자와 생산자의 이익을 합한 것, 즉 사회 전체의 이익은 EAB의 면적만큼 더 늘어난다. 소비자의 늘어난 이익이 생산자의 줄어든 손실을 상쇄하고도 남는 것이다. 마찬가지로 B국의 경우에는 생산자의 늘어난 이익이 소비자의 줄어든 손실을 상회하여, 사회 전체적으로는 E*A*B*의 면적만큼 이익이 생겨난다.

이처럼 무역은 수출국과 수입국 양쪽 모두에게 이익을 가져다준다. 물론, 각국의 모든 경제 주체가 이익을 보는 것은 아니다. 수입국에서는 소비자의, 수출국에서는 생산자의 이익이 늘어나고 수입국에서는 생산자의, 수출국에서는 소비자의 이익이 줄어든다. 하지만 두 나라 모두에서 늘어난 이익이 줄어든 손실을 상쇄하고도 남을 만큼 크기 때문에 양국 모두가 무역을 하는 것이 이익이라는 것이다.[1] 자유무역은 이러한 경제적 잉여의 증대 외에도 다양한 소비 기회의 확대, 규모의 경제를 통한 생산비의 하락, 경쟁의 촉진, 새로운 아이디어의 전파 등과 같은 다양한 이익을 제공한다.

하지만 다시 한 번 말하거니와 무역이 모든 경제주체에게 이익을 가져다 주는 것은 아니다. 무역 자유화로 인해 어떤 상품을 수입하게 된 나라에서 그 상품의 생산자는 손실을 보게 된다. 이 때문에 그 생산자는 자유무역을 반대할 것이다. 사실 이 상품의 수입으로 손실을 보는 생산자는 국민 가운데 소수이지만 이득을 보는 소비자는 대다수 국민이다. 그런데 다수의 소비자에 비해 소수의 생산자가 정치적으로 더욱 잘 조직화된 경우가 많다. 이들은 정치적 압력을 통해 무역 자유화에 반대하기도 하고 다양한 논리를 통해 여론을 유리하게 몰아가기도 한다.

이들은 자유무역에 반대하는 여론을 형성하기 위해 자신들의 손실이 국민 대다수의 손실과 직결된다고 주장한다. 자신들의 산업이 국가안보에 필수적이라거나 전통적인 생활방식 및 문화의 기반이 된다는 주장이 그런 것이다. 자유무역이 국내의 일자리를 없앤다고 주장할 때에도 자유무역으로 인해 이익을 보는 새로운 산업의 일자리가 생겨난다는 사실에 대해서는 함구한다. 물론 이러한 주장들이 타당한 매우 예외적인 경우도 있지만, 대체로 소비자의 이익을 희생함으로써 이익을 보고자 하는 생산자가 이러한 주장을 악용하는 사례가 많다. 그리고 무역 자유화로 인해 구조조정의 고통을 겪어야 하는 산업의 기업이나 노동자는 자신의 기업이 위치한 지역의 정치인에게 강력한 압력을 행사할 수 있다. 이들은 무역의 자유를 제한하거나, 무역으로 인한 자신들의 손실을 국가가 보상하거나, 자신들의 산업이 경쟁력을 갖출 수 있도록 국가가 지원하거나, 다른 나라가 자신들과 경쟁하는 산업을 지원하지 못하도록 자기 나라 정부가 압력을 행사하라는 등 다양한 요구를

1_ 위의 설명을 토대로 좀 더 깊이 생각해 보면, 무역을 통한 이러한 이익은 양국이 무역을 하기 전의 가격 차이가 클수록 더 많아질 것이라는 사실도 쉽게 예측할 수 있다.

내걸고 압력을 행사한다.[2]

이처럼 시장의 통합으로 인해 사회 전체적으로 이익이 늘어남에도 불구하고 애초부터 시장이 통합되지 않는 이유를, 수송비용에 영향을 미치는 기술적 요인과 비교우위를 갖지 못하게 된 특정 산업의 손실을 사회 전체적인 손실로 믿게 만드는 정치적 요인에서 찾는 것이 경제학의 교과서적 설명이다. 그런데 교통통신 기술은 꾸준히 발달해 왔다. 그리고 자유무역이 사회 전체적으로 이익을 가져다준다는 인식도 시장의 통합에 따라 꾸준히 확산되어 왔다. 그렇다면 시장의 통합은 지속적으로 확대되어 왔는가? 다시 말해 세계화는 후퇴 없이 전진해 왔는가? 또 앞으로도 그럴 것인가?

물론 세계화는 단순하게 두 지역 사이의 생산물 시장의 통합이 아니라 '여러 국가들 사이의 생산물 시장과 생산요소 시장의 통합'이라고 할 수 있다. 따라서 오늘날 세계화를 이야기할 때 우리는 흔히 최근에 이루어진 교통통신 기술의 발달과 자유무역에 대한 믿음, 혹은 이데올로기의 확산을 그 원인으로 떠올린다. 기술의 발달과 시장 통합의 이득에 대한 인식의 확대가 시장 통합의 추진력이기 때문에, 세계화를 위해서는 여러 나라의 시장이 통합될 수 있을 정도의 기술 발달과 자유무역 이데올로기의 확산이 필요하다고 생각하는 것이다. 그렇다면 세계화는 정말로 최근의 현상인가? 세계화에 대한 역사적 이해를 통해 이러한 질문에 대해 다시 한 번 생각해 보기로 하자.

2_ 시장의 통합으로 인해 손실을 보게 되는 사람들에게 보상하는 것이 옳은 일인지에 대한 논란이 있을 수 있다. 하지만 이러한 보상이 이루어지더라도, 세계화로 인한 소득분배의 불평등 악화 등에 대한 보완책으로서의 사회보장 확대와 같은 방향으로 이루어져야 한다. 무역을 제한하거나 특정 산업을 지원하는 방향의 보상은 바람직하지 않다는 것이 대부분의 경제학자들의 생각이다.

3. 시장 통합의 역사

19세기 이전에도 정치·사회·문화적 영역이 통합되거나 경제적으로도 시장이 통합된 사례는 무수히 많다. 어떤 역사가는 7세기에 한반도에서 이루어진 삼국통일의 국제적 배경을 당나라가 주도한 동아시아 차원의 세계화에서 찾기도 한다. 최근에 일본의 한 학자는 12세기에 유라시아 대륙에서 은이 중요한 지불결제수단으로 떠올랐던 것을 칭기즈 칸의 몽고 제국이 주도한 금융 세계화의 결과로 파악하기도 한다. 하지만 19세기 이전에 가장 유명한 세계화의 사례는 아마도 고대 로마 제국을 중심으로 한 세계화가 아닐까 싶다. 옛날에도 세계화, 혹은 시장의 통합이 진행되었다면 이러한 과정은 늘 전진만 해 온 것일까? 유럽의 역사를 사례로 들어 생각해 보자.

1) 19세기 이전의 유럽

잘 알려진 바와 같이 고대 로마 제국에서는 상업이 발달했고 제국 내의 여러 지역 간에 교역이 활발했다. [그림 3]의 (A)는, 검게 표시된 오늘날 프랑스의 한 지방에서 생산된 질그릇이 서유럽 전역과 북아프리카 지역에서 사용되었음을 보여 준다. 질그릇 외에도 곡물, 목재, 금속 등 다양한 재화가 로마 제국 각지에서 특화되어 생산되고 활발하게 거래되었다. 매우 넓은 범위의 시장 통합이 이루어져 분업과 교환의 이득을 누렸던 것이다. 이러한 시장의 통합이 상품 무역에만 국한되었던 것은 아니다. 서비스 시장도 넓은 범위에서 매우 긴밀하게 통합되어 있었다.[3]

3_ 1999년에 개봉된 〈글래디에이터(Gladiator)〉라는 할리우드 영화는 고대 로마 제국의 절정기를 배경으로 한 픽션이다. 이 영화의 주인공 막시무스는 아우렐리우스 황제가 황위를 물려주려고 생각했던 장군이다. 그런데 그는 지금의 스페인 출신으로 묘사되고 있다. 황태자의 음모로 그가 노예 검투사의 지위로 하락했을 때, 그의 동료 검투사들은 로마 제국의 여러 지역 출신의 다양한 인종으로 구성되어 있었다. 더욱이 그가 속한 검투사 단체는 로마 제국 각지를 돌면서 공연한다.

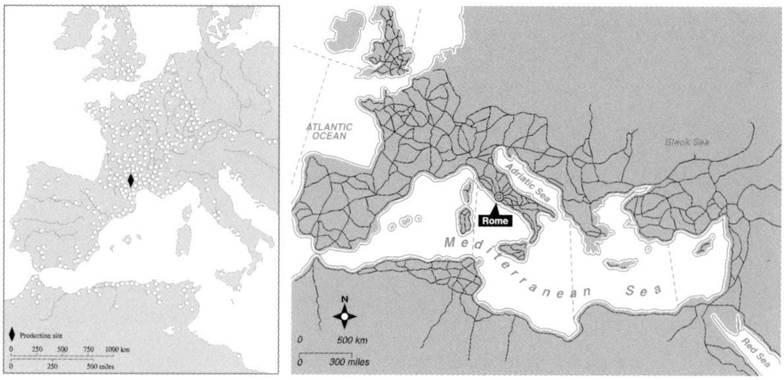

(A) 고대 로마시대 프랑스 질그릇의 지리적 분포

(B) 고대 로마 제국의 주요 도로망

[그림 3] 고대 로마 제국의 세계화

[그림 3]의 (B)는 로마 제국 내의 주요 도로망을 나타낸 것이다. “모든 길은 로마로 통한다.”라는 말이 실감나게 로마 제국 전역에 걸쳐 도로가 잘 연결되어 있다. 지중해와 함께 이러한 도로망이 상품과 서비스, 즉 생산물 시장의 통합을 도왔을 것이다. 또한 제국의 팽창과 함께 분업과 교환의 이득을 실현하는 범위를 넓혀 갔던 로마인들이 시장의 통합에 따른 이익에 대한 믿음을 발전시켰을 것이라는 사실도 어렵지 않게 생각할 수 있다.

하지만 로마 제국이 쇠퇴하면서 시장의 통합도 후퇴하였다. 더욱이 서로마 제국의 멸망 후에 서유럽 지역은 촌락이나 장원 단위의 자급자족을 기본으로 하는 봉건제를 형성하게 된다. 5세기 게르만 족의 이동에서부터 10세기 노르만 족의 이동에 이르는 시기를 중세 암흑기라고 부르는 것도 이러한 이유이다. 이 시기 유럽의 농업은 곡물지상주의가 압도하였다. 유럽 어느 지역에서나 곡물이 주된 생산물이었다. 오늘날 포도주로 유명한 프랑스의 보르도 지방조차 포도 경작에 특화하게 된 것은 13세기 이후라고 한다. 각 지역이 특산물 생산에 특화하려면 교환이 보장되어야 한다. 즉 분업의 이익을 실현하기 위해서는 시장이 발달하여야 하는 것이다. 하지만 중세 암흑기에 유럽의 각 지역에서는 시장이 통합되지 않았다. 이방인들의 침략이 일상화됨에 따라 군사력을 가진 근처의 실력자를 중심으로 권력이 형성되었고 이들이 지배하는 장원이나 장원을 구성하는 촌락 단위로 자급자족이 이루어지던 시대였다.

중세 암흑기에도 상업이 전혀 없었던 것은 아니지만, 상업이 다시 부활한 것은 12세기경이다. 지중해 도시들과 북해·발트해 도시들의 상인 조직을 중심으로 원거리 무역이 다시 살아난 것이다. 비단과 향료를 비롯한 아시아의 상품들이 실크로드와 동로마제국을 지나 지중해를 통해 유럽으로 들어오고 알프스를 넘어 샹파뉴를 비롯한 내륙의 정기 대시fair에서, 모직물을 비롯한 북해 연안에서 생산된 상품들과 교역되었다. 항해술이 발달하여 지중해와 북해의 상품들이 대서양을 통해 교환되면서 원거리 무역은 더욱 활발해졌다. 상업이 발달하면서 예전에는 북해 연안의 플랑드르 도시들에서 주로 생산되던 모직물이 지중해 도시들에서도 생산되기에 이르렀다. 이제는 원거리에 위치한 지역들 사이의 특산물뿐만 아니라 가까운 지역 내에서도 분업이 발달하였다. 권력의 집중이 상업의 발달을 도왔고, 이는 봉건제의 변질과 붕괴를 촉진시켰으며, 이는 다시 권력의 집중을 가속화했다.

넓은 범위에서 권력을 집중시킨 영토적 국가가 등장하면서 상업은 이제 도시의 차원을 넘어 국가적 차원에서 이루어지게 되었다. 모직물 생산은 도시를 떠나 값싼 원료와 노동력을 찾아 농촌으로 파고들었고 이를 조직하는 기업가의 역할은 수공업 장인들의 손을 떠나 대규모 상인들의 어깨로 넘어갔다. 해상 운송을 담당하던 상선의 크기가 몇 배로 증가하였고 교역의 규모도 늘어났다. 국가적인 차원에서 시장이 통합되고 권력이 집중되면서 항해술은 더욱 발달하였다. 강력한 권력을 가진 영토 국가의 왕들이, 도시국가들이 누리던 아시아 특산품에 기초한 독점 이윤을 추구하는 과정에서 지리상의 발견이 이루어져 바다를 통한 교역의 범위는 대륙과 대륙의 차원으로 넓혀졌다. 유럽의 공산품과 아프리카의 노예, 아메리카의 사탕수수, 담배, 커피, 그리고 아시아의 도자기와 향료, 비단이 바다를 통해 거래되게 된 것이다. 16세기의 '세계체제' 형성은 이를 일컫는 말이다(Wallerstein 1974).

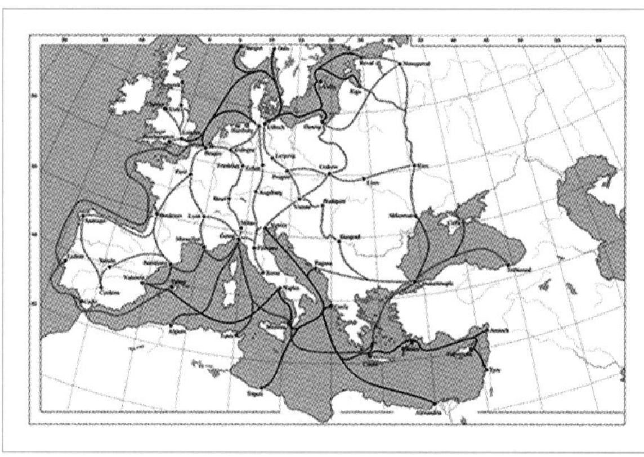

[그림 4] 중세 상업혁명과 주요 원거리 무역의 루트, A.D. 1000~1400년대

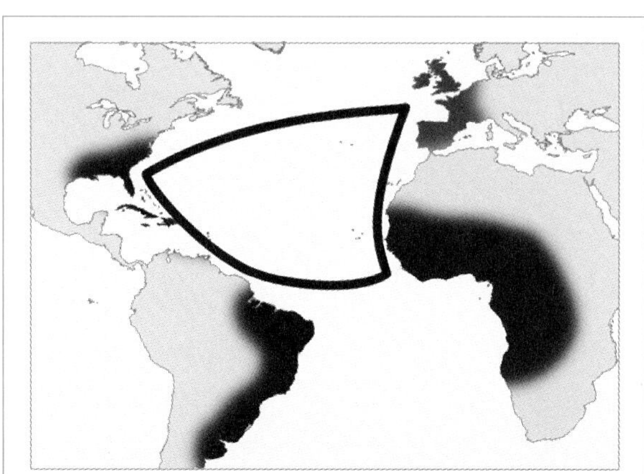

[그림 5] 17~18세기 대서양의 삼각무역

2) 19세기 세계화와 이전 시기 무역의 차이

유럽인들은 신대륙과 아프리카, 아시아에 식민지를 건설하고 세계체제 차원의 교역을 확대하는 한편, 국내의 상공업을 발전시키고 근대적인 국민국가를 발전시켰다. 이 과정에서 재산권의 보호와 농업혁명에 성공한 영국이 18~19세기에 산업혁명에도 성공하면서 유럽 각국은 경쟁적으로 공업화를 추진하였다. 서유럽과 미국에서 공업화가 진행되는 과정에서 철도와 증기기선, 전신과 전화 기술이 등장하고 자유무역의 이데올로기가 어렵사리 자리를 잡게 되면서 19세기 후반에 다시 한 번 세계적 규모에서 시장의 통합이 가속화되었다. 경제학자들은 이 시기의 시장 통합을 19세기 세계화라고 부른다. 그렇다면 이전의 국제무역과 이 시기의 '세계화'는 어떻게 다른가?

우선, 이 시기의 무역은 생산물 시장을 통합함으로써 가격의 수렴을 초래하였다. 이전에도 국가 간에 무역이 이루어지고 16세기 이후에는 전 세계적인 차원에서 무역이 활발해졌다. 하지만 19세기 이전에는 수출지역과 수입지역 사이에 교역 상품의 가격이 수렴하는 현상이 잘 나타나지 않았다.

이에 비해 19세기 후반부터 이루어진 세계화는 생산물 시장에서 가격 수렴이 나타났다는 점에서 진정한 의미의 시장 통합이라 할 수 있다. 즉, 동일한 상품이라면 수출지역과 수입지역에서 그 상품의 가격이 근접하게 되는 것이다. 만약 동일한 상품의 가격이 지역에 따라 차이가 난다면 가격이 더 낮은 지역에서 그 상품을 사서 더 높은 지역에서 판매함으로써 이윤을 얻는 차익거래arbitrage가 발생할 것이고 이에 따라 가격이 수렴하는 것이다. 비록 19세기 이전에도 세계적인 차원에서 무역이 이루어졌다고 하더라도 가격의 수렴현상이 나타나지 않았다면 세계 각국의 생산물 시장이 통합되었다고 보기 힘들다. 다음의 그림은 16세기 말부터 20세기에 이르기까지 정향과 후추, 커피의 생산지(남아시아) 구입가격과 소비지(암스테르담) 판매가격의 비율이 어떻게 변화하였는지를 나타낸 것이다.

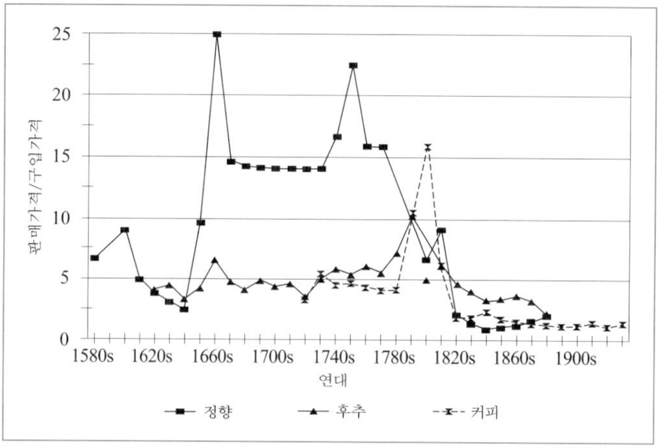

[그림 6] 향료와 커피 가격의 수렴 : 암스테르담과 남아시아, 1580~1939년
출처 : O' Rourke and Williamson(2002a), p. 33, Figure 4.

다음으로, 19세기 세계화는 생산물시장의 통합에 그치는 것이 아니라 생산요소시장까지 통합하였다는 점에서 이전의 무역과 확연히 구분된다. 인간은 노동과 도구를 이용하여 재화와 서비스를 생산한다. 이때에 산출물output인 재화와 서비스를 생산물product 혹은 제품이라고 부르며 투입물input인 노동과 도구를 생산요소factor라고 부른다. 자본주의 시대에 생산의 도구는 자본이라고 부른다. 따라서 19세기 세계화는 무역에 의한 생산물시장의 통합뿐만 아니라 이민에 의한 노동시장의 통합과 대출과 투자에 의한 자본시장의 통합까지 일어났다는 점에서 이전 시기와 다른 것이다. 생산물시장이 통합되면 제품의 가격이 수렴하듯이 노동시장과 자본시장이 통합되면 임금수준과 이자율이 수렴한다. 만약 어떤 지역이 다른 지역보다 임금수준이나 이자율이 더 높다면 이 지역으로 노동력과 자본이 몰려들 것이고, 이렇게 노동과 자본의 공급이 늘어나면 이 생산요소들의 가격인 임금수준과 이자율이 하락할 것이기 때문이다.

3) 19세기 후반 vs. 20세기 후반

세계화라고 하면, 기술 혁신과 자유무역 이데올로기의 확산에 힘입어 1980년대 이후부터 시작된 새로운 현상이라고 많은 이들이 생각한다. 그런데 생산물시장뿐만 아니라 노동시장이나 자본시장까지 통합된 세계화가 이미 19세기 후반에 시작되었다면 세계화는 새삼스러운 현상이 아니다. 그런데 왜 많은 이들이 세계화가 최근 들어 생겨난 새로운 현상인 것처럼 이야기하는가?

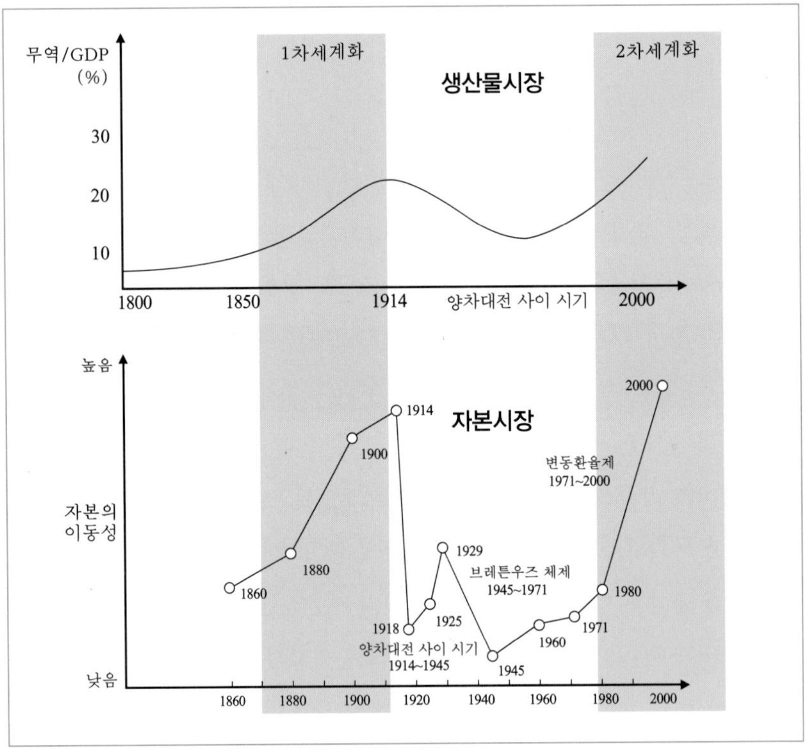

[그림 7] 1차 세계화(Then) vs. 2차 세계화(Now)

출처 : 본문 참조.

그것은 19세기 후반부터 시작된 세계화가 제1차 세계대전과 제2차 세계대전 사이의 시기, 즉 양차대전 사이의 시기에 급격히 후퇴했기 때문이다. 제2차 세계대전 이후에 자유무역이 확대되고 국제적인 자본의 이동이 늘어났지만 생산물시장과 자본시장의 통합은 19세기 말~20세기 초의 세계화에 턱없이 못 미쳤다. 그러던 것이 1980년대 이후에 산업 내 분업이라는 새로운 양상의 국제 분업과 변동환율제, 금융 규제완화 등을 배경으로 무역과 국제적인 자본의 이동이 한층 더 활발해지면서 생산물시장과 자본시장의 통합이 새로운 단계로 접어든 것이다. 따라서 경제사학자들은 세계화를 100년 전의 1차 세계화(그때 세계화 : Then)와 지금의 2차 세계화(지금 세계화 : Now)로 구분하여 생각한다.[4]

우리는 100년 전에 절정을 맞았던 1차 세계화와 지금의 2차 세계화를 비교해 봄으로써 세계화의 추진력에 대해 더욱 깊이 이해할 수 있을 것이다. 따라서 생산물시장과 자본시장, 노동시장으로 나누어 두 차례의 세계화를 비교해 보자.

(1) 생산물시장의 통합

[그림 8]의 (A)와 (B)는 각각 지난 500년과 200년 동안 세계 전체적으로 무역이 얼마나 활발했는지를 알아보기 위해, 각 시기의 수출입액을 총생산으로 나누어 표준화한normalize 값을 나타낸 것이다. 19세기 후반부터 1차 대전 직전까지 진전되었던 생산물시장의 통합이 급격한 후퇴를 경험하고, 2차 대전 이후에 다시 진전되어 1970년경에 예전의 정점 수준을 지나 지금에 이르고 있음을 알 수 있다.

4_ 지금의 세계화를 최근의 새로운 현상으로 이해하는 것과, 한때 후퇴했다가 다시 진행되는 2차 세계화로 이해하는 것 사이에는 세계화의 추진력이나 미래와 관련하여 커다란 인식의 차이가 존재할 수 있다. 이에 대해서는 뒤에서 살펴보기로 한다.

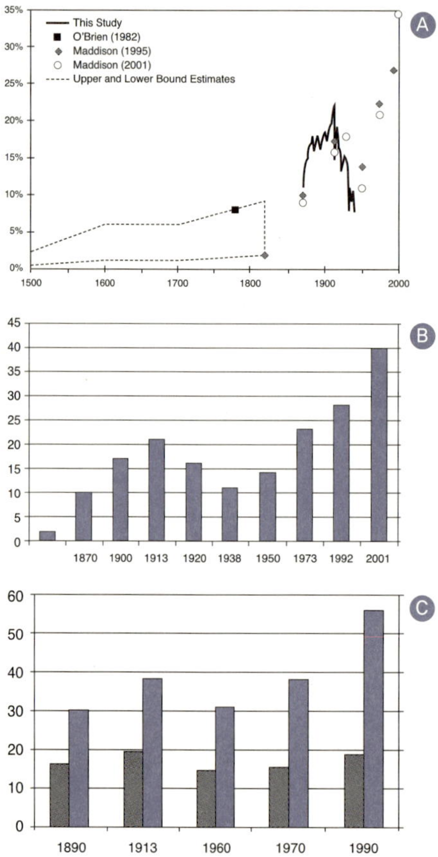

(A) 무역/GDP, 1500~2000
(B) 무역/GDP, 1800~2001
(C) 무역/GDP vs. 무역/교역재부문 총부가가치, 1890~1990

[그림 8] 생산물시장 통합의 변천

출처 : (A) Estevadeordal, Frantz, and Taylor(2003), p. 360, Figure 1.
(B) 추가 자료를 이용하여 Estevadeordal, Frantz, and Taylor(2003)를 수정.
(C) 추가 자료를 이용하여 Estevadeordal, Frantz, and Taylor(2003)를 보완.

그런데 GDP는 무역을 통해 다른 나라와 교환할 수 있는 상품, 즉 교역재뿐만 아니라 다른 나라와 교역할 수 없는 비교역재의 생산액까지 포함하는 개념이다. 예를 들어 공무원의 서비스 활동 같은 것이 대표적인 비교역재라고 할 수 있다. 따라서 GDP 대비 무역의 비중은 무역의 증감뿐만 아니라 GDP 구성의 변화도 함께 반영하게 된다. 생산물시장의 통합 정도가 시간에 따라 어떻게 변화했는지를 더욱 정확하게 알아보기 위해서는 교역 가능한 재화의 생산 가운데 실제 교역이 차지하는 비중의 변화를 살펴볼 필요가 있다. [그림 8]의 (C)는 GDP 대비 무역의 비율과 '교역재 부문의 총부가가치액' 대비 무역의 비율을 함께 나타낸 것으로서, 지금의 2차 세계화 시기에 전자에 비해 후자의 증가가 더욱 빠르다는 것을 보여 준다. 이는 1차 세계화에 비해 2차 세계화 시기에 다음과 같은 특징이 있음을 의미한다. 첫째, 생산물시장의 통합이 더욱 높은 수준으로 더욱 빠르게 진행되고 있다. 둘째, GDP에서 서비스 부문의 비중이 커졌다. 셋째, 최종재 교역에 비해 중간재 교역이 급속히 증가하고 있다. 다시 말해 서로 다른 산업에서 생산된 재화들 사이의 분업, 즉 산업 간 분업과 함께 동일한 최종재를 생산하는 산업 내의 서로 다른 공정과 작업 사이의 분업, 즉 산업 내 분업이 활발해졌다는 것이 생산물시장과 관련한 최근의 2차 세계화의 특징이라 하겠다.

그렇다면 생산물시장을 통합하는 추진력은 1차 세계화와 2차 세계화에서 모두 동일한가? 기술적 요인과 정치적 요인을 비교하는 방식으로 이 문제에 대해 알아보자. [그림 9]는 1차 세계화 시기에 수송비용의 감소를 보여 주는 여러 가지 지표이다. 이러한 통계에 기초하여 1차 세계화의 주된 추진력이 기술발전에 따른 수송비용의 감소라는 생각이 일반적으로 받아들여지고 있다.

그러나 최근에는 이러한 일반적인 생각에 이의를 제기하는 연구들도 제시되고 있다. 예를 들어 [그림 10]의 (A)는 실질 수송비용 지수의 감소에 대한 노스D. North의 추계가 과장되었음을 지적하는 것이다. 하지만 수송상품의 부피 단위당 수송비용freight rate의 감소는 여전히 뚜렷하다. 그런데 어떤 경제학자는 수송비가 무역에 끼친 영향을 생각할 때 고려해야 하는 것은 단위당 수송비용freight rate이 아니라 수송비용을 해당 상품의 (원산지) 가격으

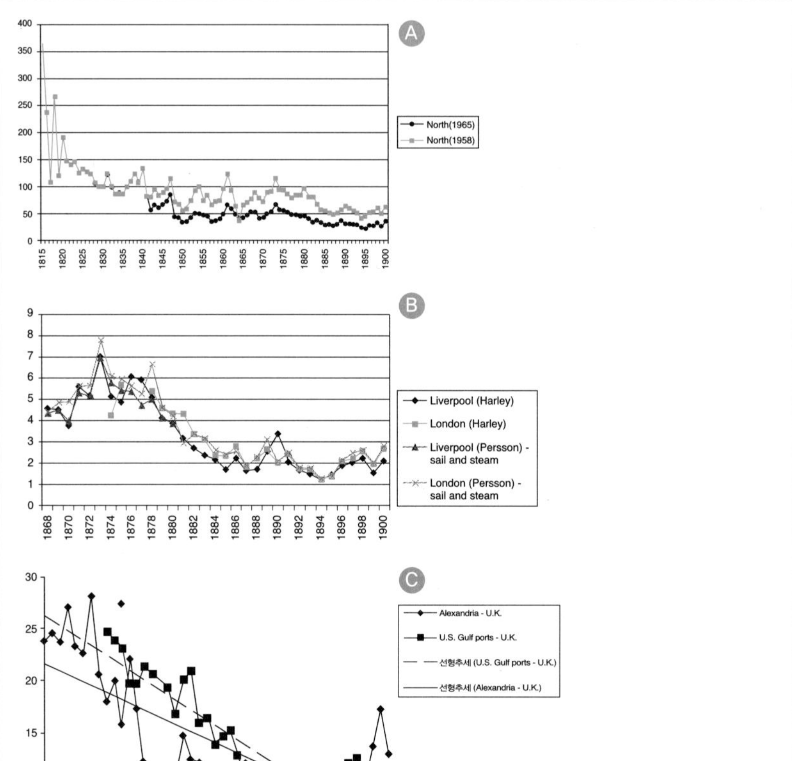

(A) 미국 수출 수송비 지수(North의 추계), 1815~1900년
(B) 뉴욕~런던/리버풀 사이의 밀 수송비용(Harley와 Persson의 추계), 1868~1900년
(C) 이집트/미국~영국 사이의 면화 수송비용, 1870~1914년

[그림 9] 1차 세계화 시기 수송비용의 감소

출처 : (A) North(1958)와 North(1965).
(B) Harley(1990), Appendix table II; Persson(2004).
(C) O'Rourke and Williamson(2002b).

로 나누어 준 값인 '수송비 요인freight factor'이라는 개념을 이용하여야 한다고 주장한다. 그리고 원산지와 소비지의 상품 가격의 차이는 수송비 요인의 부

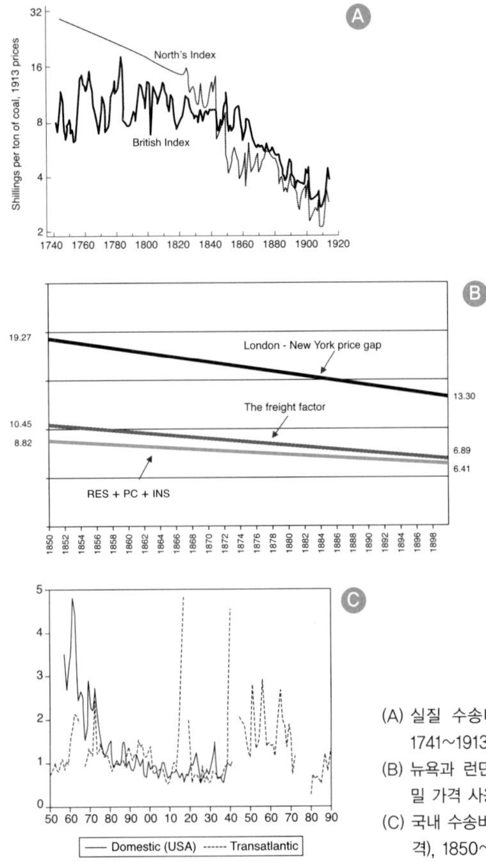

(A) 실질 수송비용 지수(UK GNP디플레이터 사용), 1741~1913년
(B) 뉴욕과 런던의 밀 가격 차이와 수송비 요인(생산지 밀 가격 사용), 1850~1900년
(C) 국내 수송비 요인(철도)과 대서양 수송비 요인(밀 가격), 1850~1990년(1884=1)

[그림 10] 세계화와 수송비용의 변화

출처 : (A) Harley(1988), Figure 1.
(B) Persson(2004), Figure 7.
(C) Federico and Persson(2006), Graph 7.

분과 다른 무역장벽 요인들, 즉 관세와 수수료, 보험료, 기타 비용을 합한 부분으로 구성되기 때문에 이 두 가지 요인을 모두 고려해서 생각해야 한다고 주장한다(Persson 2004). [그림 10]의 (B)는 수송비 요인의 감소가 생각만큼 극적이지 않았을 뿐만 아니라 관세의 감소를 비롯한 다른 요인들과 비슷한 정도로 가격의 수렴에 영향을 끼쳤으며, 1900년까지도 가격 차이의 절반 정도를 설명할 정도로 남아 있었음을 보여 준다. 또한 더욱 장기간에 걸쳐 시카고~뉴욕 사이의 철도수송비 요인과 뉴욕~런던 사이의 해양수송비 요인을 비교하여 나타낸 [그림 10]의 (C)는, 국내 수송비 요인은 뚜렷한 감소 추세를 보였지만 해외 수송비 요인의 경우에는 그렇지 않았음을 보여 준다. 이러한 사실을 강조하는 경제학자들은 장기적으로 보아 세계화에 가장 중요한 요인은 수송비용과 관련한 기술적 요인이 아니라 무역 장벽의 감소와 관련한 정책적 요인이라고 주장한다.

이처럼 수송비용의 감소가 세계화에 기여한 정도와 관련하여 경제학자들 사이에 약간의 논란이 있는 것은 사실이지만, 1차 세계화 시기에는 수송비용의 감소가, 그리고 2차 세계화 시기에는 정치적 노력에 따른 관세 장벽의 감소가 상대적으로 더욱 중요한 역할을 하였다는 것이 일반적인 평가라 하겠다. [그림 10]의 (C)를 통해 볼 때, 해양수송비 요인의 경우에도 1차 세계대전 이전에는 뚜렷이 하락하는 추세를 확인할 수 있다. 이 요인은 세계화가 중단되었던 1, 2차 세계대전 시기나 2차 대전 이후의 시기에 매우 높은 추세를 보였다가 1980년 전후에 매우 낮은 모습을 보여 준다. 하지만 2차 세계화의 시기인 1980~90년대에 이 요인은 다시 상승하는 모습을 나타내고 있다.

[그림 11]의 (A)는 1차 세계화에 비해 2차 세계화에서는 다양한 교통·통신비용의 감소 폭이 더욱 적었음을 보여 준다. 그리고 [그림 11]의 (B)는 1차 세계화 시기에는 세계 35개국의 관세율 평균이 증가하였음에 반해, 2차 세계화 시기에는 그것이 감소하고 있음을 보여 준다. 요컨대 생산물시장의 통합과 관련하여, 1차 세계화에서는 수송비용을 낮추는 기술혁신의 역할이 상대적으로 중요하였음에 비해 2차 세계화에서는 자유무역을 추구하는 정책의 역할이 상대적으로 중요하였다고 할 수 있다.

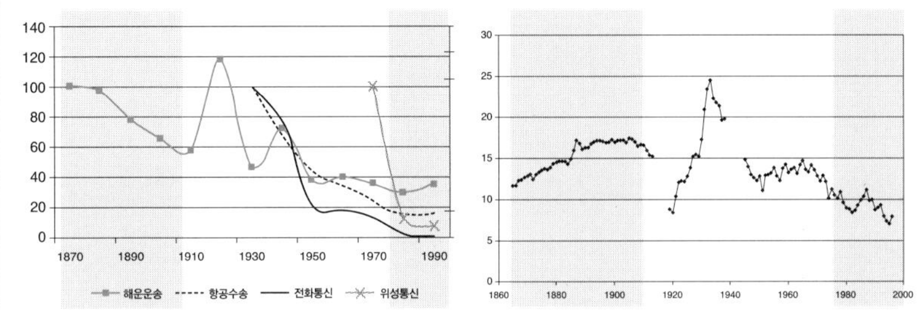

(A) 교통 · 통신비용의 감소

(B) 35개국 평균 관세율(무가중 평균)

[그림 11] 1차와 2차 세계화의 추진력

출처 : (A) 인터넷 검색.
(B) Clemens and Williamson(2004a), Figure 1.

(2) 자본시장의 통합

자본시장의 세계화는 역사적으로 어떻게 변천했는지 알아보자. [그림 12]의 (A)는, 국제 투자의 규모가 어떻게 변화했는지를 나타내기 위해 GDP를 이용하여 각 시기의 경제규모를 반영한 것이다. 이 경우에도 표준화해 주는 분모로서 GDP를 이용하는 것이 타당할지, 국제 투자만으로 자본의 이동을 잘 반영할 수 있을지, 자본의 이동에 영향을 주는 다른 여러 가지 요인들을 어떻게 반영할지 등과 관련하여 어려움이 있다. 하지만, 어떤 지표를 사용하는가에 따라 1914년 수준을 회복한 것이 구체적으로 언제인지 등에서 약간의 차이가 나타나는 것을 제외하면, 지난 150년 동안 세계 자본시장의 통합 정도가 U자 모양을 나타냈다는 사실에는 크게 변함이 없다(Obstfeld and Taylor 2004).

[그림 12]의 (B)는 오늘날 경제사학자들이 생각하는 자본이동성의 정도를 대략적으로 나타낸 것이다. 이를 통해 볼 때, 생산물시장과 마찬가지로 자본시장의 세계화도 1차 대전 이후에 급격히 후퇴했음을 알 수 있다. 자본시장 통합의 역사에 대한 이러한 추측은 펠트스틴-호리오카 계수(Feldstein and Horioka's "savings-retention coefficient")[5]와 미국과 영국 사이의 이자율 격차의 다양한 추정치들의 장기적인 움직임을 통해서도 뒷받침된다([그림 12]의 (C)와 (D)).[6]

100년 전의 세계화 당시에 유럽은 세계의 은행이었고, 미국과 캐나다, 아르헨티나, 호주 등과 같이 유럽의 자본을 끌어들이기 쉬운 지역들은 1870년과 1913년 사이에 가장 성장이 빨랐던 지역이기도 했다. 이보다는 규모가 훨씬 작았지만 서유럽에서 중유럽과 동유럽으로 자본이 이동한 것도 중요한 현상이었다. 추계에 따르면 자본수출에 가장 적극적이었던 영국의 경우에는, 1913년에 순 국부의 32%가 해외자산이었다(Edelstein 2004, p. 193). 또한, 약 40년 동안 영국의 해외투자가 평균적으로 총 저축의 약 1/3에 해당하였으며, 어떤 해에는 50%를 초과하기도 했다. 이는 40년이 넘는 오랜 기간 동안 영국이 GDP의 약 4% 정도를 해외자본형성에 지출하였다는 것을 의미한다. 프랑스와 독일 등의 경우에는 영국에 비해 자본수출의 규모가 훨씬 작았지만, 이 시기 자본시장의 세계화에서 유럽의 자본수출이 차지하는 비중이 압도적이었다는 사실은 기억할 만하다.[7]

19세기 말의 자본시장 통합을 어떻게 설명할 것인가? 그동안 제시된 주장들을 정치적, 제도적, 순수 경제적 설명으로 나누어 볼 수 있다. 우선, 많

5_ 펠트스틴-호리오카 계수는 여러 나라의 투자율을 저축률에 회귀했을 때의 기울기 계수로서, 이 값이 낮을수록 자본시장 통합의 정도가 높음을 나타낸다. 즉, $(I/Y)_i = a + b(S/Y)_i + u_i$에서 b.의 값이 1에 가깝다면 표본 국가들의 투자 자금이 대부분 국내에서 조달된다는 것을 의미하기 때문에 국제 자본이동이 그만큼 불완전하다는 의미이다.

6_ 이자율 격차를 통해 자본이동의 변화를 보여 주는 연구로는 Garbade and Silber(1979), Mauro, Sussman and Yafeh(2002), Obstfeld and Taylor(2004), Flandreau and Zumer(2004) 등을 참조할 수 있다.

7_ 1914년에 세계 전체 해외투자의 75%를 영국(42%)과 프랑스(20%), 독일(13%)이 차지하였다. 나머지 25%의 절반은 벨기에와 네덜란드, 스위스의 해외투자로 이루어졌으며 다른 유럽 국가들의 해외투자도 상당한 규모였다(Maddison 1995, p. 65). 또한 1913년에 아르헨티나 자본 스톡의 50%가 외국인 소유였으며, 그 가운데 대부분은 유럽인 소유였다는 사실도 이 시기 자본수출에서 유럽이 차지하는 비중을 잘 보여준다(Taylor 1992).

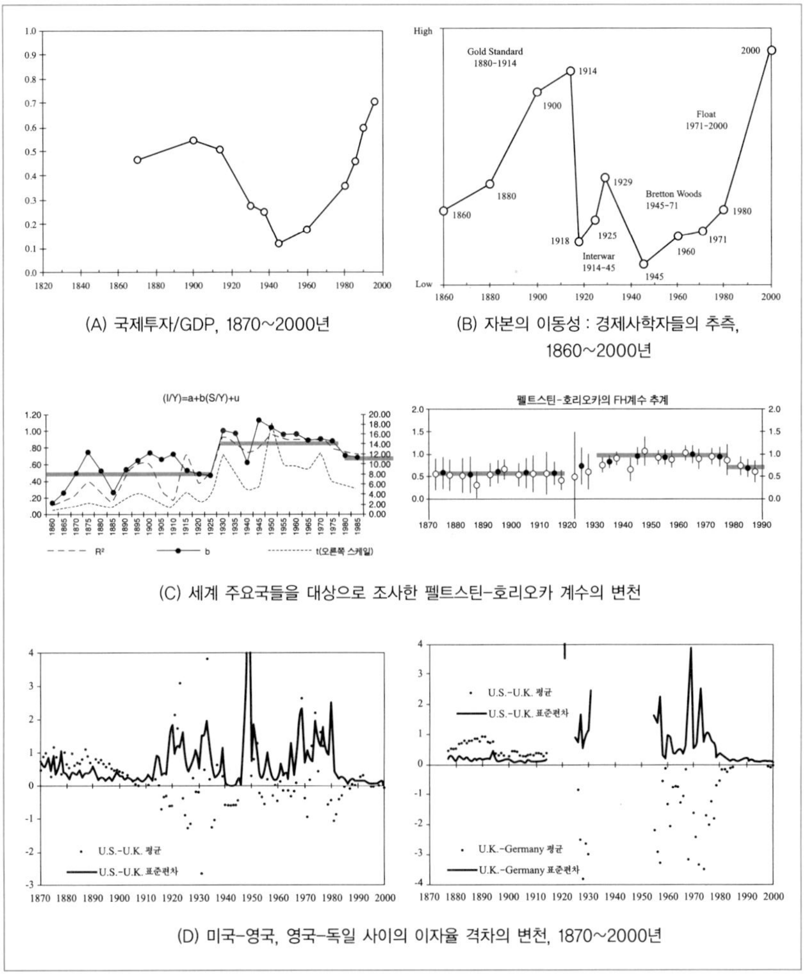

[그림 12] 자본시장 통합의 변천

출처 : Obstfeld and Taylor(2003a) 등.

은 사람들이 동의하는 것으로서, 보불전쟁과 1차 세계대전 사이의 시기에 주요 열강들 사이에 전쟁이 없었다는 점, 즉 국제정치적 환경의 안정으로 말미암아 해외 대출이 활발해지는 분위기가 조성되었다는 설명이다. 또 하나의 정치적 설명으로 마르크스주의자들의 제국주의론이 있다. 대단히 논란이 많은 이 설명에 따르면, 자본주의가 발달하면 소득분배가 극도로 불평등해지면서 저축이 과도하게 많아지고 국내의 이윤율이 하락함에 따라 해외의 투자처가 필요해진다는 것이다. 이러한 논리적 연쇄에 대한 실증연구 결과들은 대단히 회의적이며 유럽 열강들의 자본수출에서 자신의 식민지에 대한 수출의 비중은 매우 낮은 편이었다(Obstfeld and Taylor 2003b ; Daudin, Morys and O′Rourke 2008).[8] 다만, 최근 들어 대영제국의 식민지들이 제국의 통치에 따른 재산권의 보호 덕분에 이자율이 하락하는 혜택을 보았다는 수정론에 의해, 제국과 자본수출 사이의 연관관계에 대한 재조명이 이루어지고 있는 정도이다(Ferguson and Schularick 2006).

경제정책이나 제도와 관련하여 100년 전의 자본시장 통합을 설명할 때 가장 많이 거론되는 것이 금본위제이다(Bordo and Kydland 1995, Bordo and Rockoff 1996). 금본위제가 환율 위험을 제거함으로써 금융통합을 촉진시켰다는 것이다. 그런데 최근에는 금본위제 자체보다도 금본위제가 보수적인 재정정책이나 화폐금융정책을 추구하도록 함으로써 투자자들의 수익률을 보장해 주는 효과, 즉 건전한 재정정책의 역할을 강조하는 주장도 제시되고 있다(Flandreau and Zumer 2004). 하지만 금본위제나 재정정책의 역할을 강조하는 설명들은 자본유입을 원활하게 한 요인에 대한 설명이지, 자본수출이 무엇을 목적으로 한 것이었는지에 대한 직접적인 설명은 아니라고 할 수 있다.

영국의 자본수출 가운데 절반 이상이 신대륙에 대한 투자였다는 사실로부터, 이 시기의 자본수출이 값싼 노동력을 찾아 이루어진 것이 아니라 자연자원의 확보를 위한 것이었다는 설명이 설득력을 얻고 있다. 신대륙이 유럽

8_ 캐나다, 호주, 뉴질랜드를 제외하면 영국 자본수출에서 대영제국의 식민지 전체에 대한 수출이 차지하는 비중은 16.9%로 미국 한 나라에 대한 수출 비중(20.5%)보다 낮았다. 프랑스와 독일의 경우에도 자본수출에서 자신의 식민지에 대한 수출의 비중은 각각 8.9%와 2.6%였다(Daudin, Morys, and O′Rourke 2008, Table 1.3).

의 소비자들을 위한 식량과 공장들을 위한 원료를 제공해주기 때문에 철도를 놓고 토지를 개발하고 주택을 건설하기 위한 투자에 영국의 자본수출이 이루어졌다는 것인데, 이를 뒷받침해 주는 실증연구도 제시된 바 있다(Clemens and Williamson 2004b). 하지만 이러한 설명은, 자본수출의 절반 이상이 다른 유럽 국가들을 향한 것이었던 프랑스나 독일의 경우에는 적용되기 어렵다는 비판을 받는다.

오늘날의 자본시장 세계화가 해외직접투자FDI 위주의 통합임에 비해, 1차 세계대전 이전의 유럽 해외투자의 3/4 정도는 포트폴리오 투자, 즉 채권과 주식에 대한 투자였다(Edelstein 2004, p. 195). 이에 대한 설명으로서, 오늘날에 비해 100년 전에는 정보의 비대칭이 더욱 커서 여러 유형의 투자와 관련된 대리인 문제가 더욱 심각했기 때문이라는 주장이 있다. 자기자본에 비해 채무가 투자자들에게는 더욱 위험이 적은 자금조달 형태이기 때문에, 불확실한 상황에서는 직접투자보다 채권 구입을 더욱 선호하게 된다는 것이다. 이러한 추론은 1차 세계화 시기에 이루어진 유럽의 포트폴리오 투자가 대부분 정부나 철도회사가 발행한 채권 구입에 사용되었다는 사실에 의해서도 뒷받침된다.[9] 비록 이 시기에 다국적기업의 활동이 시작되기는 하였으나 오늘날처럼 무형자산의 중요성이 크지 않았고 철도처럼 정보의 비대칭성이 약하거나 교통시설, 사회기반시설과 같이 비교적 확실하게 높은 이윤율이 보장되는 부문에 대한 포트폴리오 투자가 지배적이었다.

9_ 1883~1913년 사이에 이루어진 자본수출 가운데 정부 채권과 철도 채권이 차지하는 비중은 영국의 경우에는 각각 32%, 32%였고, 독일의 경우에는 각각 49%, 33%였다. 이외에 큰 비중을 차지한 것은 원료 채취산업이나 전기·가스 등의 공익산업, 도시 기반시설이나 교통시설 등에 대한 투자였으며, 일반 산업 및 기타 항목에 대한 투자는 영국의 경우 9.3%, 독일의 경우 1.5%에 지나지 않았다(Esteves 2007, Table 4).

(3) 노동시장

이민을 통한 노동의 이동, 즉 노동시장의 통합은 생산물시장이나 자본시장과 매우 다른 양상을 보인다. 즉, 1차 세계화는 활발한 노동의 이동을 수반하였음에 반해 2차 세계화는 노동의 이동이 상대적으로 대단히 제한적으로 일어나고 있는 것이다. [그림 13]은 이를 단적으로 보여 준다.[10] 1차 세계화 시기에는 구대륙에서 신대륙으로 대량의 이민이 발생하였다. 특히, 19세기 말에는 동유럽과 남유럽에서 북미와 남미, 오세아니아의 여러 나라로 이민이 늘어났다. 농촌 출신의 미숙련 미혼 남성이 가장 대표적인 이민자였는데, 이들이 먼저 이민하여 자리 잡고 나면 가족과 친지들이 연쇄적으로 이민하는 사례가 이 시기 이민의 전형이라 할 수 있다.

(A) 이민 : 1차 세계화

(B) 이민 : 2차 세계화

[그림 13] 노동의 이동 : 그때와 지금

출처 : (A) www.titanicmovie.com와 Academy of Motion Picture Arts and Sciences
(B) exposethemedia.com

10_ [그림 13]의 (A)는 1997년에 개봉된 할리우드 영화 〈타이타닉〉에서 주인공이 리버풀 항구의 술집에서 밤새 노름을 하다가 아침이 되자 미국으로 이민을 가겠다고 타이타닉 호에 올라타는 장면이다. 교통기술 발전의 기념비로 각광받다가 1912년의 처녀 출항에서 침몰한 거대한 여객선 타이타닉 호는 1차 세계화의 상징이라 하겠다. (B)는 미국과 멕시코 사이의 국경과 위험을 무릅쓰고 감시를 피해 불법 이민을 시도하는 사람들의 사진이다.

하지만 이민이 늘어나서 노동이 유입되는 나라들의 임금수준이 하락하면서 이민에 반대하는 정치적 압력이 비등하였다. 이에 따라 20세기에는 이민을 제한하는 정책이 강화되어 오늘날에 이르고 있는 것이다(그림 14). 이렇게 이민이 제한되는 가운데 최근의 세계화 시기에도 제한적인 합법적 이민과 함께 불법 이주가 늘어나고 있다. 최근의 가장 전형적인 국가간 노동이동은 동유럽에서 서유럽으로, 저개발국에서 선진공업국으로 이주하는 것이다. 그리고 1차 세계화 시기와 달리 이제 라틴 아메리카는 이민의 출발지로 변모하였다.

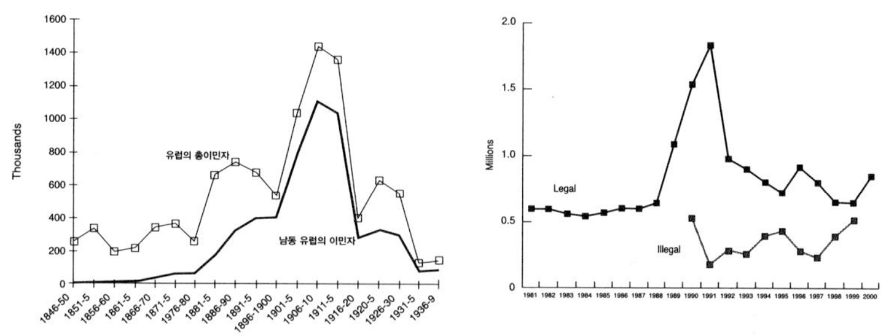

(A) 교통 · 통신비용의 감소

(B) 미국으로 유입된 합법 및 불법 이민 (1981~2000년)

[그림 14] 노동의 이동 : 그때와 지금의 통계

출처 : (A) Chiswick and Hatton(2003, p.69)
(B) INS(미국 이민국) *Statistical Yearbook*(각년호) 및 INS의 불법 이민 추계, Edwards(2006)에서 재인용.

4. 세계화의 역사가 주는 교훈 : 결론을 대신하여

1) 소득분배의 불평등

최근에는 이민에 반대하는 목소리도 이전보다 다소 누그러지고 있다. 이는 이민이 소득분배에 주는 영향이 줄어들었기 때문인데, 어떻게 이런 일이 일어나는가? 임금의 변화가 직접적인 노동의 이동인 이주에만 영향을 받는 것이 아니기 때문이다. 예를 들어 값싼 공산품의 수입이 늘어나면 수입국 공업 노동자들의 임금이 하락할 수 있다. 공산품 가격의 하락으로 인한 물가하락을 감안하더라도 실질임금 수준이 하락할 수 있는 것이다. 또한 어떤 나라에서 많은 공장이 다른 나라로 옮겨 가는 경우에도 그 나라의 임금 수준은 하락하게 된다. 다시 말해, 생산물시장의 통합과 자본시장의 통합이 노동시장의 간접적인 통합을 초래할 수 있다는 것이다. 최근의 세계화에서는 산업 내 분업의 진전으로 인해 이러한 효과가 더욱 크다고 할 수 있다. 반면에 이민자들의 낮은 임금수준은 GDP에서 서비스 부문이 차지하는 비중이 커진 오늘날, 선진국의 물가수준과 생활비를 낮추어 주는 효과가 크다. 이 때문에 오늘날 선진국에서는 이민에 대한 반대보다 공산품 수입이나 공장의 이전, 즉 해외직접투자에 대한 반대의 목소리가 더욱 강한 것이다.

앞에서 무역이 사회 전체적으로 이익을 주지만 수입품을 생산하는 산업에 종사하는 소수의 사람들에게 손실을 준다는 점에 대해 살펴보았다. 경제학자들은 무역으로 인해 사라지는 일자리도 있지만 무역으로 인해 더 좋고 더 많은 일자리가 새로 생겨난다는 사실을 강조한다. 따라서 시장개방과 세계화를 옹호하는 사람들은 자유무역이나 세계화에 반대하는 사람들에 대해, 경제학에 대해 무지하거나 정치적 압력과 타협한다고 손가락질한다. 하지만 19세기의 1차 세계화는 신대륙의 상대적 임금 수준을 하락시켰고, 오늘날의 2차 세계화는 선진국 노동자들의 임금 수준을 하락시킴으로써 소득분배의 불평등에 기여하는 것은 사실이다. 물론 1차 세계화 시기의 구대륙과 2차 세계화 시기의 가난한 나라의 소득분배 불평등은 완화되었지만 말이다.

물론 세계화와 소득분배의 불평등 사이의 관계는 대단히 복잡한 문제이고, 이 장에서 충분히 다루기에는 지면이 허락하지 않는다. 다만, 세계화가 초래하는 소득 불평등의 심화를 이유로 자유무역이나 자본이동을 제한하자고 주장하는 것은 곤란하다는 점은 다시 한 번 강조할 필요가 있다. 또한 사회 전체 구성원들에게 세계화의 혜택이 돌아가도록 하기 위해 구조조정되어야 하는 산업에 대해서는 다양한 지원 정책을 펼쳐야 한다고 주장하는 것도 곤란하다.

그럼에도 불구하고 세계화로 인해 희생되는 계층에 대한 배려는 반드시 필요하다. 왜냐하면 불평등의 심화는 그 자체가 건전한 경제적 발전에 방해가 되는 것일 뿐만 아니라 세계화가 정치적으로 지속가능하지 않도록 만드는 것이기 때문이다. 요컨대 세계화로 인해 희생되는 산업을 지원하는 것이 경제적으로 타당하지 않다고 해서 세계화로 인해 희생되는 계층을 방치해서는 안 된다. 건전한 경제적 발전과 지속적인 세계화를 위해서도 세계화로 인한 불평등의 심화를 완화시키기 위한 여러 가지 정책이나 사회보장의 확대를 고려하는 지혜가 필요한 것이다.

2) 세계화와 경제성장

세계화는 일반적으로 경제성장에 좋은 영향을 준다고 알려져 있다. 하지만 모든 유형의 세계화가 모든 나라의 경제성장에 좋은 것은 아니다. [그림 15]에서 보듯이 1차 세계화는 후진국의 공업화에 불리하였다. 반면, 오늘날의 2차 세계화는 가난한 나라들에게 공업화에 유리한 기회를 제공해 주고 있다. 무엇보다도 아시아 신흥공업국들이나 중국, 인도의 최근의 경제성장 경험이 이를 잘 보여 준다. [그림 16]도 오늘날의 세계화가 경제성장에 도움이 되는 경우가 많다는 것을 보여 준다.

그러나 대부분의 제3세계 국가들과 달리, 1차 세계화의 시기에 눈부신 경제성장을 경험했던 중남미 국가들은 오늘날의 2차 세계화를 경제성장에 유리하게 활용하지 못했다고 볼 수 있다. 따라서 세계화가 무조건 성장에 도움

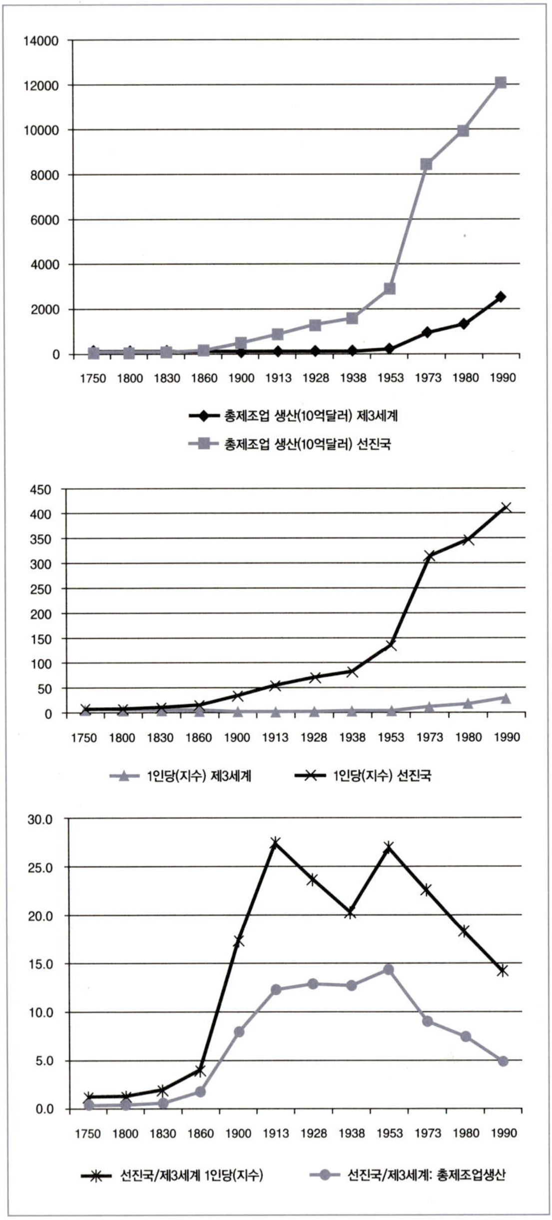

[그림 15] 선진국과 제3세계 국가들의 제조업 생산, 1750~1990년

출처 : Bairoch(1995), p.91, Table 8.1에서 계산.

이 된다는 주장이나 반대로 무조건 방해가 된다는 주장에 대해 경계하는 지혜가 필요하다. 생산물시장의 통합과 자본시장의 통합이 구체적으로 어떤 방식으로 이루어지는지, 더 나아가 이러한 시장의 통합에 대해 각국이 주체적으로 어떻게 대응하는지에 따라 세계화는 득이 될 수도 있고 실이 될 수도 있는 것이다. 세계화가 일반적으로 경제성장에 도움이 된다는 주장을 교조적으로 받아들이고 이러한 전제 위에서 생산물시장과 자본시장의 무차별적인 개방을 강요하는 국제경제질서에 대한 비판을 억누를 경우, 국제적인 불균형이 심화되고 세계화에 대한 반대의 목소리가 높아질 수도 있음을 명심하여야 한다.

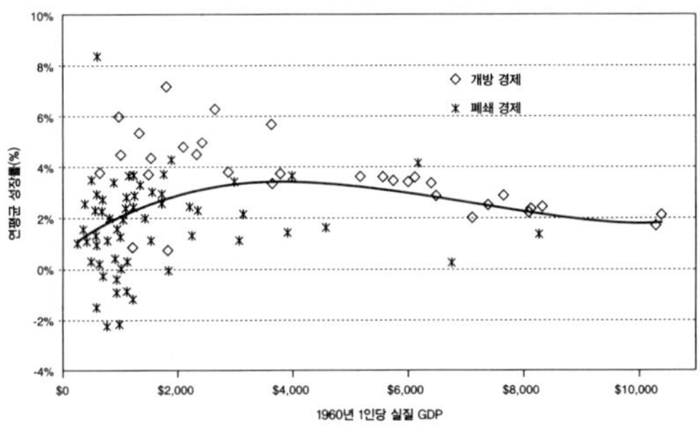

(A) 1960~1980년

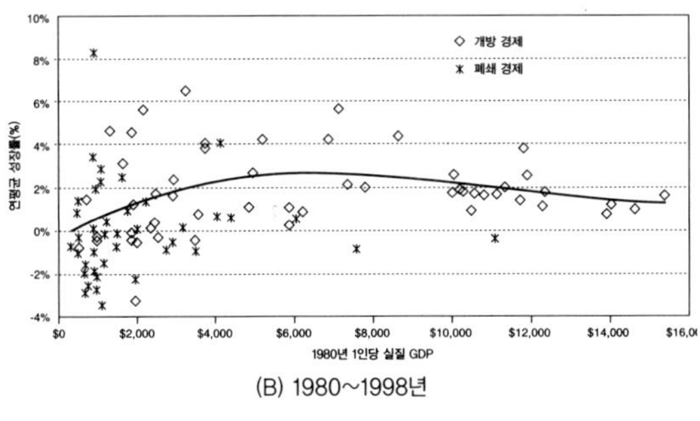

(B) 1980~1998년

[그림 16] 개방과 경제성장

출처 : Dowrick and DeLong(2003), pp. 215-216.

3) 바람직한 세계화를 위한 국제 질서

세간에서 말하듯이 지금의 세계화를 최근에 새롭게 시작된 현상으로 이해하는 것과, 경제사학자들처럼 1차와 2차로 나누어 이해하는 것은, 세계화의 추진력과 미래에 대한 이해에서 큰 차이를 갖는다. 세계화를 최근의 새로운 현상으로 이해할 경우에는 기술의 발전과 자유무역에 대한 바람직한 인식의 발전이 세계화의 추진력이라고 생각하게 된다. 그런데 이러한 요인들은 인류 역사와 함께 계속 진보해 온 것들이며 앞으로도 계속 발전되고 확산될 것이라고 생각할 만하다. 따라서 최근에 시작된 세계화는 되돌릴 수 없는 것이며 앞으로도 더욱 가속화될 것이라고 생각할 수 있다.

하지만 지금의 세계화를 한때 후퇴했던 세계화가 다시 진행되는 것으로 이해한다면 이야기는 달라진다. 세계화는 되돌릴 수 없는 것이 아니라 얼마든지 중단되거나 후퇴할 수도 있는 것이다. 그렇다면 세계화를 추진하는 힘으로서, 비가역적인 기술진보나 합리적인 경제학적 인식의 확산 이외에 가역적인 무엇인가를 고려하여야 한다는 결론에 이르게 된다.

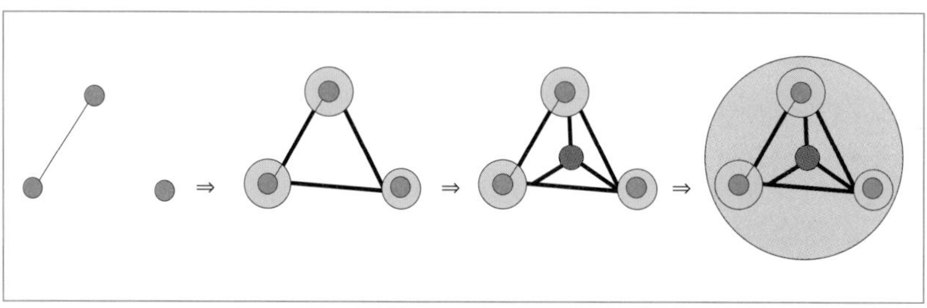

[그림 17] 보르도 지방의 포도 특화와 시장의 통합

앞에서 언급한 프랑스 보르도 지방의 포도 특화에 대해 다시 한 번 생각해 보자. 포도 경작에 천혜의 조건을 갖춘 이 지방이 왜 13세기 이전에는 곡물 생산에 주력해야 했을까? 보르도 지방이 포도 생산에 특화하기 위해서는 다른 지방과 시장이 통합되어 분업이 일어나야 한다. 그런데 이를 위해서는 포도와 곡물을 교환할 수 있는 수레 길을 건설하는 서비스와 그 길에 대한 치안 서비스가 제공되어야 한다. 또한 보르도 지방의 농민들이 곡물 대신 포도를 경작하려고 밀밭을 포도밭으로 전환시킨 후에도 다른 지방의 곡물 생산자들이 보르도 지방의 농민들에게 공정한 교역조건을 제시할 것이라는 약속의 이행을 보장해 주는 사법적 서비스가 제공되어야 한다.

이러한 서비스들은 공공재의 성격을 갖는다. 그런데 중세 봉건제와 같이 권력이 분산된 상태에서는 이러한 공공재를 제공할 정부가 없었다. 즉, 보르도와 다른 지방을 포괄하는 권력으로서의 국가가 부재하였다. 이 때문에 국가적 차원의 시장통합은 영토적 국민국가의 등장을 전제로 하였던 것이다.

물론, 국가권력이 없는 상태에서 시장의 통합이 일어난 경우도 역사 속에서 찾아볼 수 있다. 원거리 무역을 중심으로 한 중세 상업의 부활은 국가권력의 보호나 국가의 법적 서비스가 제공되지 않는 상태에서 일어난 사건이다. 정기적으로 열리는 국제적인 대시fair에서 상인들은 스스로 법을 제정하였고 법정을 구성하여 운영하였다.

자국 권력의 보호 없이 외국에서 상업활동을 영위하는 도시 상인들의 생명과 재산을 보호하겠다는 외국 군주들의 약속이 이행되도록 보장할 법적 질서가 없는 상태에서 도시의 상인들은 길드를 구성하였다. 약속을 지키지 않은 군주들에 대해 집단적인 무역중단이라는 방식으로 보복하는 수단을 강구하였는데, 사적인 이익을 추구하여 이러한 집단적 보복에 참여하지 않는 구성원들을 상업활동에서 배제하거나 물리적인 압력을 행사하는 권한을 가지는 길드를 구성하는 데에 도시의 상인들이 앞장섰음은 물론이고, 자신의 약속을 믿도록 만들 필요를 느낀 군주들도 길드의 구성과 활동을 도왔다.[11] 이처럼 국가 권력의 보호나 정부에 의한 공공재의 제공 없이도 거래를 통한 상호이익을 실현시키기 위해 자발적으로 질서를 만드는 경우도 가능하다.

요컨대 시장통합의 추진력으로 경제학자들이 전통적으로 생각해 온 기술과 이데올로기 외에도 거래를 안정적으로 유지시켜 줄 수 있는 질서를 고려하여야 하며, 이러한 질서는 정부에 의해 마련될 수도 있지만 자발적으로 형성될 수도 있다. 그렇다면 세계화의 안정적인 추진을 위해서는 세계정부가 필요한 것인가? 궁극적으로 세계화를 일관되고 지속적으로 진전시키기 위해서는 시장통합의 여러 가지 전제조건을 마련하고 통합에 따른 문제점들을 해결할 세계정부가 필요하다고 할 수 있을 것이다.

하지만 대부분 같은 언어를 사용하고 피부색이 같은 사람들이 국민국가를 구성하는 과정에서도 수많은 전쟁을 겪어야 했다. 더욱이 이러한 국가가 국민들의 자유와 재산권을 보장하는 선량한 국가가 되기 위해서는 민주주의를 정착시키기 위한 수많은 정치적 고통이 요구되었다. 따라서 예측 가능한 시기에 선량한 세계정부를 만든다는 것은 기대하기도 어렵거니와 추진하려고 노력할 만한 일일지도 의문이다.

어차피 예측 가능한 시기에 평화적인 방법으로 선량한 세계정부를 구성하는 일이 불가능하다면, 바람직한 세계화를 위한 질서의 창출과 유지를 위해 다양한 차원에서 세계 시민들이 노력하는 수밖에 없다. 세계정부가 존재하지 않는 상황에서 세계화가 모든 참여자에게 늘 이익을 가져다줄 것이라고 윽박지르거나, 세계화가 불평등을 심화시키고 가난한 나라의 성장에 방해가 되며 비인간적인 생활을 강요한다고 반대하는 이분법적인 사고에서 벗어나야 한다.

11_ 스페인과 이탈리아 도시국가 상인들의 네이션스(nations)와 독일 도시 상인들이 구성한 한자동맹(Hansa)을 이렇게 해석한 연구로는 Greif, Milgrom, and Weingast(1994) 등을 참조하라.

세계화로 인한 불평등을 치유하고 더욱 많은 나라의 성장에 도움이 되는 방향으로 세계화를 길들여야 하며 강대국들의 횡포가 통하지 않도록 노력해야 한다. 다시 말해, 세계화가 인류의 행복에 기여하도록 만들기 위해 공정한 국제 질서의 발전을 위한 세계 시민의 각성과 노력이 필요하다는 것이다.[12]

더 읽을 거리

* 양동휴, 『세계화의 역사적 조망』, 서울대학교출판부, 2007.
* 박경로, "세계화와 금융제도의 수렴", 미국학연구소 편, 『21세기 미국의 거버넌스』, 서울대학교출판부, pp. 419-473, 2004.
* 박경로, "계약의 사회화: 뉴딜의 재해석", 『역사비평』 2009년 봄호, pp. 446-493, 2009.

참고문헌

Bairoch, Paul, *Economics and World History : Myths and Paradoxes*, University Of Chicago Press, 1995.

Bordo, M.D., "Globalization in Historical Perspective," *Business Economics* : 20-29, 2002.

Bordo, M.D., and F.E. Kydland, "The Gold Standard as a Rule : An Essay in Exploration," *Explorations in Economic History* 32 : 423-464, 1995.

Bordo, M.D., and H. Rockoff, "The Gold Standard as a 'Good Housekeeping Seal of Approval'," *Journal of Economic History* 56 : 389-428, 1996.

Chiswick, Barry R. and Timothy J. Hatton, "International Migration and the Integration

12_ 예를 들어, 미국산 쇠고기 반대를 위한 촛불 집회를 농산물 수입 개방에 대한 반응으로만 본다면 과잉반응의 측면이 있었다고 볼 수도 있다. 하지만 이 문제는 단순한 자유무역의 문제에 그치는 것이 아니라, 개방과정의 공정성과 수출국의 품질관리에 대한 수입국 소비자들의 통제 가능성의 문제 등을 수반하는 것이었다. 더욱이 우리나라의 촛불 집회가 미국 내에서도 쇠고기 생산과정에 대한 자국 정부의 불철저한 규제에 대한 반성을 낳았다는 사실에 주목할 필요가 있다. 예를 들어 노벨경제학상 수상자인 폴 크루그먼의 〈뉴욕 타임즈〉 칼럼을 참조(Krugman 2008).

of Labor Markets" in Bordo, M.D., A.M. Taylor, and J.G. Williamson (eds.), *Golbalization in Historical Perspective*, University of Chicago Press: 65-119, 2003.

Clemens, M.A., and J.G. Williamson, "Why did the Tariff–Growth Correlation Change after 1950?," *Journal of Economic Growth* 9 : 5–46, 2004a.

Clemens, M.A., and J.G. Williamson, "Wealth Bias in the First Global Capital Market Boom, 1870–1913," *Economic Journal* 114 : 304–337, 2004b.

Daudin, G., M. Morys, and K.H. O´Rourke, "Globalization, 1870–1914," Economics Series Working Papers 395, University of Oxford, Department of Economics, 2008.

Dowrick, S., and J. Bradford DeLong, "Globalization and Convergence," in M.D. Bordo, A.M. Taylor, and J.G. Williamson(eds.), *Globalization in Historical Perspective*, University of Chicago Press : 191–226, 2003.

Edelstein, M., "Foreign Investment, Accumulation and Empire, 1860–1914," in *The Cambridge Economic History of Modern Britain*, R. Floud and P. Johnson.(eds.) Cambridge : Cambridge University Press, 2004.

Edwards, Jr., James R., "Two Sides of the Same Coin : The Connection Between Legal and Illegal Immigration," *Backgrounders and Reports*, Center for Immigration Studies, February 2006.

Estevadeordal, A., B. Frantz, and A.M. Taylor, "The Rise and Fall of World Trade, 1870–1939," *Quarterly Journal of Economics* 118 : 359–407, 2003.

Federico, G., and K.G. Persson, "Market Integration and Convergence in the World Wheat Market, 1800–2000," DISCUSSION PAPERS 06–10, Department of Economics University of Copenhagen, 2006.

Ferguson, N., and M. Schularick, "The Empire Effect : The Determinants of Country Risk in the First Age of Globalization, 1880–1913," *Journal of Economic History* 66 : 283–312, 2006.

Flandreau, M., and F. Zumer, *The Making of Global Finance. 1880–1913*. Paris : OECD, 2004.

Garbade, K.D. and W.L. Silber, "Technology, Communication and the Performance of Financial Markets : 1840–1975," *Journal of Finance* 33 : 819–832, 1978.

Greif, A., Milgrom, P., and Weingast, B. R., "Coordination, Commitment, and Enforcement : The Case of the Merchant Guild," *Journal of Political Economy* 102 : 745–776, 1994.

Harley, C.K., "Ocean Freight Rates and Productivity, 1740–1913 : The Primacy of

Mechanical Invention Reaffirmed," *Journal of Economic History* 48 : 851-76, 1988.

Harley, C.K., "North Atlantic Shipping in the Late Nineteenth Century : Freight Rates and the Interrelationship of Cargoes," in L.R. Fischer and H.W. Nordvik(eds.), *Shipping and Trade, 1750-1950 : Essays in International Maritime Economic History*, Lofthouse Publications, Pontefract : 147-171, 1990.

Jacks, D.S., C.M. Meissner, and D. Novy, "Trade costs in the first wave of globalization," *Explorations in Economic History* 47 : 127-141, 2010.

Krugman, Paul, "Bad Cow Disease," *New York Times*, June 13, 2008.

Maddison, A., *Monitoring the World Economy 1820-1992.* Paris : OECD, 1995.

Mauro, P., N. Sussman, and Y. Yafeh, "Emerging Market Spreads : Then Versus Now," *Quarterly Journal of Economics* 117 : 695-733, 2002.

North, D., "Ocean Freight Rates and Economic Development 1750-1913," *Journal of Economic History* 18 : 537-555, 1958.

North, D., "The Role of Transportation in the Economic Development of North America," in *Les Grandes Voies Maritimes Dans Le Monde XV-XIX Siéles*, Paris : Ecole Pratique des Hautes Éudes : 209-246, 1965.

O′ourke, K.H., and J.G. Williamson, "When Did Globalization Begin?," *European Review of Economic History* 6 : 23-50, 2002a.

O′ourke, K.H., and J.G. Williamson, "The Heckscher-Ohlin Model Between 1400 and 2000 : When It Explained Factor Price Convergence, When It Didn′t, And Why," in R. Findlay, L. Jonung and M. Lundahl(eds.), *Bertil Ohlin : A Centennial Celebration*, 1899-1999, Cambridge, Mass. : MIT Press, 2002b.

Obstfeld, M. and A.M. Taylor, *Global Capital Markets : Integration, Crisis, and Growth.* Cambridge : Cambridge University Press, 2004.

Obstfeld, M., and A.M. Taylor, "Globalization and Capital Markets," in Bordo, M.D., A.M. Taylor, and J.G. Williamson(eds.), *Globalization in Historical Perspective*, University of Chicago Press : 121-188, 2003a.

Obstfeld, M., and A.M. Taylor, "Sovereign Risk, Credibility and the Gold Standard : 1870-1913 vs. 1925-1931," *Economic Journal* 113 : 241-75, 2003b.

Persson, K.G., "'Mind the Gap!' Transport costs and price convergence in the 19th century Atlantic economy," *European Review of Economic History* 8 : 127-147, 2004.

Starbucks Coffee Company, *Company Fact Sheet*, February 2008.

Taylor, A.M., "External Dependence, Demographic Burdens, and Argentine Economic Decline after the Belle Epoque," *Journal of Economic History* 52 : 907–36, 1992.

Wallerstein, I., *The Modern World-System, vol. I : Capitalist Agriculture and the Origins of the European World-Economy in the Sixteenth Century*. New York/London : Academic Press, 1974.

제2장

경제적 글로벌화 : 생산과 금융을 중심으로

서익진(경남대학교 경제무역학부)

1. 경제적 글로벌화의 의미와 성격

2. 경제적 글로벌화의 핵심 내용

제2장

경제적 글로벌화 : 생산과 금융을 중심으로

서익진

1. 경제적 글로벌화의 의미와 성격

경제적 글로벌화란 도대체 무엇을 말하는 것일까. 보다시피 이 말은 경제와 글로벌화라는 두 개의 용어로 이루어져 있다. 경제란 인간이 동물로서의 생명을 유지(생존)하는 데 필요한 것들과 사회적 인간으로서의 삶(생활)을 영위하기 위해 원하는 것들(물건과 서비스)을 만들어(생산), 사고팔고(교환 즉 거래), 사용(소비)하는 행위를 총칭한다. 원시사회에서는 각자가 자신에게 필요하고 자신이 원하는 것들을 스스로 만들어 사용하는 '자급자족' 경제를 꾸렸지만, 오래전부터 인간들은 각자가 가장 잘, 가장 적은 비용으로 만들 수 있는 상품의 생산에 특화하고(사회적 분업), 자신이 만든 것을 시장에 내다 팔아 번 돈으로 다른 사람이 만든 것을 사서 쓰는 '시장경제' 속에 살고 있다. 이처럼 분업, 교환 및 시장을 중심으로 이루어지는 경제는 당연히 남에게 팔기 위해 만든 생산물인 상품을 생산하는 경제일 수밖에 없고, 이러한 '상품경제'는 거래를 중개하는 화폐 없이는 발전하기 어려우므로 '화폐경제'로 될 수밖에 없다. 한마디로 '상품경제=시장경제=화폐경제'라는 등식이 성립하는 것이다. 이러한 시장경제는 일정한 거래규칙(법, 제도, 관습)이 적용되는 특정한 공간에서 작동한다. 통상 이러한 공간이 한 나라로 주어질 때 이것이 바로 '국민경제'이다. 이때 국민경제의 경계는 통상 그 나라의 법정 화폐만이 통용되는 일정한 공간으로 설정된다. 이 공간에서 국민화폐는 국내의 모든 생산물의 가치를 측정하는 공통의 척도로, 그리고 모든 거래에 대해 유일무이한 지불수단으로 기능한다.

그럼에도 일국의 경제주체들은 결코 자국의 경제적 공간 내에서만 활동을 하지는 않으며, 다른 나라의 경제주체들과 다양한 유형의 거래를 하기도 하고 심지어는 외국에서 경제활동을 하기도 한다. 예컨대 한국의 기업들은 평균적으로 자신의 생산물의 거의 절반을 외국에다 팔고 있으며, 한국의 소비자들은 주로 외국에서 수입한 농산물을 사 먹고 있다. 무역(수출과 수입) 활동은 오래전부터 존재해 왔으며 오늘날에는 국제투자(외국인투자나 해외투자)가 성행하고 있고, 국제 대차거래(외국은행으로부터의 차입 또는 우리나라 은행의 외국인에 대한 대출)도 활발하다. 이처럼 경제활동은 일국 내에 그치지 않고 다른 나라의 경제적 공간으로 확장되어 왔다. 이러한 현상이 전 세계의 거의 모든 나라에서 일반화되고, 그리하여 각국의 국민 시장이나 경제들 간의 상호의존이 갈수록 강화되는 현상을 이른바 글로벌화라 부르는 것이다. 이제 국제시장이나 국제경제가 아니라 글로벌 시장이나 글로벌 경제를 운위해도 무색하지 않을 정도로, 세계의 모든 나라가 단일한 경제적 공간(글로벌 시장이나 글로벌 경제)으로 통합되어 가고 있는 중이다. 이 과정은 논리적으로 말한다면 세계단일통화의 성립과 더불어 완결될 것이다.

1) 경제적 글로벌화의 핵심은 자본의 세계적 이동의 자유화이다.

글로벌화는 민간 주체들의 국제적 경제 활동이 자유롭고 또 활발하게 이루어질 때에만 현실적으로 가능한 것인데, 이러한 자유가 원래부터 주어져 있었던 것은 결코 아니다. 그것은 각국 정부가 한편으로는 외국인(회사)의 국내 활동에 자유를 부여하고 내국인(회사)과 차별하지 않는 조치(내국인 대우)를 시행함과 동시에, 다른 한편으로는 내국인(회사)의 해외 경제 활동에 관한 규제도 완화·철폐하는 이른바 자유화(시장개방과 규제철폐) 정책을 시행함으로써 비로소 현실화될 수 있다.

이러한 대외활동 자유화 정책이 시행되기 시작한 것은 나라에 따라 차이가 있지만, 무역 자유화는 GATT 체제하에서 9차례에 걸친 다자 간 협상을 통한 비관세장벽 철폐('관세화'라 부른다) 및 관세 인하의 형태로 단계적으로 꾸준히 진행되어 왔다. 1970년대부터 세계경제가 장기불황으로 진입하자 선진국들은 금융 부문에서 돌파구를 찾기 위해 금융 자유화를 시행하기 시작했고, 1980년대부터는 한국 등 신흥공업국을 위시하여 개도국들에서도 금융 자유화 조치가 단계적으로 시행되기 시작함으로써 1990년대부터는 금융의 글로벌화가 본격적으로 진행되어 왔다.

이러한 자유화 조치는 대개 국제 경쟁력을 갖춘 선진국에서는 자발적으로 시행되지만, 경쟁력이 뒤떨어져 선진국을 따라잡아야 하는 처지에 있는 개도국은 국내의 유치산업 육성을 위한 보호주의 조치의 필요성이 크기 때문에 자유화 조치가 자발적이라기보다 선진국이나 국제기관의 압력하에 강제적으로 시행되는 경우가 흔했다. 실제로 개도국들은 1970년대에 대외 차입을 통한 공업화 정책을 널리 실행했는데, 수출을 통한 외화 벌이가 신통치 않고 국제 금리까지 폭등하자 1980년대 초부터는 대외 채무를 갚기 위해 채무를 져야 하는 '채무의 덫'(일종의 카드 돌려막기 상태)에 걸렸다. 이러한 대외채무 위기를 해결하는 과정에서 채권자인 선진국 정부와 은행들은 기존 채무의 만기 연장이나 신규 대출을 조건으로 이른바 '워싱턴 컨센서스Washington concensus'라 불리는 자유화 정책 패키지(긴축재정, 시장개방, 규제철폐, 민영화 등)의 채택을 강요했던 것이다.

우리나라의 경우를 보면, 1960~1970년대 박정희 개발독재 시절에는 무역 자유화를 위장한 교묘한 보호주의 조치들을 통해 국내 기업을 육성하고 국내 시장을 보호함과 동시에, 공업화에 필요한 장비와 기술을 빚을 내어 수입하고 이 빚을 갚는 데 필요한 외화를 벌기 위해 강력한 수출 드라이브 정책을 시행했다. 한국은 채무위기의 고비를 적어도 두 차례 넘긴 후 최종적으로 이러한 차입·수출 전략에 기반한 공업화 과정을 완결함과 동시에 무역대국의 지위에 올랐다. 하지만 개도국의 지위를 사실상 벗어난 한국은 1980년대 후반부터 미국 등 선진국들과 무역마찰을 일으키게 되었고 해외로부터의 국내시장 개방 압력도 커지게 되었다. 이후 소극적인 개방정책을 시행해 오다가 1900년대 초에 이르러 김영삼 정부가 선진국 클럽인 경제협력개발기구OECD 가입을 목표로 이른바 '세계화' 정책을 표방하면서 전방위적인 자유화 정책으로 선회했다. 그 결과 1996년 OECD 가입에 성공함으로써 외형상 선진국의 일원이 되기는 했지만, 1997년 말 전대미문의 외환위기(엄밀히는 채무위기)와 더불어 국가부도 상태에 빠지게 되자 어쩔 수 없이 국제통화기금IMF에 긴급구조 자금을 요청하게 되었다. 이른바 'IMF 신탁통치'하에서 김대중 정부는 서비스 및 자본 시장의 개방을 강력하게 추진했으며, 이러한 자유화 정책의 기조는 동시다발적 자유무역협정FTA 체결을 추진한 노무현 정부하에서도 견지되어 왔다. 그 결과 한국은 오늘날 선진국 못지않게 개방된 자유시장경제로 탈바꿈했다.

개도국의 경제발전을 위해 보호주의와 자유주의 중 어느 것이 더 적절한가는 여전히 미해결의 문제로 남아 있지만, 한국은 물론이고 미국, 독일, 일본 등 선진국 진입에 성공했던 나라들은 개도국 시절에 거의 예외 없이 '유치산업 보호'라는 강력한 보호주의 정책을 시행했다는 것은 부정할 수 없는 명백한 역사적 사실이다. 오늘날 글로벌화는 비가역적이자 불가항력적인 과정이므로 국가, 회사, 개인 등 모든 주체들이 이 과정에 최대한 적응하거나 편승하는 수밖에 없으며, 글로벌 경쟁에서 살아남기 위해서는 어떻게든 경쟁력을 강화하는 수밖에 없다는 인식이 무비판적으로 받아들여지고 있다. 이에 따라 세계무역기구WTO의 다자 간 협상은 물론 양자 간 자유무역협정FTA을 통해 자발적으로 자유화 정책을 시행하는 나라가 늘어나고 있는 것이 오늘날의 추세라 할 수 있다.

이렇게 볼 때, 경제적 글로벌화는 일각에서 마치 다수의 의견처럼 호도하고 있듯이 모든 주체들이 적응할 수밖에 없는 자연법칙에 따른 과정이 아니라, 주로 전 세계를 대상으로 자유로운 돈벌이를 목표로 삼는 일군의 세력에 의해 추동되어 왔다는 사실을 깨달을 수 있다. 행동대원 격인 기업이나 은행과 같은 초국적회사(그룹)가 선두에 서 있고, 이들에게 행동의 자유를 보장해 주고 심지어는 지원까지 제공하는 미국 등 중심부 국가들은 물론 이들이 좌지우지하는 세계무역기구WTO, 국제통화기금IMF 등 다양한 경제 관련 국제기구가 그 뒤를 떠받치고 있다.

이처럼 경제의 글로벌화가 갖는 진정한 의미를 기업들이 전 세계를 대상으로 돈벌이하는 자유가 증대되는 과정으로 이해한다면, 돈벌이의 주체가 되는 자본(기업의 실체)이 국제적으로 이동하는 자유야말로 글로벌화의 핵심이라 할 수 있다. 자본이 어떤 방식으로 돈벌이(가치증식)를 하는가에 따라 보통 이자수취자본, 상업자본, 산업자본, 투기자본으로 구별된다. 예컨대 가장 발전된 형태인 산업자본의 가치증식 과정을 기호로 표시하면 다음과 같다.

$$M-C[P_m+L]\cdots P\cdots C'-M'\ (M<M').$$

여기서 M은 화폐로서 투자자금을 의미하고, 생산과정에 투입되는 상품인 C는 크게 생산수단(P_m : 기계, 장비, 부품, 건물, 에너지 등 실물자본)과 노동력(L)으로 구성되고, 이 둘은 생산과정에서 결합하여 더 많은 가치를 가진 새로운 생산물(C′)을 만들어 낸다. 이 생산물이 시장에서 판매되어 초기 투자자금(C)

보다 더 많은 화폐로 회수된다면 돈벌이에 성공한 것이다. 이러한 산업자본의 입장에서 볼 때, 유럽의 한 글로벌 그룹의 회장이 글로벌화를 다음과 같이 규정한 까닭을 잘 이해할 수 있다. "우리 그룹의 입장에서 볼 때 글로벌화란 우리가 원하는 곳에서 우리가 원하는 때에 우리가 원하는 것을 생산하는 자유, 우리가 원하는 곳에서 [물적, 인적, 금융적-필자] 자원을 조달하고 생산물을 판매하는 자유, 그리고 노동권 및 사회협약과 관련된 제약들을 가능한 한 가장 적게 감수하는 것(셰네, 『자본의 세계화』에서 인용)"이다. 이처럼 자본증식 과정을 구성하는 자금, 생산수단 및 노동력의 조달, 공장과 사무소의 입지, 생산물의 판매망 등 어느 하나 또는 전부가 세계의 여러 나라로 분산되어 수행되는 것이 바로 생산을 담당하는 자본의 글로벌화라 할 수 있다. 이러한 자본의 글로벌화를 수행하는 대표적인 주체가 바로 다국적기업 또는 초국적기업이라 불리는 글로벌 그룹(기업집단)인 것이다.

2) 경제적 글로벌화의 세 가지 성격

경제적 글로벌화는 보통 다음과 같은 세 가지 성격을 갖는 것으로 보인다.

첫째, 현행의 경제적 글로벌화는 불완전한 것일 뿐만 아니라 심지어 불평등을 조장한다. 한편으로, 글로벌화의 불완전성은 상품과 자본은 나라들 사이를 자유롭게 이동하지만 노동력으로서의 사람은 일자리를 찾아 자유롭게 이동하지 못한다는 사실에서 특히 잘 드러난다. 이 점은 현행의 글로벌화가 노동의 글로벌화를 포함하지 않는 자본만의 글로벌화라는 사실을 반영한 것이지만, 역으로 보면 노동의 자유로운 국제 이동을 통제하는 것이 오히려 자본의 글로벌화를 위한 불가결한 조건이 된다. 왜냐하면 노동의 국제적 이동이 자유화된다면 각국의 노동 비용, 즉 임금 수준의 평준화 경향이 나타날 것이고, 그렇다면 특히 생산자본의 국제적 이동을 초래하는 요인의 하나인 나라 간 임금 격차가 줄어들 것이기 때문이다. 다른 한편으로, 누구도 국가의 지원을 받지 않는 무차별 경쟁과 타협 없는 무한 경쟁의 특징을 갖는 글로벌 경쟁에서는 승자와 패자가 확연히 구별되고, 국민경제에서와는 달리 약자를 지원하고 패자를 보호하는 역할을 해야 하는 이른바 '글로벌 국가'가 존재하지 않기 때문에, 경쟁의 필연적 산물인 불평등은 글로벌화가 진행될수록 그 정도가 더 커질 수밖에 없는 것이다.

둘째, 현행의 글로벌화는 비대칭적 또는 위계적인 성격을 띠고 있다. 세계경제의 구조에 대해서는 미국이라는 제국을 중심으로 나머지 나라들이 편재되는 일극 구조로 보는 견해와 다수의 중심국들이 각각 자신의 주변부를 거느리는 다극 구조로 보는 견해로 대별되어 왔다. 하지만 2008년 미국의 서브프라임 위기를 계기로 세계경제가 미국 중심의 일극체제에서 다극체제로 이행하고 있으며, 향후 중국을 중심으로 하는 동아시아 지역권이 세계경제의 새로운 중심을 차지하게 될 것으로 보는 견해가 갈수록 널리 받아들여지고 있다.

셋째, 현행의 글로벌화는 신자유주의적 글로벌화이다. 신자유주의는 한마디로 시장 만능주의와 초超 자유주의를 기반으로 삼는다. 시장 만능주의란 정부의 경제 개입을 최소화하고, 공공서비스의 상품화 및 공기업의 사영화를 추진하여 가능한 모든 상품의 공급과 경제 관련 의사결정을 시장에 맡김으로써, 공평성은 어찌 되건 경제적 효율성만 추구하면 된다는 주장이다. 초 자유주의는 고전적 자유주의가 주장하던 자유방임의 원칙을 넘어 제약 없는 이윤의 추구, 민간 주체의 무한 책임성을 강조함으로써 공공의 영역 자체를 소멸시키고자 하는 극단적인 자유주의이다. 그리하여 신자유주의는 이미 거론한 바 있는 워싱턴 컨센서스로 규범화되었고, 그 핵심 이념은 개체(개인, 기업)를 집단(사회, 공동체)보다 우선시하며, 경제적인 것(이윤 등 소득)을 사회적인 것(공익, 공공성 등 비경제적 가치)보다 앞세우고, 사적 주체들 간의 계약을 공적인 법률에 우선하는 것으로 간주하는 데 있다.

2. 경제적 글로벌화의 핵심 내용

경제적 글로벌화는 대표적인 경제활동인 생산(투자 포함), 유통, 소비의 글로벌화를 모두 포함한다. 유통은 세계무역의 증가와 더불어 글로벌화되며, 이에 따라 각국에서 외국 상품의 소비도 일상화된다. 이 현상은 세계 생산에 대한 세계 무역의 비중의 지속적인 증가로 잘 대변된다. 하지만 무역의 글로벌화가 이미 오래전부터 진행되어 온 익숙한 현상이라면, 생산의 글로벌화는 비교적 최근의 현상이라 할 수 있다.

생산은 당연히 기업 즉 자본에 의해 수행된다. 생산에 직접 참여하여 경영을 주도하고 거기서 창출되는 부가가치를 이윤으로 수취하는 자본을 산업자본이라 한다면, 생산을 직접 관장하지는 않지만 산업자본에 자금을 대여하거나 출자함으로써 창출된 부가가치의 일부를 이자나 배당의 형태로 수령하는 자본을 금융자본이라 한다. 하지만 이러한 금융자본은 전통적인 형태이고, 최근에는 주식, 채권, 외환 등 금융자산의 거래를 통한 차익을 추구하는 새로운 형태의 금융자본이 급성장했다. 오늘날에는 이러한 투기성 금융자본이 금융부문의 팽창과 글로벌화를 주도하고 있다.

1) 생산의 글로벌화

새로운 부가가치를 창조해 더 많은 돈을 벌고자 하는 산업자본의 가치증식 방식은 앞에서 기호로 표시한 바와 같다. 생산의 주체인 기업은 투자자금을 조달하기 위해 국내 금융시장에만 의존하지 않고 전 세계의 은행으로부터 차입을 하거나 다른 나라의 증권시장에서 주식 또는 채권을 발행하여 자금을 조달할 수 있다.

생산 과정은 크게 구상작업과 실행작업으로 나눌 수 있다. 구상은 신상품의 개발, 디자인, 마케팅 등 전략적인 분야를 포괄하며, 이렇게 만들어진 제품이나 서비스를 생산하고 판매하는 것은 실행작업에 속한다. 글로벌 그룹의 본사에는 구상 기능이 집중되고, 전 세계에 걸친 생산 및 판매망을 통해 실행 기능이 수행된다. 이러한 글로벌 네트워크는 대륙별 지역거점에 의해 분할되기도 한다. 이렇게 해서 '나이키'로 대변되는 이른바 '공장 없는 기업'이 등장한다. 미국 본사의 연구개발팀에서 개발된 디자인은 대만 공장에서 시제품으로 만들어지고, 테스트를 통과하면 세계 각지에 흩어져 있는 생산기지에서 생산되어 글로벌 판매망을 통해 팔려 나간다. 나이키의 생산 및 판매 네트워크를 구성하는 회사들은 나이키 본사가 설립한 자회사일 수도 있고 나이키와는 무관하게 독립된 협력(하청)회사일 수도 있다. 후자의 경우 이 회사는 유명한 주문자상표부착OEM 방식으로 신발을 만들어 납품한다.

자동차와 같이 수많은 부품의 조립 방식으로 만들어지는 상품의 경우에는 부품의 조달 네트워크도 글로벌화된다. 엔진, 카뷰레터, 바퀴 등 최소 2만 개가 넘는 자동차 부품은 가장 값싸게 조달될 수 있는 곳으로부터 조달된다. 정보 서비스의 경우에는 자료의 입력이나 처리와 같은 단순 작업은 인터넷을 이용하여 전 세계에서 가장 싸게 수행될 수 있는 곳에 하청을 준다. 예를 들어 미국의 회계법인은 고객기업의 전산 입력된 거래 자료를 인터넷을 통해 인도에 있는 회계사무소로 넘겨 회계적 가공이 이루어지도록 한다. 이른바 '국제 아웃소싱'이다. 이것은 해외 직접투자 없는 공장의 이전이나 마찬가지다. 최근에 발생한 토요타자동차회사의 글로벌 리콜 사태는 이러한 비용 절감 노력이 품질상의 하자 발생 가능성을 내포하고 있다는 사실을 보여준 가장 비근한 사례라 할 수 있다.

이렇게 해서 기존의 전통적인 무역방식인 기업 간 거래 외에 특정 그룹의 자회사들 간의 무역이 번창하게 되고, 오늘날 이러한 '그룹 내 교역'의 규모는 세계무역 총액의 1/3 이상을 차지한다. 오늘날 세계의 생산과 교역은 이러한 초국적그룹에 의해 좌우되고 있다고 볼 수 있다.

2) 금융의 글로벌화

금융이란 소득 중에서 다 쓰지 않고 남은 돈 즉 저축을 가진 주체에서 소득 이상의 지출(소비나 투자)이 필요한 주체에게로 자금이 이전되는 것을 말한다. 전통적으로 은행과 같은 금융 중개기관이 이러한 저축자와 투자자 간의 자금 이전을 중개해 왔는데, 이러한 금융방식을 '중개금융'이라 한다. 반면 생산자와 소비자가 직접 시장에서 만나 거래가 이루어지는 일반 상품처럼 자금도 시장에서 매매될 수 있다. 이러한 시장을 자본시장이라 하는데, 여기에서는 자금의 수요자가 주식이나 채권 등 금융증권을 발행하고 저축을 가진 자금의 공급자가 이를 구입한다. 이러한 금융방식을 '시장금융'이라 한다. 그 대표적인 것이 주식시장과 채권시장이다.

오랫동안 각국의 금융시장은 일국 차원에 한정되어 있었고 영업 분야도 분할되어 있었다. 1980년대 말에 영국과 미국에서 '금융 빅뱅'이라 불릴 정도로 획기적인 금융 자유화 조치가 채택된 후 다양한 금융시장이, 그중에서도 특히 자본시장이 급속하게 발전했다. 연기금, 보험회사, 증권회사, 투자기금, 신탁회사, 뮤추얼 펀드 등 이른바 제2금융(은행을 제외한 금융권)에 속하는 금융기관들이 번창하게 되었고, 전통적인 업무 영역의 경계도 무너져 상호 경쟁관계로 돌입했다. 이와 동시에 이루어진 금융시장의 개방 조치 덕분에 금융의 글로벌화가 급속하게 진전되었다. 1990년대로 들어서면 개도국의 금융시장도 자의 반 타의 반으로 개방되었고, 인터넷에 의해 모든 나라의 금융시장이 실시간으로 연결됨으로써 금융시장은 말 그대로 글로벌 시장이 되었다.

기업 고객을 금융시장에 빼앗긴 은행들도 금융시장으로 진출해 나갈 수밖에 없었고, 이리하여 은행들은 수신(예금)·여신(대출)이라는 전통적인 업무 외에 보험, 투자 등 다른 금융 서비스까지 제공하는 이른바 보편은행universal bank으로 변신했다. 이제 모든 금융회사들이 '기관투자자'로서 글로벌 금융시장의 큰손으로 활동하고 있다.

전통적으로 금융부문은 가계의 저축(자금의 공급)과 기업의 투자(자금의 수요)를 직접 또는 간접으로 연결해 줌으로써 실물 가치의 생산에 봉사하고, 생산에서 창출된 부가가치(이윤)의 일부를 이자나 배당의 형태로 받음으로써 수입을 올렸다. 그런데 금융 부문이 급속하게 팽창되면서 금융부문의 내부에서도 돈벌이가 가능하게 되었다. 주식과 채권 등 기초금융자산은 물론 선물, 옵션, 스왑 등 끝없이 만들어질 수 있는 파생금융상품들을 사고팖으로써 가격 차이를 통한 수익(금융이득)의 획득이 가능해졌다. 그것도 글로벌 금융시장 즉 인터넷으로 연결된 전 세계에 흩어져 있는 각국의 금융시장에서 그러한 수익을 추구할 수 있게 되었다. 예컨대 한국의 개미 투자자는 미국 증시에서 미국 회사의 주식을 사고팔 수 있고, 중국의 투자자는 한국의 증시에서 한국 주식을 사고팔 수 있게 된 것이다. 한국의 국민연금은 미국 정부의 국고채는 물론 지난번에 망해 버린 리먼 브라더스 투자은행이 만든 서브프라임 파생증권상품도 매입할 수 있었던 것이다.

이렇게 해서 금융부문은 실물부문에 의존하지 않고 스스로 가치를 증식할 수 있는 자율적인 부문으로 성장하게 되었고, 더욱이 실물부문에 대한 지배력까지 획득하게 되었다. 한편으로 기관투자자 등 대주주들은 기업 경영자로 하여금 실물투자를 통한 장기 수익보다는 주주들이 원하는 주가 상승이나 단기 수익의 극대화에 노력하도록 압력을 가하는데, 이를 주주 가치 극대화 전략이라 부른다. 그 대표적인 수단이 전문경영자에게 성과 보너스로 제공되는 '스톡 옵션'이다. 다른 한편으로 주주들은 주총을 통해 당기순이익이 장기투자 자금 조달을 위한 사내 유보금으로 저축되지 않고 주주들에게 최대한의 배당이 이루어지도록 결정한다. 이렇게 해서 생산의 주체인 기업들은 단기적인 금융 이득 극대화를 추구하는 금융자본가의 논리인 단기주의에 복종하게 되는 것이다.

하지만 바로 여기에 금융 위기의 원천이 있다. 금융부문 내부에서 벌어들이는 금융이득은 결국은 실물생산에서 창조되는 부가가치(소득)의 크기에 의해 제한되는데, 금융부문이 실물부문의 부가가치 창출을 어렵게 만들 뿐만 아니라 창출된 이윤을 최대한 빼앗아 가는 상황에서는 이윤의 크기가 커지기 어려울 수밖에 없기 때문이다. 기초여건fundamentals의 악화로 기업의 실제가치가 하락하면 주가도 하락할 수밖에 없다. 주가 상승으로 얻은 이득은 주가 하락으로 발생하는 손실에 의해 상쇄된다. 돈 놓고 돈 먹기 게임이 이루어지는 이른바 '카지노 자본주의'에서는 주기적으로 이러한 제로섬 게임의 법칙이 관철된다. 즉 주식시장은 폭등과 폭락을 주기적으로 반복하게 되는 것이다. 이에 따라 금융부문은 항상적인 불안정에 처해지고, 금융위기가 발발할 때마다 실물 생산부문은 타격을 받게 되고, 경제는 불황 또는 공황으로 치닫게 된다. 금융의 자유화와 글로벌화가 진행될수록 이러한 악순환은 고착되어 간다. 1980년대 이후 발생한 크고 작은 경제공황은 거의 예외 없이 금융부문을 구성하는 특정한 하위시장의 불안정에서 시작되었다. 1997년의 아시아 위기와 2008년의 서브프라임 위기는 수많은 금융발 위기들 중 가장 유명한 사례에 지나지 않는다.

이처럼 금융의 글로벌화는 금융위기의 글로벌화를 동반했다. 이에 따라 한편으로 한 나라의 금융위기는 즉각 글로벌 금융위기로 진전되고, 다른 한편으로 금융위기는 경제위기로 전화된다. 금융에 의해 지배되는 글로벌 경제에서는 금융에 내재된 불안정으로 인해 경제도 항상 불안정한 상태에 놓여 있다고 할 수 있다.

더 읽을 거리

* 김성해 · 이동우, 『세계는 울퉁불퉁하다』, 민음사, 2009.
* 뽈리옹(서익진 옮김), 『신자본주의』, 경남대출판부, 2006.
* 셰네(서익진 옮김), 『자본의 세계화』, 한울, 2003.
* 셰네 편(서익진 옮김), 『금융의 세계화』, 한울, 2002.
* 장시복, 『세계화 시대 초국적기업의 실체』, 책세상, 2004.
* 장하준, 『사다리 걷어차기』, 부키, 2004.

제3장

다국적기업과 글로벌화

심승진(경북대학교 경제통상학부)

1. 머리말

2. 주요 경제지표를 통해 본 글로벌화 현상

3. 글로벌화의 주체 : 기업

4. 다국적기업

5. 다국적기업의 글로벌 전략

6. 다국적기업과 도입국 간의 관계

제3장

다국적기업과 글로벌화

심승진

1. 머리말

1960년대에 청소년기를 보낸 사람 가운데 〈80일간의 세계일주〉라는 흑백 영화를 기억하는 사람이 제법 많을 것이다. 이 영화는 80일 동안 세계를 한 바퀴 돌 수 있을 것인가에 대해 내기를 걸면서 펼쳐지는 주요 대륙, 주요 국가의 여행 모습을 담은 영화였다. 자동차, 기차, 선박, 그리고 열기구까지 다양한 교통수단을 이용하여 80일에 걸쳐 천신만고 끝에 극적으로 세계 일주에 성공한다는 내용이다. 우리가 오늘날 같은 코스로 지구를 돌아본다면 8일 이내에 각 대륙의 주요 국가를 돌아보는 것이 가능할 것이다. 그만큼 지구가 작아지고 세상이 좁아지고 있는 것이다.

이렇듯 작아진 지구, 좁아진 세상에서 기업의 활동도 크게 변하고 있다. 국내 시장, 국내 고객, 자국 정부, 국내 기업과의 경쟁만을 고려하던 것과는 달리 해외 시장, 해외 고객, 외국 정부, 해외 기업과의 경쟁을 고려해야 하는 등 국경의 의미가 점차 사라지고 있다. 실제로 우리가 알고 있는 기업들 가운데 대부분은 어떤 형태로든, 정도의 차이는 있겠지만 직간접적으로 국외와 연계된 상태에서 기업 활동을 하고 있다. 지역의 작은 시장, 또는 국내 시장만을 대상으로 활동을 하고 있는 기업을 찾아내기가 오히려 쉽지 않을 정도로 기업의 국제화는 진전되고 있다.

우리는 의식주 거의 모든 생활에 필요한 재화와 서비스가 국제화된 기업 활동의 산출물이라는 것을 어렵지 않게 확인할 수 있다. 가령 주위를 둘러보면 건축 및 인테리어 자재에서 입고 있는 옷까지 석유화학 산출이 아닌 것을 찾기가 어려울 정도이다. 이러한 석유 관련 대표적 기업은 이른바 칠 공주seven sisters로 불리는 7개의 석유 메이저로 다국적기업이다. 한편 매일 우리들 식탁에 오르는 먹거리의 원재료인 대두나 밀 등의 대부분은 수입된 것이며 이들 곡물을 취급하는 기업은 이른바 다섯 왕자five brothers로 불리는 5개의 곡물 메이저로 역시 다국적기업이다. 우리가 다국적기업에 관하여 본격적으로 조사하거나 분석하기 이전일지라도 일상생활의 많은 부분이 이미 다국적기업의 기업 활동과 깊이 연관되어 있음을 알 수 있다.

이 장에서는 다국적기업과 글로벌화 현상에 관하여 다루어 보고자 한다.

2. 주요 경제지표를 통해 본 글로벌화 현상

글로벌화에 대한 정의는 학자에 따라 다르며 일률적으로 나타내기 어렵다. 그런 가운데 경제 측면에 초점을 맞추어 본다면, 글로벌화란 '국제 간 상호의존의 심화 및 마찰·분쟁의 격화가 진행되는 가운데 국제 간 관리와 협조 및 조정을 통하여 국가 간 관계가 통합되어 나가는 현상'으로 정의할 수 있다. 즉, 국가 간에 자유롭고 개방적인 교역이 증대하면서 세계시장이 통합되고 상호 영향을 주고받는 관계가 심화되는 현상으로 파악된다. 이에 따라 재화와 서비스의 수출입 등 국경을 넘나드는 국제무역, 자본의 유출입 등 국제금융 거래는 물론 정보, 기술, 해외직접투자 및 인력의 유입과 유출 등 국경을 사이에 두고 생겨나는 경제현상의 지표들은 글로벌화 현상을 파악하는 데 좋은 자료로 활용할 수 있다.

우선 국제무역을 통한 재화나 서비스의 국경을 넘는 수출입의 규모를 보면 〈표 1〉과 같다. 2008년 현재 국제무역의 규모는 세계 전체로 15조 달러를 넘어서고 있다. 과거 1960년의 1,241억 달러에 비교하면, 반세기 가까운 기간에 무려 120배 이상 증대된 것이다. 이를 연평균 증가율로 나타내면 10%를 넘는 것으로, 매우 빠르게 그리고 지속적으로 국제무역의 규모가 확대되고 있음을 알 수 있다. 이는 같은 기간 세계 전체의 총생산 증가율을 크게 넘어서는 것으로, 산출량의 증대보다도 국제무역이 더 크고 빠르게 성장해 왔음을 알 수 있다.

〈표 1〉 글로벌화 현상을 나타내 보이는 주요 경제지표의 추이

(단위 : 10억 달러)

	1960	1980	2000	2008
국제무역[1)]	124	1,946	6,381	15,776
기술무역[2)]		9	86	176
해외직접투자[3)]		37	1,150	1,857

주 : 1) 국제무역은 수출금액 기준.
2) 기술무역 : 주요국(미국, 일본, 영국, 독일, 프랑스, 한국)의 기술수출금액, 산업기술주요통계요람 2008/2009년판, 한국산업기술진흥협회.
3) 해외직접투자 : 세계 총 FDI outflow, World Investment Report, 2008.

특히 국제무역의 내역을 보면 재화의 수출입이 대부분이었던 1980년대 이전과는 달리 최근에 들어서면서 서비스무역, 기술무역 등의 규모가 비약적으로 확대되고 있다. 이에 따라 재화의 국경을 넘는 교역에만 적용되었던 과거 GATT협정은 점차 제 기능을 하지 못하게 되었다. 1980년대 후반부터는 서비스무역, 지적재산권문제, 교역 관련 투자 문제 등 새로운 분야의 교역질서를

다루는 UR 논의가 시작되었으며 WTO체제로 이행하게 된 것은 주지의 사실이다. 실제로 주요 국가의 기술무역의 경우에도, 〈표 1〉과 같이 1980년에 94억 달러였던 것이 2000년대에는 860억 달러, 그리고 2008년에는 1,763억 달러로 급신장하고 있음을 알 수 있다. 1980년에서 2008년간 연평균 11%의 증가율을 나타내고 있는 셈이다. 이러한 증가율은 국제무역보다 높은 가운데 매우 빠른 증가세를 나타내는 것이다. 기술수출 금액의 절대 규모는 국제무역과 비교하면 작은 규모이지만, 기술무역이 재화 관련 국제무역의 20배 정도의 경제적 효과를 가지고 있는 것으로 평가되는 점을 감안한다면 커다란 의미를 갖는 것이라 할 수 있다. 해외직접투자와 관련해서도 이른바 현지조달, 현지생산, 현지판매를 위한 해외직접 투자가 늘어나면서 1980년에 370억 달러 수준이었던 것이 2008년에는 2조 달러를 넘어서는 등 급속히 증대하고 있다. 현지조달, 현지생산, 현지판매를 위한 현지진출이 활발히 이루어지는 가운데 더 이상 국내시장과 해외시장의 구분이 의미가 없어지게 되었으며 이제는 국제 간 '시장의 교환'이 일반적인 것으로 되고 있는 것이다.

한편 국제금융 분야에서는 더 큰 규모의 국제 거래가 이루어지고 있다. 통상 하루에 약 2조 달러 정도의 다양한 금융 관련 상품들이 거래되고 있는바, 연간 규모로는 상상을 초월하는 커다란 규모가 됨을 알 수 있다. 특히 국제금융 관련 시장은 이른바 24시간 시장round-clock-market으로 나타나고 있듯이, 세계 각지의 주요 국제금융시장이 연계되어 운영되면서 국제금융시장의 글로벌화를 실감할 수 있다.

3. 글로벌화의 주체 : 기업

이상과 같이 국경을 넘나드는 재화, 서비스, 자본, 기술 등의 교역이 증대되면서 글로벌화가 빠른 속도로 진전되고 있다. 이러한 글로벌화의 진전에는 다양한 국제사회의 행동 주체들이 영향을 미치고 있다. 우선 전통적인 행동 주체로는 역시 국가(정부)를 들 수 있으며 그 외에 국제기구, 지역경제통합체, 비정부기구NGO·국제비정부기구INGO·비영리기구NPO·국제비영리기구INPO 등은 물론 기업이야말로 글로벌화의 핵심 주체이다.

1) 국가

글로벌화에 영향을 미치는 전통적인 행동 주체로 국가(정부)를 들 수 있다. 1950년대 이후 미국을 중심으로 하는 주요 선진국들은 고도의 산업사회로 이행하면서 막강한 국제경쟁력을 기반으로 시장의 개방 및 자유화를 추구하였다. 미국 등 주요 선진국들은 한편으로는 GATT에서의 재화시장 자유화, IMF에서의 금융시장 자유화와 같이 다자 간 질서를 주도하면서, 다른 한편으로는 스스로의 시장을 일방적으로 먼저 개방하고 여타 국가들의 시장개방을 유인하는 이른바 '수용적 일방주의'를 취하였다. 이에 따라 특히 재화시장에서의 자유화는 빠르게 진전되었고 60, 70년대에 이르면서 일부 유럽 국가와 아시아지역의 일본, 그리고 한국을 비롯한 일부 신흥 공업 국가들의 대외 지향적 성장·발전의 기회로 활용되기도 하였다. 그런 과정에서 미국은 '자유화의 패러독스', 즉 자유화를 적극적으로 수용하고 주도한 결과 그에 따른 국제무역의 이익이 나타나지 않고 오히려 무역수지의 적자가 크게 그리고 지속적으로 증대되는 현상을 경험하기도 하였다. 이에 따라 미국 주도의 '수용적 일방주의'에 따른 자국시장의 개방은 점차 '공격적 일방주의'로 변화하기도 하였다. 즉 미국은 몇몇 유럽 국가, 한국, 일본, 중국과의 사이에 마찰과 분쟁이 끊이지 않는 가운데, 일본 두들기기, 중국 두들기기, 한국 두들기기와 같은 공격적 대응을 하기에 이르렀다. 재화시장에서의 이러한 변화와 함께, 1980년대 이후 서비스 시장이 점차 확대되고 국가 간 자본의 이동이 증대되면서 주요 선진국들의 관심은 재화시장의 자유화로부터 서비스, 기술 등 지적재산권, 투자 등과 같은 분야의 시장 개방으로 바뀌게 되는바, 정보통신 관련 기술의 급속한 발전과 함께 이들 분야에서도 빠른 속도로 세계 시장이 통합되어 가고 있다. 주요 선진국은 물론 개발도상국의 주도로 국제시장의 개방화·자유화가 빠른 속도로 진행되어 온 셈이다.

2) 국제기구

이렇듯 국가라는 행동주체가 재화시장은 물론 서비스, 기술 등 지적재산권, 투자 등의 분야 및 금융 부문에서 시장 개방 및 자유화에 관심을 가지고 대응해 왔으며, 이는 특정의 국제경제체제 속에서 GATT·WTO, IMF, 세계은행WB 그룹 등 국제기구를 무대로 하여 이루어졌다.

국제경제체제란 세상의 모든 국가가 납득하고 받아들이는 국제경제 운영 시스템을 말한다. 이러한 국제경제체제가 존재하기 위해서는 세 가지 기본적 구성요소가 반드시 필요하다. 첫째, 모든 국가들이 납득하고 추구하는 기본 정신, 둘째, 모든 국가들이 추구하는 생산 양식, 셋째, 이러한 기본 정신과 생산 양식을 연계하는 국제질서·국제기구가 존재해야만 한다.[1] 이상의 세 가지 기본적 구성요소의 어느 하나라도 갖추지 못하면 국제경제체제가 존재하고 기능한다고 볼 수 없다. 실제로 최근의 국제경제체제를 예로 들어 보자. 우선 자유·개방의 기본 정신이 일반적인 것으로 받아들여지고 있고, 전자정보통신 관련 생산양식이 산업사회에 확산되고 있으며, 이들 생산양식을 활용하여 만들어진 산물의 국가 간 흐름이 확대되는 가운데 국제통상 관련 질서·기구가 새롭게 만들어지고 운영되고 있는 것으로 이해할 수 있다. 기본 정신과 관련해서는 1945년 이후 줄곧 국제경제사회는 자유, 무차별, 호

1_ W. Sombart, *Die drei nationalökonomien*, Munchen, Leipzig, 1950.의 경제체제에 관한 설명을 국제경제체제에 적용하여 설명하고 있음.

혜, 평등의 정신을 추구해 왔다. 기본적인 생산양식과 관련해서는 1950~60년대에는 중화학공업 관련 생산양식 및 기술이 확산되었고, 1970~80년대에는 전기, 기계 관련 생산양식이, 그리고 1990년대 이후 전자통신, 정보 관련 기술이 구현된 생산양식의 이용이 확산되었으며 해당 분야의 산물이 크게 증대되었다. 이와 함께 GATT는 1960년대에 케네디 라운드KR, 1970년대에 도쿄 라운드TR, 그리고 1980년대에 우루과이 라운드UR를 거치면서 재화의 국경을 넘는 교역의 자유화·개방화 정도가 높아진 바 있다. 이후 서비스무역, 지적재산권 문제, 국가 간 투자 문제를 포함하는 새로운 질서·기구인 WTO로 바뀌었다. 국제질서·기구는 국제무역뿐만 아니라 국제금융·통화, 국제경제협조, 남북관계 등 다양한 분야에서 형성되어 복합적으로 운영되고 있다. 이러한 실상은 국제경제의 '복합질서'로 불리고 있으며, 각각의 분야에 국제경제기구·협정이 만들어지면서 국제경제사회가 추구하는 기본 정신인 자유, 무차별, 호혜, 평등의 정신이 추구되고 있는 것이다.

3) 지역경제통합체

한편 최근의 국제경제사회는 '지역경제통합의 시대'라 해도 과언이 아닐 정도로 수많은 지역경제통합체들이 결성되어 운영되고 있다. 〈표 2〉와 같이 2009년 10월말 기준으로 WTO에 통보되고 발효 중인 지역무역협정은 총 263건에 이르고 있다. 그 가운데 2001년 이후 새롭게 결성된 지역경제통합체의 숫자가 162건이며, 1991년 이후 2009년까지의 기간에는 210건에 이르는 등 전체 통합체의 70% 이상이 1990년대 이후 최근에 만들어진 것임을 알 수 있다.

〈표 2〉 지역경제통합의 시기별 체결 현황

구분	′55~′60	′61~′70	′71~′80	′81~′90	′91~′95	′96~′00	′01~′05	′06~′09.10.
신규	1건	3건	11건	10건	28건	38건	87건	75건
누계	1건	4건	15건	25건	53건	91건	178건	263건

출처 : 한국무역협회(www.kita.net), WTO Statistics(www.wto.org).

지역경제통합은 역내 구성국의 역외 국가들에 대한 배타성과 폐쇄성을 특성으로 하면서 역내 국가들 사이에서는 시장이 통합되고 자유화·개방화가 진전된다. 실제로 유럽연합EU, 북미자유무역협정NAFTA 등 주요 지역경제통합체의 경우 역내무역의 비중이 60% 전후로 높게 나타나고 있다. 그러나 1990년대에 이르러서는 미주 권역, 유럽-아프리카 권역, 아시아-태평양 권역 등 광역의 지역경제통합 논의의 움직임이 나타나면서 지역경제통합체의 중층성[2]이 강조되기에 이른다. 이와 함께 지역경제통합이 가지는 폐쇄성, 배타성보다는 개방적인 지역경제통합체의 운영이 강조되는 '신지역주의'의 흐름이 나타나기 시작하였다. 이에 따라 지역경제통합의 경우 역내교역은 물론 개방적 지역경제통합에 따른 역외 교역의 증대가 가능하며, 무엇보다도 지역주의의 과정을 통하여 다자주의 및 글로벌화에 이를 수 있다는 생각이 확산되고 있다.

4) 기업

글로벌화의 또 다른 주요 핵심 주체는 기업이다. 기업 활동의 흐름은 크

2_ 경제발전 단계가 상이한 국가들이 통합체를 결성하는 가운데 우선 후진국들의 통합체가 결성되며 그것에 개도국이 포함되면서 조금 더 큰 통합체가 결성되고, 여기에 다시 선진국들이 포함되면서 전체의 광역 통합체가 결성되는 것을 의미함. 후진국의 경제개발에 대한 적절한 지원이 가능하도록 설계되고 광역의 시장 통합에 따른 경제적 효과가 후진국-개도국-선진국의 중층적 구조 속에서 극대화할 수 있는 것으로 기대됨.

게 구매, 생산, 판매의 단계로 나누어지는바, 구매의 글로벌화, 생산의 글로벌화, 판매의 글로벌화는 물론 심지어는 기술개발 활동의 글로벌화, 자금조달의 글로벌화가 일반화되고 있다. 이에 따라 주요 기업의 경우, 연간 매출과 이익 및 자본 규모 등에 있어서 중소규모 국가의 연간 국내총생산 규모를 훨씬 뛰어넘는다. 〈표 3〉에서 알 수 있는 바와 같이 연간 매출이 4,000억 달러에 이르는 글로벌 기업이 다수 존재하고 있으며, 자산 측면에서는 2조 달러를 훌쩍 뛰어넘는 글로벌 기업이 존재하고 있다. 이는 중소규모 국가의 연간 국내총생산보다도 훨씬 큰 규모인 셈이다.

〈표 3〉 주요 기업과 최빈국의 주요 경제지표 비교

(단위 : 10억 달러/2000년 기준)

순위	기업	국적	매출	자산		일인당 산출액	총산출
1	HSBC Holdings	UK	146	2,348	온두라스	1,642달러	102억 달러
					니카라과	1,443달러	69억 달러
2	G.E.	US	172	795	볼리비아	1,636달러	133억 달러
3	BoA	US	119	1,716	케냐	694달러	210억 달러
4	JPMorgan	US	116	1,562	나이지리아	543달러	669억 달러
5	ExonMobile	US	358	242	잠비아	515달러	9억 달러
6	Royal DutchShell	Netherland	355	266	에티오피아	453달러	290억 달러
7	BP	UK	281	236	…		
…							
59	Samsung Electronics	Korea	92	87			
…							

출처 : 2008 Forbes.

실제로 국제사회에서 UN 가입국으로 존재하는 국가의 숫자가 192개국이며 그 가운데 이른바 OECD 국가들과 국토나 인구 규모가 괄목할 만큼 큰 일부 국가들을 제외한다면 대부분의 국가가 주요 글로벌 기업의 연간 매출 규모에 훨씬 미치지 못하는 총산출규모를 나타내 보이고 있다. 극단적으로 〈표 3〉에서 볼 수 있듯이 아프리카의 잠비아, 케냐, 남미의 온두라스, 볼리비아 등 다수의 국가에서 연간 총산출규모가 수억 달러에서 수백억 달러의 규모에 머무르고 있는바, 이는 연간 수천억 달러의 매출과 수백억 달러의 연간 이익을 나타내고 있는 기업과 크게 비교된다. 글로벌 기업의 경우 국제경제사회에서 경제적 측면에 끼치는 영향력은 절대적으로 크며 나름대로 커다란 목소리를 내는 것이 가능하다. 특히 기업은 기술개발의 선도자로, 주요 핵심 산업을 주도해 나가면서 산업사회 패러다임의 변화를 선도하고 있으며 글로벌 시장을 상대로 이익 극대화를 추구해 나가고 있다.

5) 그 외의 행동주체

기타 글로벌화의 주요 행동주체로 비정부기구NGO : Non-Government Organization · 국제비정부기구INGO : International Non-Government Organization, 비영리기구Non-Profitable Organization · 국제비영리기구International Non-Profitable Organization 등이 있으며, 환경, 자원, 문화 등의 분야에서 국가 간 연계활동을 활발하게 전개해 나가며 글로벌화를 이끌고 있다.

4. 다국적기업

1) 개념

다국적기업에 관한 내외의 문헌은 수없이 많으나, 다국적기업 자체가 매우 이질적이며 특정 산업부문에 국한된 것이 아니기 때문에 다국적기업을 일률적으로 정의하기는 매우 어렵다. 다국적기업은 글로벌한 영역에서 지극히 복잡한 활동을 하고 있는 만큼 그 개념을 간단명료하게 나타낼 수 없으나, 일반적으로 다국적기업의 개념을 정의하면 다음과 같다. 다국적기업이란 '2개 이상의 국적을 가지는 구성원들이 2개 이상의 국가에 진출한 해외자회사를 가지고 그것들의 상호 유기적인 결합을 통하여 세계적 차원에서 이윤을 극대화하는 세계적 규모의 경영조직을 가지는 거대기업'으로 정의된다.[3] 특히 다국적기업은 노동, 자본, 기술, 자원 등 경영요소들의 국가 간 비대칭적인 부존 상황[4]을 활용하여 이윤극대를 추구하는 조직이며, 이를 위하여 제품 개발을 비롯하여 생산 및 판매 거점을 전 세계적으로 확립하는 기업인 것이다. 다국적기업은 기업의 해외활동을 수출입 무역의 형태로부터 현지 제품개발, 현지 생산, 현지 판매의 체제로 진전시키는 기업성장 과정에서 나타나는 것으로, 독자의 전략에 의거하여 제품 개발, 생산, 판매 거점을 전 세계적으로 확립하여 기업 내 분업을 추구하는 기업인 셈이다. 다국적기업의 궁극적인 목표가 세계적 차원에서 기업의 이윤을 극대화하는 것인 만큼, 이를 위하여 불완전경쟁을 전제로 한 시장지배 내지는 시장독점을 추구하는 기업행동, 경쟁의 제한에 의한 초과이윤을 추구하는 기업결합의 한 형태로 볼 수도 있다.

이러한 다국적기업의 기준으로는 해당 기업이 활동하는 해외 시장의 수, 기업의 소유권, 최고 경영자의 국적 등이 2개 이상의 다수 국가로 구성되어야 하며 실적 기준으로 보아 매출, 이익, 자산, 종업원 등에 있어서 2개 국가 이상의 해외에서 일정 비율 이상이 생겨나야 하는 것으로 파악될 수 있다.

3_ 안세영, 『다국적기업 경제학』, 박영사, 1998 참조.

4_ 노동풍부국과 노동부족국, 자본풍부국과 자본부족국, 기술주도국과 기술추종국, 자원풍부국과 자원부족국과 같이 생산요소의 비대칭성이 존재함에 따라 각 요소의 풍부국으로부터 부족국으로 국경을 넘는 흐름이 이루어짐으로써 경제적 이익을 추구하게 된다.

2) 기업 다국적화의 동기

기업 활동의 일정 비율 이상이 해외에서 이루어지는 경우 현지 시장에서 직면하는 어려움은 현지 기업에 비교하여 매우 크고 위험도 뒤따르게 된다. 그럼에도 불구하고 기업의 다국적화가 이루어지는 데에는 이러한 어려움과 위험을 감수하고도 거대 이윤을 얻을 수 있다는 확신이 있어야 하는 등 명확한 동기부여가 우선되어야 한다.

다국적기업의 구체적인 해외 진출 동기는 현지시장 지향적 동기, 생산요소 지향적 동기, 그리고 기술지식 지향적 동기로 대별된다.

첫째, 현지시장 지향적 동기로는 무역장벽의 극복, 독점적 시장지배력과 경쟁 우위의 확보 등을 들 수 있다. 무역장벽의 극복과 관련해서는, 산업·기업이 성장·성숙 단계에 이르면서 경쟁력을 갖추고 수출을 통하여 해외시장을 적극적으로 공략하려는 시점에 수입국이 해당 산업의 보호를 위하여 무역장벽을 높이는 경우, 이에 대한 적극적이고 공격적인 대응의 하나로 기업의 현지진출이 이루어진다. 다른 한편으로는 독점적 시장지배력을 통해한 독점이윤을 추구하기 위하여 현지에 진출하는 경우이다. 기업의 독점우위 요인은 자본조달, 브랜드, 기술노하우, 마케팅능력, 경영관리기술, 규모의 경제, 제품차별화, 독점 기술력, 교섭력 등 매우 다양하다.[5] 이들 독점적 우위 요소들을 확보하고 있는 경우에 해외 진출이 적극적으로 이루어지게 된다. 그 외에 현지시장 지향적 동기로 '동반 진출'을 들 수 있다. 기업 활동의 특성상 연관관계가 강한 파트너 기업이 현지 진출을 할 경우 함께 현지 진출

5_ Hymer, S., "The International Operations of National Firms: A Study of Direct Investment", *Doctoral Dissertation*, MIT Press, 1960., Kindleberger, C. P., "*American Business Abroad,*" New Haven : Yale University Press, 1969., Johnson, H., The Efficiency and Welfare Implications of the International Corporation, in C. P. Kindleberger ed., *The International Corporation*, MIT Press, Cambridge, Mass, 1970., McManus, J. C., The Theory of International Form, in G. Paguet ed., *The Multinational firm and The National State,* Macmillan, 1972.

을 하여 현지에서의 수요창출에 적극 대응하는 경우이다.

둘째, 생산요소 지향적 동기로는 자본과 노동과 같은 본원적 생산요소 및 자원·중간재·소재·부품 등 생산요소의 안정적 확보를 위한 현지 진출을 들 수 있다. 값싼 노동력을 안정적으로 확보하기 위하여 선진국이나 선발 개도국의 노동집약적 기업 활동이 노동풍부국인 여타 개도국으로 진출하는 경우가 대표적이다. 그뿐만 아니라 높은 수준의 숙련된 노동력을 추구하여 선진국의 기업이 여타 선진국이나 일부 개도국으로 현지 진출하는 경우도 있다. 자원·중간재·소재·부품의 안정적 확보를 위하여 자원보유국이나 중간재 산업 강국에 진출하기도 한다.

셋째, 고도의 첨단기술이나 경영기법을 습득하기 위한 기술지식 지향적 동기로 해외시장에 진출하는 경우이다. 이는 벤처기업의 해외 현지 진출, 개도국 기업의 선진지역으로의 현지 진출, 또는 선진국 상호 간의 기업진출의 경우에 찾아볼 수 있다.

그 밖에 경제발전단계가 높아지거나, 다양한 경제 환경의 변화에 따라 사양산업이 되는 분야에서 국내 산업 구조조정의 돌파구로서 현지 진출을 하는 경우도 있다. 또한 해외 현지에서의 자본조달이 용이하거나 자본조달비용이 작을 경우 현지에 진출하는 경우이다. 이 외에도 해외 진출의 주요 동기로 국내 조세부담률이 큰 경우에 이를 피해, 즉 조세피난처를 찾아 현지에 진출하는 경우를 들 수 있다.

3) 기업 다국적화의 단계

기업이 국내 시장에서 국내 고객과 국내 경쟁기업만을 상대로 사업을 시작하여 점차 국제화를 지향하는 과정을 단계적으로 설명하는 연구가 많이 이루어지고 있다.

우선 Ansoff(1984)는 국제화의 단계별 과정을 수출단계, 국제화 단계, 다국적 단계로 구분하고 있다. 수출단계에서는 주로 대리점을 통한 수출이나 현지 판매 사무소를 통한 현지 시장접근이 이루어지게 되며, 이 과정에서 수출 비중이 높아지게 된다. 강력한 수출경쟁력이 필요해지는 단계이다. 전략적으로 규모의 경제를 추구하게 되며 현지 관리자의 최대 과제는 현지 판매의 증대이다. 이후 국제화 단계에 이르게 되면 현지 판매, 현지 생산, 현지 R&D 등이 이루어지면서 현지 다각화가 진전된다. 차별적인 현지 판매 전략이 필요하며, 현지생산 비용 절감과 현지시장에서의 이익 최적화를 중시하게 된다. 다국적 단계에서는 생산·자원·R&D의 세계 최적화가 추구된다. 현지 진출기업은 글로벌 경쟁 속에서 규모의 경제를 추구하며 자원배분의 글로벌 최적화를 추구하기 위하여 유기체적인 조직의 일부가 되어 공헌하게 된다.[6]

한편 Chakravarthy & Permutter(1985)는 가치지향성에 기초하여 기업 국제화의 발전단계를 E-P-R-G모형(본국지향형(Ethnocentic)-현지지향형(Policentric)-지역지향형(regioncentric)-세계지향형(Geocentric))으로 설명하고 있다.[7] 본국중심의 단계에서 국내의 시장과 고객을 대상으로 기업 활동을 시작하여 점차 국제화 단계로 접어든다. 국제화 단계의 초기에는 단순 국제화 전략으로 수출 지향적 특성을 나타내 보이다가, 점차 다수국의 현지시장과 고객을 대상으로 현지 지향적 기업 활동으로 이어진다. 이후 글로벌 단계로 접어들면서 글로벌한 차원의 표준화를 추구하면서 세계 전체에 통합적으로 접근하게 된다. 이후 고도의 글로벌 단계에 이르게 되면서 각국 및 각 지역별 특성을 고려하여 적응하면서 상호 네트워크로 밀접하게 연계시키는 단계로 이행하게 된다. 이러한 글로벌화의 단계를 〈표 4〉에서와 같이 점의 국제화, 선의 국제화, 면의 국제화 및 입체적 국제화로 이해할 수도 있을 것이다.

6_ Ansoff, H.I. *Implanting Strategic Management*, Prentice-Hall, 1984.

7_ Chakravarthy, B.S. and Permutter, H.V., "Strategic Planning for a Global Business," Columbia Journal of World Business, Summer 1985.

〈표 4〉 점 · 선 · 면 · 입체적 국제화의 단계

본국중심단계	=>	국제적 단계			=>	글로벌 단계		
		단순 국제화 전략		다수국 현지지향전략		글로벌 유니티		글로벌 네트워크
국내지향	=>	수출지향	=>	현지지향	=>	표준화지향	=>	지역적응
		점의 국제화	=>	선의 국제화	=>	면의 국제화	=>	입체적 국제화

4) 다국적기업의 특성

다국적기업은 세계적 차원에서 구매·생산·판매 활동을 행하고 있으며 그 규모가 매우 큰 가운데 현대 "국제경제사회의 공룡"으로 불리기도 한다. 뿐만 아니라 세계적인 네트워크 속에서 자금, 정보, 재화, 서비스, 기술, 경영기법 등이 기업의 내부 거래로 이루어지는바, 그 내역을 정확하게 알 수 없는 가운데 "산업사회의 비밀제국"으로 일컬어지기도 한다. 이러한 다국적기업은 다음과 같은 몇 가지 특성을 나타내 보인다.

첫째, 다국적기업이 국제경제사회에 미치는 영향력이 크다. 수많은 다국적기업의 경우 매출, 자산규모 등에 있어서 웬만한 중소규모 국가의 연간 GNP 또는 국가 예산보다도 그 규모가 훨씬 크다. 중소규모의 경제를 가지는 이른바 약소국가들의 경우 국제경제사회에서 독자적인 목소리를 내기가 쉽지 않다. 즉 정치적으로 독립된 국가라 해도 경제적으로 독립된 주체로 움직이는 데에 어려움이 있는 것이다. 이에 반하여 다국적기업의 경우, 경제적 측면에서의 독자적인 목소리는 물론, 정치적인 측면에서조차 그들의 독자적인 입장을 표명하고 목소리를 내고 있는 가운데 국제사회에 미치는 영향력이 매우 크다.

둘째, 다국적기업은 기술개발 및 혁신의 주체로 산업구조 변화를 주도한다. 실제로 1970년대 이후 세계의 주요 기업의 미국 내 특허 건수를 정리해 보면 〈표 5〉와 같다. 우선 1970년대에는 기술특허 건수 상위 기업이 모두 미국적 다국적기업이며, 특히 미국 해군이 기술개발의 주역이었음은 우리에게 많은 것을 시사해 준다. 한편 70년대에 기술개발이 왕성했던 산업분야는 전기, 자동차, 화학 분야였던 것을 알 수 있다. 1980년대에 기술특허 건수 상위 1~3위 기업이 모두 일본 국적의 다국적기업으로 바뀐 것을 알 수 있으며 이 시기 대부분의 상위 기업이 전기전자 분야의 기업인 것도 특징적이다. 이후 2004년에 이르러 다시 미국적 다국적기업이 1위 기업으로 올라서고 있으며, 일본 국적 다국적기업의 위상은 상대적으로 낮아진 가운데 한국 국적의 다국적기업이 비약적인 발전을 나타내고 있음을 확인할 수 있다. 아울러 주요 기술특허 분야가 정보통신 관련 분야로 이행하고 있는 것도 확인할 수 있다. 이상과 같이 1970년대부터 2000년대로 이어지면서 다국적기업이 기술개발의 주역으로 산업사회의 구조변화를 주도하고 있으며 각국의 경제 성장과 발전을 이끌고 있음을 알 수 있다.

〈표 5〉 기업별 미국 내 기술특허 건수 추이

순위	1975		1987		2004	
1	GE	835	캐논	847	IBM	3,248
2	US Navy	671	히타치	845	마쓰시타전기	1,934
3	듀퐁	535	도시바	823	캐논	1,805
4	웨스팅하우스	502	GE	779	휴렛팩커드	1,775
					…	
					(7) 삼성전자	1,604

출처 : 미국 특허청 · 지적재산권협회(IPO) 각 연도 자료.

셋째, 다국적기업은 국제경제사회의 새로운 패러다임을 창출하는 주요 행동 주체이다. 다국적기업은 기술개발을 통하여 기술 패러다임을 새롭게 창출해 나간다. 60년대의 석유화학 기술, 70년대의 전기·전자 기술, 80년대 이후의 정보통신 기술 등 끊임없는 개발을 통하여 각 시기별로 기술의 프런티어를 확장시켜 나가고 있다. 새로운 기술개발을 통하여 새로운 제품·서비스의 개발을 주도하는 가운데 새로운 분야에서 비즈니스를 만들어 나가기도 한다. 이에 따라 그와 관련된 법제도, 제반 관행 등을 주도해 나가면서 이른바 광의의 비즈니스 패러다임을 새롭게 구축해 나가기도 한다. 뿐만 아니라 기업의 이윤을 최우선으로 고려하는 가운데 환경·생태 패러다임의 변화를 주도하기도 한다.

넷째, 다국적기업은 전 세계적 네트워크를 구축하고 활용하고 있다. 다국적기업은 전 세계를 대상으로 구매·생산·판매 네트워크를 구축하여 가장 값싸고 양질의 투입요소를 확보하여, 생산비용 등에 있어서 가장 효율적인 곳에서 생산하며, 전 세계적 판매망을 통하여 시장에 접근하면서 이윤극대화를 추구한다. 이에 따라 생산요소 시장, 부품소재 등 중간재 시장과 최종재 시장에 관한 정보의 수집과 정리 및 활용이 필수적인 가운데 시장정보 네트워크의 구축이 전 세계적 수준에서 이루어지고 있다. 특히 곡물을 취급하는 곡물메이저의 경우 시장정보는 물론 기상정보의 중요성이 매우 크며, 기상정보의 수집과 분석에 있어서는 그 어떤 국가의 정보기관보다도 높은 정보력 및 분석력을 가지고 있는 것으로 평가되고 있다.

다섯째, 다국적기업은 거의 전 산업부문에서 시장을 지배하고 있다. 다국적기업의 활동은 사양산업/첨단산업, 1차산업/2차산업/3차산업, 군수산업/민수산업 등의 산업 경계가 없다. 산업구조 고도화의 과정에서 사양화되는 산업 활동도 전 세계적 차원에서 경제성을 가지는 거점이 있게 마련이고 이를 찾아내어 활용하는 한 다국적기업에게는 더 이상 사양 산업이라 할 수 없다. 다국적기업은 우리가 사양 산업이라 부르는 섬유산업, 신발산업 등 수많은 산업분야에서 신기술 개발과 신시장 개척을 통하여 전 세계적 차원에서 이윤을 창출하고 있다. 말할 것도 없이 다국적기업은 첨단산업 부문에서는 기술과 시장의 프런티어를 확장시키고 있다. 한편 곡물, 자원 등 1차 산업에서 다국적기업의 기업 활동은 특히 괄목할 만하다. 곡물과 관련해서는 세계적으로 5대 곡물메이저가 비록 곡물의 직접적인 생산을 하고 있지는 않으나 생산 이후 시장에 이르는 모든 과정에서 절대적인 영향력을 발휘하고 있다. 한편 주요 자원인 석유, 구리, 철강 등의 분야에서도 산업 활동의 상류에서 중류, 하류에 이르기까지 다국적기업의 영향력이 미치지 않는 분야가 없다. 그 외에도 군사기술, 민생기술의 구분이 없어진 1980년대 이후 아른바 군-민 dual-use-technology의 개발과 활용으로 군수산업과 민수산업의 영역을 오가며 시장을 지배하고 있다.

여섯째, 다국적기업은 국제사회에서 헤게모니를 장악하는데 있어서 필수 조건의 하나이다. 과거 영국시대(팍스 브리태니커)를 가능하게 했던 요인으로는 당시 영국의 군사력, 정치외교력, 문화력 등 다양한 것이 있겠지만 무엇보다도 "세계의 공장", "세계의 은행"으로서의 역할을 수행한 경제력을 들 수 있으며 그 전면에는 영국의 기업들이 있었다. 한편 제2차 세계대전 이후 미국시대(팍스 아메리카나)가 시작되면서 더욱 더 경제력의 요소가 중요해졌으며, 미국적 다국적기업의 경제력이야말로 주요 핵심 요소로 작용한 것으로 사료된다.

마지막으로 다국적기업의 경우 전 세계를 대상으로 기업 활동을 하는 만큼 기업 인지도, 브랜드 가치가 매우 큰 것으로 추정되고 있다. 〈표 6〉에서 주요 다국적기업들의 브랜드가치를 보면 코카콜라사의 경우 최근 수년간의 브랜드 가치에서 1순위로 올라 있으며 2008년의 경우 666억 달러로 나타나고 있다. 그 뒤에 IBM, MS 등 IT정보 관련 기업이 올라서 있으며, 전자전기 부문의 GE와 Nokia가 다시 그 뒤를 따르고 있다. 한편 삼성전자는 176억 달러로 세계 21위의 브랜드 가치를 나타내고 있다. 브랜드 가치의 규모만 해도 웬만한 중소 규모 국가의 GNP를 훌쩍 뛰어 넘고 있음을 알 수 있다. 전 세계 어느 누구라도 이들 다국적기업의 이름을 알고 있는 가운데, 해당 기업이 만들어내는 제품과 서비스를 신뢰하며 소비하고 있는 것이다.

〈표 6〉 브랜드가치 100대 기업

(단위 : 백만 달러)

순위	기업	국적	브랜드 가치
1	CocaCola	UA	66,667
2	IBM	UA	59,031
3	MS	UA	59,007
4	GE	UA	53,086
5	Nokia	Finland	35,942
6	Toyota	Japan	34,050
7	Intel	UA	31,261
		…	
21	Samsung	Korea	17,689
		…	

출처 : 인터브렌드, 2008년.

5. 다국적기업의 글로벌 전략

1) 내부화 전략

국제무역이론은 비교우위 구조 속에서 각국 간 분업이 이루어지고 각국의 기업은 시장거래로 연결되면서 '분업의 이익'과 '특화의 이익'이 생겨난다는 것을 나타내 보이고 있다. 그러나 시장거래는 다양한 국경조치와 교역장벽 등이 존재하면서 분업과 특화의 이익을 확보하는 데 문제가 생겨나게 된다. 또한 경우에 따라서는 시장거래에 따른 비용 발생 및 위험성이 크게 나타나기도 한다. 이러한 경우에는 시장거래를 통하기보다는 조직적인 내부거래가 바람직하며, 이에 따라 시장거래가 아니라 기업조직 내 거래의 유인이 항상 존재하기 마련이다.[8]

이러한 내부 거래를 더욱 정확하게 이해하기 위하여 거래에 대한 정의를 해 보면, 거래란 '기술적으로 분리가능한 주체 간의 재화·서비스의 이전', 즉 '최소단위의 기업 활동 단위 간에 이루어지는 재화·서비스의 이전'으로 설명되기도 한다. 기업 활동을 기술적으로 분리 가능한 단위의 연쇄로 본다면 구매 단위, 생산 단위, 판매 단위로 나눌 수 있으며, 각 단위 간에도 사실상 거래가 이루어지는 것으로 이해된다. 일반적으로 한 기업 내의 구매부서, 생산부서, 판매부서 사이의 재화·서비스의 흐름을 거래라고 생각하지는 않으나, 엄밀히 분석하자면 이것이야말로 거래, 즉 내부거래인 셈이다. 기업은 시장거래를 통하기에는 위험성이 크고 거래비용이 큰 경우 내부화하려 하며, 첨단기술의 이전, 고도의 경영기법 이전 등이 그 좋은 예이다. 본국의 본사 단위와 해외 단위 사이에서 거래비용을 최소화하고 거래에 따른 위험성을 줄여나가기 위한 내부화 전략은 다국적기업의 가장 핵심적인 글로벌 전략이다.

2) 글로벌 가치사슬 전략global-value-chain

Porter(1998)는 기업의 전반적인 활동을 상호 유기적 특성으로 분석함으로써 경쟁우위의 원천을 파악하고 있으며, 가치사슬value chain 모형을 이용하여 가치창출 과정에서의 경쟁우위 모형을 연구하였다.[9] Porter는 기업의 모든 경영활동을 전략적인 조직단위 활동으로 정의하면서, 물류, 생산, 마케팅,

8_ 내부화이론은 A.M.Rugman, *Inside the Multinationals : the Economics of Internal Markets*, London : Croom Helm, 1981 참조. 내부화이론은 이후 J.H.Dunning, "International Production and the Multinational Enterprise," George Allen & Unwin Ltd., 1981에서 절충이론으로 확대됨.

9_ Porter, Michael E., *Competitive Advantage*, New York : Free Press, 1998.

판매, 서비스 등의 기본적 활동primary activities과 기술개발, 원료조달, 인적자원관리, 기업문화 등의 지원 활동support activities으로 분류하였다. 이러한 기업의 모든 경영활동의 전략적인 조직단위 활동 사이에 가치사슬이 형성된다. 다국적기업은 이러한 가치사슬체계를 글로벌 차원에서 형성함으로써 세계적 차원에서의 이윤극대화를 추구하고 있다.

3) 기술전략

모기업으로부터 해외 자회사로의 기술이전이야말로 현지에서의 독점우위의 원천이 된다. 다국적기업은 현지 자회사로 독점적 기술의 기업 내 기술이전을 통하여 현지에서의 독점적 이윤을 극대화하고자 한다. 이에 따라 모기업과 자회사 간에는 이른바 '치외기술권'이 형성되어 배타적인 기술사용을 추구한다.[10] 이와 함께 다국적기업은 기술가치사슬의 지배 고리를 장악함으로써 독점적 이익을 지속적으로 확보하는 것이 가능하다. 기술가치사슬이란 생산 및 공정 관련 기술이 기초기술·설계 등 상류up-stream로부터 중간재·부품·소재 등 중류middle-stream 및 최종 조립·기공 등 하류down-stream로 이어지면서 가치창출의 사슬이 형성되는 것이다. 이러한 기술가치사슬에 있어서 모든 사슬의 고리에서 똑같은 정도로 가치창출이 이루어지기보다는 가치창출의 비중이 특히 큰 지배 고리가 존재한다. 산업·제품에 따라서 기술가치사슬의 지배 고리가 상류, 중류 또는 하류에 있을 수 있으며, 다국적기업의 경우 바로 이러한 가치창출의 지배 고리를 장악하면서 기술 지배력을 강화하고 있다. 그러나 다국적기업을 유치함으로써 고도의 기술을 이전받으려는 현지국의 기대와 본사-자회사 간의 배타적인 '치외기술권'이 서로 배치되면서 마찰과 분쟁의 소지가 생겨나기도 한다.

10_ 안세영, 『다국적기업 경제학』 참조.

4) 이전가격 전략

다국적기업 내 각 단위 간 국제거래에 적용되는 가격을 이전가격이라 한다. 본사와 해외 자회사 간의 내부거래에 적용되는 가격으로, 시장가격과 같은 수준으로 거래할 수도 있으나 세계적 차원에서의 이윤극대화를 추구하기 위하여 시장가격보다 더 높게 또는 더 낮은 가격으로 거래되기도 한다. 예를 들어 해외에 있는 제조 자회사에서 중간재를 생산하고 이를 본사가 수입하여 완성품을 만들어 본사국 시장에 판매하는 기업을 생각해 보면, '다국적기업의 총이윤=본사 이윤+자회사 이윤'이다. 본사와 해외 자회사 간 중간재의 내부거래 금액은 본사에게는 구매비용이 될 것이며, 자회사로서는 판매수입이 된다. 가격이 어떤 수준으로 거래되던 전체 총이윤은 변함이 없다.[11] 따라서 아무리 높은 가격으로 내부거래가 이루어지든, 아주 낮은 가격으로 내부거래가 이루어지든, 다국적기업 전체 이익에는 어떠한 차이도 없다. 만일 본사국의 법인세율은 매우 높고 자회사국의 법인세율은 매우 낮아서 크게 차이가 난다면, 당연히 본사에서의 이윤발생을 억제하고 자회사에서의 이윤을 크게 만드는 것이 바람직하다. 이러한 경우에 중간재의 내부거래 가격은 매우 높이 산정하는 것이 바람직하고 시장가격 수준과 크게 차이가 날 수도 있다. 다국적기업으로서는 내부거래에 적용되는 가격을 시장가격과는 달리 전략적인 차원에서 책정하려는 유인이 강하게 작용한다. 그러나 이는 각국 정부의 조세수입과 연계되기도 하여 다국적기업과 관련 국가 간, 또는 본사국과 현지국 사이에서 분쟁의 소지로 작용하기도 한다. 따라서 각국별로 또는 OECD와 같은 국제기구에서 이전가격 조작에 따른 시장가격의 왜곡을 방지하기 위한 조치를 취하기도 한다.

11_ 총이윤=본사 이윤(판매수입-완성품 생산비용-중간재 구입비용)+자회사 이윤(중간재 판매비용-중간재 생산비용)

6. 다국적기업과 도입국 간의 관계
-자본의 논리 대 주권의 논리-

다국적기업은 해외 현지에 진출하여 기업 활동을 하면서 여러 가지 어려움과 커다란 위험에 직면하게 된다. 진출하고자 하는 현지 시장에서의 경영 환경 및 그의 변화에 대하여 현지의 경쟁 기업과 지식격차가 존재하기 마련이다. 그럼에도 불구하고 현지 진출을 도모하는 것은 단기적·장기적, 경제적·비경제적 이익이 크게 나타날 것으로 기대하기 때문이다. 한편 도입국의 입장에서는 다국적기업을 유치함으로써 일자리 창출, 선진 경영기법의 전수, 기술의 이전 등을 기대하기 마련이다. 그러나 이러한 다국적기업의 기대이익과 도입국의 기대이익이 항상 균형 있게 실현되는 것이 아니다. 오히려 다국적기업이 현지에 진출하여 기술력과 경영력을 앞세운 독점적 지위를 활용하여 막대한 이익을 챙기는 데에만 주력하고 도입국의 기대에 부응하지 않는 경우가 생기게 된다. 이에 따라 다국적기업과 도입국 간의 관계는 서로 크게 의존하면서도 대항하지 않을 수 없으며, 서로 강하게 상관되어 있는 가운데 긴장이 지속되는 관계인 셈이다. 서로의 필요에 따라 가까이 하지 않을 수 없으나, 기대에 미치지 못할 경우에는 언제라도 등을 돌릴 수 있는 '애증愛憎의 관계'인 셈이다.

실제로 1950년대 이후 주요 선진국 기업의 해외 현지 진출이 점차 확대되면서 다국적기업과 도입국 사이에 극단적인 의존과 대항, 상관과 긴장의 관계가 지속되고 있다. 가령 1950년대에는 이란에 진출한 영국 석유자본이 설립한 앵글로-이라니안 석유 회사에 대하여 이란의 국유화 시도가 있었으며, 이로부터 자원 민족주의가 고조되고 확산되기 시작하였다. 이후 1960년대까지 다국적기업이 기업의 이익 추구를 최우선으로 하고 도입국의 입장은 고려하지 않는 가운데, 다국적기업에 대한 부정적인 시각이 도입국에서 확산되기에 이르렀다. 특히 1970년대에 남미의 칠레와 페루 등지에 진출한 미국 국적의 다국적기업이 도입국의 정치 및 정권 창출 과정에 관여한 정황이 확인되면서, 남미 지역에서 다국적기업에 대한 극도로 부정적인 시각이 확산되기 시작하였다. 이에 UN이 나서서 다국적기업의 문제를 공식적으로 다루게 되었다. 즉 다국적기업이란 어떤 조직인가, 그것이 각국 경제사회에 어떠한 영향을 미치는가 등을 조사, 연구하는 조직을 UN 내에 만들어 운영하기에 이르렀다. 이후 1980년대부터는 다국적기업 악자론의 시각이 점차 약화되면서 규제의 대상에서 협조의 대상으로 바뀌기 시작하였으며, 개발도상국은 물론 선진국도 다국적기업의 유치에 적극적으로 나서기에 이르고 있다.

〈표 7〉 다국적기업과 도입국의 관계

	다국적기업		도입국
목표	이윤추구		일자리 창출 · 기술이전
지배 논리	자본의 논리 경제논리		민족의 논리 주권논리
관계		상호작용 분쟁 갈등	
행동	잠재적 위협 감지 퇴출전략에 의존		분쟁에 따라 국가주권 적용 국유화 등 잠재적 위협
결과		극한 대립상황 분쟁적 균형점 모델	

이상과 같이, 다국적기업의 경우 이윤극대화를 추구하는 등 이른바 자본의 논리, 기업의 논리에 따라 움직이는 것은 말할 것도 없다. 반면 다국적기업을 받아들이는 도입국의 경우에는 민족의 논리, 주권의 논리가 표출되기도 한다. 도입국의 경우 자본, 기술의 부족을 극복하고 산업화, 근대화를 빠

르게 진전시키기 위하여 또는 일자리를 창출하기 위하여 외국 기업의 유치에 적극적이다. 그러나 기대와는 다르게 다국적기업이 자사의 이윤극대화만을 최우선으로 하면서 기술의 이전과 일자리 창출 등에 소극적으로 나올 경우 크게 실망하게 되며, 극단적인 경우 자본의 논리에 대항하여 민족의 논리가, 경제의 논리에 대항하여 주권의 논리가 적용되면서 양자 간 마찰과 분쟁이 격화되기에 이른다. 이러한 다국적기업과 도입국의 관계는 분쟁적 균형Conflictive Equilibrium 상태에서 의존과 대항, 상관과 긴장의 관계에 놓여 있는 것으로 분석되기도 한다.

다국적기업에 대한 규제의 정도가 약할 경우 다국적기업 멋대로 이익 추구에만 주력하게 되고 다국적기업 유치에 따른 도입국의 이익은 기대할 수 없다. 한편 규제의 정도가 극단적으로 강할 경우 다국적기업의 현지 활동이 불가능하며 역시 도입국의 이익을 기대할 수 없다. 다국적기업에 대한 도입국의 규제가 적절한 수준에서 이루어지고, 다국적기업도 경제사회의 성장과 발전을 우선적으로 고려하여 기업 활동을 하는 것이 바람직하다. 이러한 경우에 비로소 다국적기업이 경제사회에서 긍정적으로 받아들여지고, 장기적으로 이익 극대화를 추구할 수 있으며, 명실공히 글로벌화의 핵심 주체가 될 수 있을 것이다.

제4장

세계화와 국가의 역할 변화

홍성민(동아대학교 정치외교학과)

1. 근대국가는 몰락하는가?

2. 근대국가의 기능은 건재한가?

3. 근대국가의 구성요인과 한계

4. 세계화 시대의 국가의 기능

제4장

세계화와 국가의 역할 변화

홍성민

1. 근대국가는 몰락하는가?

1990년대 세계화의 물결을 타고 근대국가(민족국가)의 역할이 소진되었다는 이론이 학계에 소개되기 시작했다. 근대적인 의미에서 국가의 특징은 대내적으로 자국의 영토를 기반으로 하며, 정치질서의 안정을 유지하기 위해서 물리력을 독점한다. 반면 대외적으로는 독립체로서 타국에 대하여 자국민에 대한 배타적 보호권을 천명하고, 이를 기반으로 국제무대에서 주권을 인정받는 것이다. 이러한 근대국가의 기원은 대체로 서유럽에서 출발하였으며, 시기적으로는 베스트팔렌 조약Westphalia treaty 이후에 국제체제로서 안정되었다고 본다. 이것이 근대(국제)정치의 기원이라고 할 수 있다. 즉 근대정치란 대내적으로는 물리력 독점을 확보하고, 대외적으로는 주권적 독립체로서 상호 인정하는 것을 기반으로 하는 정치제도이다.

그런데 1990년대 세계화의 흐름이 가속화되면서 이와 같은 근대적 (국제)정치 체제에 큰 변화가 오기 시작한다. 기든스에 따르면 근대성의 제도적 기원은 국내사회의 감시체제-산업주의-군사력-자본주의라는 4각 축으로 이루어진 반면, 세계화의 시대에 등장한 새로운 정치체제는 근대국가체제-

국제적 노동분업-세계자본주의 경제-세계군사질서의 4각 축으로 변화했다. 이러한 변화의 흐름 속에서 특징적인 것은, 국제적인 요인(군사, 경제, 문화 등)들이 국내정치의 배타적 지배권을 침해하고 있으며, 이로 인해 국제·국내 정치의 이분법이 더 이상 유효하지 않다는 문제제기가 학계에서 등장하게 된 것이다. 아래에서는 그 대표적인 사례로 3명의 학자의 이론을 검토해 보고자 한다.

1) 수잔 스트레인지의 이론

영국의 국제정치학자 수잔 스트레인지는 저서 『국가의 퇴각』에서 민족국가의 역할이 변화하고 있다고 강조하면서, 구체적인 내용을 다음과 같이 설명한 바 있다. 첫째, 기술력이 발달하면서 지식 구조의 변화가 생겼다. 둘째, 금융의 발달로 인하여 생산구조에 변화가 초래되었다. 이것은 산업자본주의 시대에서 금융자본주의 시대로 이행하고 있음을 나타낸다. 셋째, 시장이 확대되면서 서비스의 생산과 유통이 변화하고 있는데, 이것은 생산의 중심축이 서비스 산업으로 옮겨 가고 있음을 보여 준다. 넷째, 커뮤니케이션기술의 발달로 인해서 소통구조에 변화가 있다. 이른바 IT기술의 발달은 국가간 지리적 거리를 축소시켜 놓았으며, 공간적 소통의 장벽도 없애 버렸다. 전통적인 주권국가의 통제력은 관세나 여권을 통한 물류의 이동을 관할하는 것이었지만, 이제 통신기술의 발달로 인해서 인터넷상에서 전 지구인이 실시간으로 대화할 수 있는 가상의 공동체가 실현되었다. 이러한 가상공간에서는 전문적 식견을 가진 지식인들이 세계여론을 이끌어 간다. 다섯째, 국제적인 사업이 번창하여 국가를 넘어서는 초기업들이 등장하였다. 텔레콤, 보험사업자, 금융기업 등이 대표적인 사례이다.

2) 안토니오 네그리의 이론

이탈리아의 정치철학자 안토니오 네그리는 그의 저서 『제국』에서 생산관계의 변화가 어떻게 근대적 (국제)정치 체제에 변화를 초래했는지를 설명한다. 그에 따르면 전통적인 노동과정은 노동자의 육체노동에 기반하고 있었지만, 최근의 IT산업의 근간을 이루는 노동자의 노동은 이른바 '비물질적 노동travail immaterielle'의 형태를 띤다. 다시 말해 육체노동이 아니라 정신노동의 성질을 강하게 나타낸다는 것이다. 이러한 비물질적 노동은 전 세계의 산업과정을 동질화하였고, 생산의 형식뿐만 아니라 내용까지도 동질화해 버린다. 네그리는 이러한 현상을, 마르크스의 용어를 빌어 세계 노동시장의 "실질적 포섭"이라고 표현한다. 후기 자본주의 시대의 특징은 다음과 같다. 첫째, 비물질적 노동형식이 후기 자본주의 사회에 등장하여 육체노동이 사라지고 있다. 둘째, 노동의 균일화현상이 전 세계에 확산됨에 따라서 동일한 노동이 실시간으로 진행된다. 이로 인해서 민족 단위의 노동운동이 쇠락하고 있다. 네그리에 따르면 오늘날의 세계자본주의는 중심국과 주변국 사이의 차별적 격차를 만들어 내는데, 그 현상은 독립된 국가 사이의 '제국주의'라기보다는 단일한 자본주의 경제 체제 안에서 이루어지는 '제국'의 지배이다. 다시 말해 민족국가를 전제로 하는 것이 '제국주의적 지배'라고 한다면, 오늘날에는 민족국가의 의미가 사라져 버리고 단일한 자본의 세계적 지배가 있을 뿐이라는 의미이다.

3) 박세일의 이론

대한민국을 대표하는 학자인 박세일은 저서 『대한민국 국가전략』에서 한국이 직면한 국가의 위기상황을 다음과 같이 정리하고 있다. 첫째, 포괄적 안보의 시대, 둘째, 핵문제, 셋째, 생화학무기의 위험, 넷째, SARS, 지구온난화, 환경 문제 등이다. 그런데 이러한 위기요인들은 과거와 같은 근대국가적 패러다임을 통해서는 해결할 수 없는 새로운 시대적 과제이다. 즉 초국가적 문제가 발생한 것이다. 왜냐하면 이러한 국가위기 상황을 초래한 근본 원인은 첫째, 세계화, 둘째, 정보통신혁명, 셋째, 외교통상의 다변화, 넷째, 교육문화의 세계화이기 때문이다. 이것은 결국 오늘날 대한민국의 국가의 위상이 달라지고 있음을 의미한다.

박세일은 이와 같이 초국가적 위기상황에 대처하기 위해서 다음과 같은 전략을 제시한다. 첫째, 북한 정권에 대하여 유연한 대처가 필요하다. 북한의 붕괴를 막고 그들 스스로 연착륙할 수 있도록 유도하는 것이 중요하다. 이것은 북한이 중국정권에 경도되지 않도록 하는 최선의 방책이다. 이를 위해서는 북의 근대화와 민족통일이 필수적인 요인이다. 따라서 대북정책은 원칙 있는 관여정책이 되어야 한다.

둘째, 동아시아에서도 올바른 대처가 필요하다. 우선 동아시아에서 패권국가가 등장하는 것을 저지해야 한다. 따라서 동아시아에서도 EU식의 다자주의가 정착되어야 한다. 한국이 대외정책을 펼치는 경우 미국과 중국 중에서 양자택일하는 방식은 매우 위험하다. 이를 위해서 Asean+3, East Asian Summit 등을 활성화할 필요가 있으며, 사상문화외교를 강화하여 중국과 일본 내에서 한국에 우호적인 자유주의자 또는 국제주의자와 협력해야 한다. 이것은 동아시아에서 정치, 경제, 교육, 문화의 초국가적 현상을 인정하고 상호통합네트워크를 이루어야 함을 의미한다.

셋째, 경제적 세계화를 이루어야 한다. 한국의 입장에서는 반세계화나 자유주의 무역체제 모두가 위험하다. 이를 위해서는 세계지식생산의 네트워크에 직접 참여하여 지식인의 순환구조를 만들어 내야 한다. 또, 투자확대를 통해 교육경쟁력과 노사관계 경쟁력을 향상시켜야 한다. 대내적으로는 공공경쟁력, 문화경쟁력을 키워내는 것이 핵심과제이다. 이를 위해서는 지역중심주의, 도시중심주의, 일국중심주의를 넘어서 균형발전을 이루어야 한다. 한편 대외적으로는 비교우위창출전략과 함께 중국과 협업체제를 구축해야 한다.

넷째, 문화적 세계화를 이루어야 한다. 오늘날은 다인종, 다문화의 시대이다. 따라서 한국은 후진국으로서의 피해의식을 극복하고 새로운 정체성을 구축하는 것이 시급하다. 이를 위해서는 다음과 같은 핵심질문에 답해야 한다. 어떤 민주주의를 할 것인가? 어떤 시장경제를 운영할 것인가? 어떤 법치를 실현할 것인가? 이러한 세계화의 전략은 궁극적으로 한국이 세계에 공헌하는 국가, 환경과 생태를 보전하는 데 공헌하는 국가가 되도록 하는 목표이다.

2. 근대국가의 기능은 건재한가?

세계화가 민족국가의 기능과 역할을 축소시키고 있다는 주장에 반대하는 입장이 있다. 이러한 입장에 따르면, 민족국가의 전통적인 역할을 부정하는 입장은 초국적 자본의 기능을 과장하고 시장을 통해서 이루어지는 세계화에만 주목하는 것이다. 물론 초국적 자본 앞에서 제3세계 정부의 힘이 매우 취약하고 국내 정치를 통제하는 자율성이 사라진 것은 사실이다. 그러나 이것은 조직원리로서 국민국가가 퇴화했다는 점을 시사할 뿐, 다른 각도에서 보면 여전히 민족국가의 위상은 변화하지 않았다는 문제의식을 가진 학자가 있다.

린다 위스는 저서 『국가몰락의 신화』에서, 국가기능이 몰락했다는 이론에 반박하면서 국가몰락을 거론하는 것은 신화에 불과하다고 주장한 바 있다. 현대 자본주의 사회에서 국가는 왜곡된 시장상황에 개입하여 문제를 해결할 수 있는 변형능력을 가지고 있다. 이러한 능력이 바로 국제적 변화에 맞서 민족국가의 위상을 지킬 수 있다고 본다.

여기서 국가의 변형능력이란 국제경쟁의 맥락에 대처하기 위해서 산업변화를 조정하는 능력을 의미하는데, 이것은 특정정책만으로 평가되지 않는다. 한 국가의 변형능력은 경제개방과 함수관계에 있다. 예를 들어 경제가 개방적일수록 혹은 국제화될수록 국가의 산업변화를 관리하는 능력은 더 작아진다. 국가능력은 국내적 연계를 관리하는 제도의 산물이다. 이러한 맥락에서 보면, 국가는 기간시설을 제공하고 위험을 사회화하고 기술적 경쟁에 좀 더 반응을 보일 수 있다. 세계화와 같은 외부적인 변화에 국내 정치·경제·문화가 적응할 수 있도록 국가가 중앙조절장치 역할을 할 수 있다.

세계화의 충격을 두고 국가마다 서로 다른 반응을 보이며 국가를 운영하는 형태가 다른데, 이러한 차이는 결국 투자 가능한 잉여를 증가시키는 정책을 고안하고 이행하는 행정부의 능력에 달려 있다. 즉, 조직된 경제 집단들과 협력하여 산업경제를 향상시키거나 변화시키는 국내의 조정 전략을 추구하는 정책입안 당국자들의 능력이 변형능력의 핵심이다. 예를 들어 쇠퇴하는 부문에서 기술적으로 팽창하는 부문으로 잉여투자능력을 변화시키는 것이 중요하다. 그리하여 새로운 산업과 생산품과 공정을 창조해야 한다. 이렇게 보면 국가의 변형능력이란 국가가 시장상황에 개입하여 세계화의 충격을 관리할 수 있는 능력을 의미한다. 이것에서는 행정부처 간, 정부와 기업 간의 배열관계, 정책에 대한 합의구조 등이 매우 중요한 변수이다. 또 직업관료의 질적 능력, 관료의 조직적 헌신도, 공공성을 우선하는 가치관이 중요하다.

변형능력을 강조하는 입장은 다음과 같은 가설을 전제로 한다. 세계경제와 국내경제가 연계되어 있으며, 국가의 기능과 역할은 국가전략을 통해서 드러난다. 즉 정책수단이 중요하다. 지배적 경제집단의 저항에도 불구하고 행정권력이 자신의 의지대로 정책을 수립하고 실천하여 국가 전체가 경제적 효율성을 실현할 수 있을 때 국가의 기능은 여전히 존재하는 것이다. 왜냐하면 국가능력은 국내적 연계를 관리하는 제도의 산물이기 때문이다.

그런데 한국의 경우에는 상대적으로 변형능력이 취약하다. 린다 위스는 그 이유를 다음과 같은 것에서 찾는다. 첫째, 국가주도로 경제발전을 추진해 왔기 때문에 국가개입의 유연성이 떨어진다. 둘째, 공적우선순위의 정의에 대하여 사회적 합의를 찾기 어렵다. 이에 따라서 국가운영에 비효율이 생겨난다. 셋째, 과거 국정운영의 조정자 역할을 해 왔던 국가경제기획원을 폐지함에 따라 행정의 운영에 많은 차질이 빚어지고 있다. 넷째, 국가-산업의 연관 속에서 재벌이 더 많은 재정적 독립을 달성함으로써 고성장시기에 강력한 변형능력을 지지해 주던 정부-기업의 유대관계가 느슨해졌다.

여기서 중요한 의문이 생긴다. 왜 어떤 국가는 국제적인 충격에 대하여 국내 산업경제를 다른 국가에 비해 효율적으로 운영하는가? 그 차이는 어디에서 유래하는가? 이에 대한 대답을 찾는 것이 국가의 몰락인가, 국가의 건재인가를 판단하는 중요한 기준이 된다.

3. 근대국가의 구성요인과 한계

여기서 근대국가의 기본적인 성격을 점검해 볼 필요가 있다. 근대국가는 다음과 같은 특성을 갖는다. 첫째, 원초적 민족성(지리적, 향토적 기반), 둘째, 근대적 교육과 문자체제, 셋째, 정비된 관료조직, 넷째, 대외적 주권국가(군사, 경제)이다. 이는 국내적 요인/국제적 요인/시간적 요인으로 나누어 설명할 수 있다.

① 국내의 구성요인 : 서유럽에서 기원하는 근대국가의 모습은 국가(행정

권력)/시장(시민사회)/개인(정치주체)의 3요소로 구성되어 있으며, 이러한 3가지 요인의 배합방식에 따라서 순수 자본주의적 민주주의-사회민주주의-공산사회 등의 형식적 국가모습이 결정된다.

② 외부적인 요인 : 국외적인 결정요인은 주로 세계자본의 축적과정을 고려하는 것으로 세계체제론에 입각하여 국가의 발전을 과정을 추적하게 되면, 서유럽의 국가들은 전형적인 중심국가, 일본은 반주변국가, 한국을 비롯한 제3세계는 주변국가의 모습으로 나타난다.

③ 시간적인 요인(근대성) : 공시적인 요인을 강조하여 서유럽 국가의 발전을 하나의 이념형으로 간주하는 경우, 반주변국가나 주변국가는 서유럽의 국가가 진행해 온 발전과정을 추적해야 하는 후진국으로 묘사된다.

이러한 네 가지 특성과 세 가지 구성요인을 토대로, 현대에 나타나는 민족국가의 특성을 현상적으로 다음과 같이 분류해 볼 수 있다. 이것은 국가구조의 자율성과 국가-경제의 연계관계를 유형 분류한 것이다. ① 자유주의 국가(시장주의 논리) : 유럽, 미국, ② 조합주의 국가(관료제적 조정) : 스웨덴, ③ 발전주의 국가(분배적 개입) : 일본, 독일, ④ 국가통제주의(중앙집중식 통제) : 북한, ⑤ 연접된 자율성(국가중심적 시장주의) : 한국.

90년대 이전의 민족국가의 형태는 대부분 약탈적(초과이윤적) 국가의 형태를 보였다. 모든 국가가 경제적으로 부유해지는 것이 최대목표였다. 국가가 스스로 세입을 증대하고 정치적으로는 더 많은 지지를 확보하기 위해서 선거에서 최대 득표를 하는 방향으로 정책을 추진해 온 것이다. 그런데 이러한 약탈적 국가형태는 정보의 문제, 초과이윤의 문제로 인해서 정부정책이 실효성을 거두지 못하고 말았다. 왜냐하면 시장과 개인들의 활동력이 증가함에 따라 국가중심적 통제가 효율적이지 못하게 되었기 때문이다. 따라서 국내-시장(시민사회)을 연결하는 네트워크의 구축이 중요하다. 따라서 민족국가의 형태는 통제력이 강한 국가중심주의에서 시장의 자율성을 강조하는 자유주의 국가로 진행하는 추세이다.

그런데 이러한 국가의 형태와 기능에는 다음과 같은 문제가 발생한다.

첫째, 민족-국가의 하이픈은 더 이상 존재하지 않는다. 즉 관료조직/이데올로기/시장경제가 합치되기보다는 서로 이질적인 모습으로 나타나게 되어 국가 전체의 정책에 일관성을 잃게 되었다. 이것은 국가조정능력에 대한 회의로 나타난다. 그 원인은 다양하지만 근본적으로는 전통적인 관료들의 생산방식에 변화가 왔기 때문이다. 현대 사회에서 제3세계의 관료들은 대부분 중심국에서 교육을 받는 경우가 많다. 이처럼 관료의 양성이 세계화됨에 따라 정책의 고유성이나 현장성이 사라지고, 보편적인 정책만이 살아남게 된다. 그러나 이러한 정책들은 자국의 이해관계를 대표하기보다는 중심국의 이해를 반영하는 경우가 더 많다. 지식의 생산-정치변동의 상관관계가 깊어지고 있다.

둘째, 노동/재정/기술은 광범위하게 분산되어 있다. 생산영역에서는 물신주의가 득세하고, 금융부분에서는 투기적 자본의 유동성이 증가했다. 매우 속도가 빠른 생산/금융의 변화를 정부가 제대로 예측하고 적절한 대응책을 마련하기는 현실적으로 불가능해졌다. 그 원인은 노동생산과정의 세계화에서 유래한다. 이제 전 세계의 노동과정이 동질적인 형태로 이루어지며 시간과 규율도 비슷하다. 더 이상 국내-국제 경제의 구분은 의미가 없다.

셋째, 대중은 언제나 유동하는 존재이다. 국가주도의 미디어가 개인들에게 국가이념을 강제적으로 주입하고 통제할 수 없는 시대에 이르렀다. 일상생활을 통해서 개인을 지배하는 것은 상품화과정이다. 이것이 생활의 리듬과 가치관 그리고 정체성을 규율한다. 생활세계의 상품화는 문화제국주의와 깊숙이 연결되고 있다. 그리고 이것은 곧바로 지역성의 매몰, 소비주체의 왜곡, 식민성의 주체를 생산한다.

이러한 상황을 그림으로 표현하면 다음과 같다.

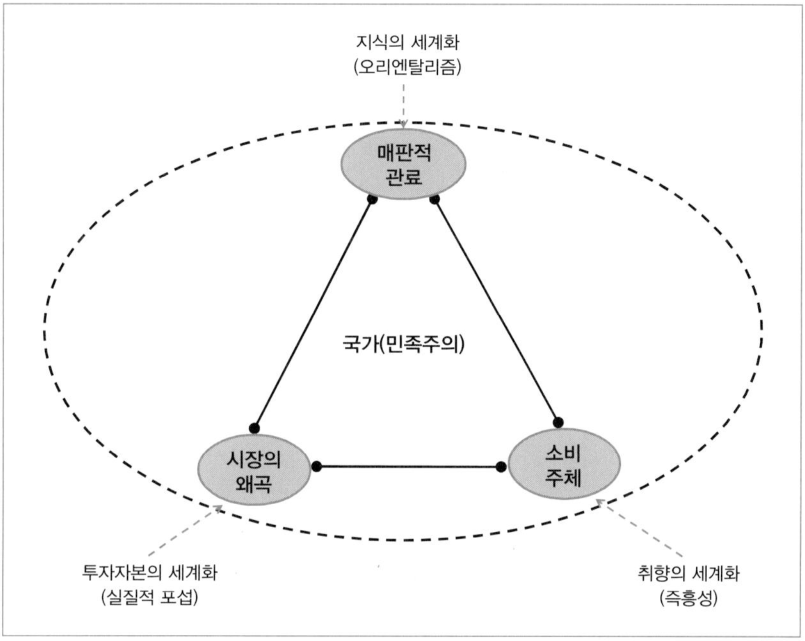

[그림 1] 민족국가의 변형

4. 세계화 시대의 국가의 기능

결국 초국적 자본의 시대를 살아가는 현실에서 민족국가의 기능과 역할은 변화되어야 한다. 그런데 변화의 초점은 세계화의 추동에 대응하는 변형 능력을 갖추는 데 있다. 이것은 근대적 국가조직을 유지하면서도 그 운영의 방식에 유연성을 증가시키는 것이다. 그 내용은 다음과 같다.

첫째, 과거에는 민족성의 바탕이 영토성과 민족적 교육체계에 의존해 왔다. 그런데 현대사회에서는 이러한 고전적인 민족성의 기반이 크게 달라지고 있다. 따라서 민족성의 바탕을 새로운 것에서 찾아야 한다. 그 대표적인 예가 바로 상상의 논리, 감성의 공감대, 지식의 자생성이다. 더 이상 인종이나 지역성이 민족국가의 기반이 될 수 없다. 사람들의 삶을 영위하는 공감대를 인정하고, 내국민이 일정한 시기에 유지하는 감성의 동질성을 확보하는 것이 중요하다. 그리고 이러한 공감대와 감성을 국내교육체제를 통해서 자생적으로 생산한 언어(지식)로 표현할 수 있어야 한다. 세계화 시대에 민족국가가 변형능력을 갖추는 데 있어서 지식의 자생성은 매우 중요한 관건이다.

둘째, 자본주의 모습이 바뀌어야 한다. 시장만능주의/국가통제주의라는 이분법적 구도를 넘어서 시장의 연대성을 확보하는 것이 중요하다. 이것은 결국 자본주의와 사회주의를 변증법적으로 통합하는 것을 의미하며, 그 목표는 연대주의적 시장질서의 창출에 있다. 한국의 경우 복지국가의 목표와 시장의 효율성이 정치권에서 이념적으로 충돌하고 있는데, 이러한 현실에서 중요한 것은 이념이 아니라 개별경제주체와 정부 간의 합리적인 의사소통이다. 현대사회에서 경제체제는 정부가 일률적으로 운영할 수 있는 거대구조가 아니다. 각각의 시장부분이 자신에게 적합한 모델을 선택하고 스스로 운영할 수 있는 자율성이 부여되어야 한다. 예를 들어 노동시장에는 노사합의에 의한 사회적 자유주의 모델이 적합하다면, 교육시장에서는 교사/학부모/학생이 선택할 수 있는 공공적 복지모델이 가능할 수 있다. 이처럼 서로 다른 영역에서 참여주체들이 직접 자신의 이해관계를 표현하고 집단적 토의과정을 거쳐 운영모델을 창출할 수 있는 합의기반이, 현대 자본주의가 지속가능할 수 있는 최대의 관건이다.

셋째, 민족국가의 지역성은 향토성을 기반으로 한 것이었다. 즉 지리적 공간의 확장이 민족국가의 최소단위였다. 그러나 세계화 시대에 공간과 시간은 더 이상 지리적 요인으로 한정되지 않는다. IT기술의 발전은 공간의 한계를 완전히 허물어 버렸다. 이제 지역의 주민들은 인터넷 가상공간을 통해서 전 세계의 누구와도 의사소통하면서 자신의 정체성을 새롭게 구축하고 있다. 따라서 동질적인 문화권을 기반으로 하는 새로운 형태의 지역성을 모색해야 한다. 인종과 지역은 달라도 가치관, 이해관심, 표현방식이 동질적인 사람들이 모일 수 있는 형태가 바로 새로운 시대의 지역성이다. 이러한 맥락에서 세계화 시대의 지역성은 '동네neighbourhood'에 바탕을 두어야 한다. 이것은 인종의 다양성, 유동하는 노동자, 다문화를 포함하는 개념으로서 이질성 속에서 연대와 혼합을 모색하는 개념이다.

넷째, 전통적인 민족국가의 정치주체는 부르주아를 중심으로 하는 시민이었다. 시민성은 교양과 경제력에 근거하고 있었으며, 자신의 경제적 부를 향유하기 위해서 국가에 일정한 책임을 지는 이성적 주체였다. 이때 이성적이라 함은 자신의 이해관계를 인지하고, 이해관계에 따라서 정치적 의사 표명을 할 수 있는 능력을 말한다. 그런데 오늘날 세계화의 시대에서 개인의 정체성은 국내정치의 경제적 이해관계로 한정될 수 없다. 국민의 정체성은 이미 국제적인 요인과 밀접하게 맞물려 있고, 더 이상 이해관계를 기초로 하여 사회적 합의를 만들어 낼 수 없기 때문이다. 보통 사람들은 이성적이면서 동시에 감성적으로 욕망하는 주체이다. 따라서 '이해관계의 주체(전통적인 주체)'/'욕망하는 주체(세계화 시대의 새로운 주체)'의 이중적 성격을 인정하고, 이러한 이중성이 불협화음이 되어 사회적 무질서를 만들어 내지 않도록 하기 위해서 노력해야 한다. 그 목표는 바로 창조적 욕망/자발적 주체이다.

위의 설명을 그림으로 나타내면 다음과 같다.

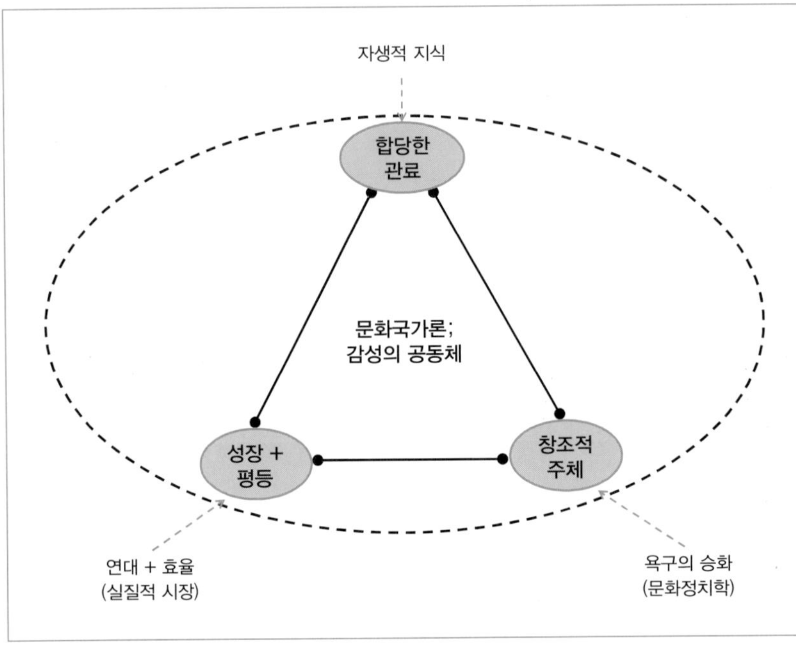

[그림 2] 세계화시대 문화국가론

제5장

세계화와 다문화주의*

김은기(고려대학교 국제학부)

1. 머리말
2. 세계화의 의미
3. 세계화와 이주
4. 세계화와 다문화주의
5. 서구에서의 '다문화사회'와 '다문화주의' 전개
6. 결론

*_ 유익한 논평을 하여 준 김주혁 선생님께 감사한다.

제5장

세계화와 다문화주의

김은기

1. 머리말

전全 지구화 또는 세계화globalization는 정보 통신과 교통수단의 급격한 발달로 인하여 세계가 경제·정치·문화·사회적으로 활발하게 교류하게 되면서 서로 밀접한 관계를 갖게 되는 현상을 말한다. 이러한 세계화는 다양한 분아에서 조금씩 다른 의미로 사용되고 있기는 하지만 각각의 분야에 지대한 영향을 끼치고 있다. 경제적인 부분에서는 국가 간의 상품, 서비스, 지식, 노동 등의 교류 확대를 촉진시키는 데 이바지하였다. 정치적으로는 환경문제, 다국적 평화 유지 작전, 핵무기 확산 금지 등 초국가적超國家的인 문제를 다루며 국제적인 협력을 도모하기 위해 만들어진 국제단체들이 증가하는 원인이 되었다. 문화적으로는 특정지역의 문화적 경험이(특히 서구문화) 세계적으로 보편화되도록 작용했다. 결론적으로, 세계화란 이러한 세계 문화, 경제, 정치부분의 동질화를 말한다.

세계화가 확대되어 가는 과정에 동반된 사회변화이면서도 많은 주목을 받지 못한 것이 국제이주國際移住 문제이다. 무역량의 증가와 함께 국제이주도 세계화의 일환으로 크게 증가하는 추세에 있다. 세계화는 국가 간에 존재하였던 통화, 상품, 서비스 등의 장벽을 없애는 것처럼 국가 간 인구의 이동도 자유롭게 만들었다. 세계화와 관련된 연구에서 또 하나 중요한 주제이면서도 제대로 주목을 못 받는 것이 바로 다문화주의多文化主義이다. 늘어나는 국제이주로 영향을 받은 국가들은 사회가 다문화되어 가는 과정에 있어서 다문화주의multiculturalism를 국가의 정책으로 채택하는 경우가 많았다. 따라서 이 장에서는 세계화란 도대체 무엇이며, 세계화가 국제이주 및 다문화주의에 어떤 영향을 주고 있는지에 대해 논하려 한다.

2. 세계화의 의미

일상생활에서 자주 접하는 용어로 global warming, global markets, global finance, global threats, global migration, global communications 등 글로벌global이라는 수식어가 붙는 경우를 어렵지 않게 찾을 수 있다. 실제로 많은 국내 대학들도 글로벌이라는 표현을 학교 슬로건으로 쓰고 있다. 필자가 재직하는 고려대학교의 슬로건도 현재 'Global KU, Global Frontier'이며, 한때는 'Global Pride'라는 표현으로 고대의 새로운 방향을 제시하기도 했다.

그렇다면, '세계화globalization'라는 말은 언제 처음 등장한 것일까?

우리가 일반적으로 알고 있는 의미의 세계화라는 말은 20세기 중반 이후에 처음 등장하였지만, 영어의 'globe(라틴어 globus)'라는 명사는 일찍이 15세기부터 지구의 둥근 개념을 상징하는 용어로서 존재해 왔었다. 17세기 후반에 'Global'이라는 형용사가 처음 등장하였고, 19세기 후반부터는 원原뜻인 '구형'의 개념과 함께 행성적인 개념planetary scale으로 쓰였다. 이후 Globalize(v. 세계화하다)라는 용어는 Globalism(n. 세계주의)과 함께 1940년대에 등장하였다. 흔히 쓰는 영어의 Globalization(n. 세계화)이란 단어는 1959년에 처음 등장하여, 2년 뒤인 1961년에는 영어 사전에도 수록되었다(Schorte, 2000 : 43–44).

1) 세계화의 요소

세계화의 의미를 논하기에 앞서, 세계화를 이루는 주요 구성 요인에 대한 고찰이 필요하다.

세계화의 주요 요소로 우선 국가 간의 체감體感거리 단축을 들 수 있다. 인터넷을 비롯한 통신기술과 항공기 등의 교통수단의 발전이 이를 가능하게 만들었다. 둘째, 세계는 하나라는 인식이다. '지구촌', '세계질서', '세계경제' 등 새로운 단어들의 등장이 이를 반영하며, 최소한 이론적으로는 세계화가 나라 간의 차이점들과 모국에 대한 애착을 무감각하게 만든다. "지구는 하나의 나라이며, 인류는 그 나라의 시민이다The earth is but one country and humankind its citizen."라고 말한 Behnaz Moshfegh의 유명한 선언은 세계가 하나라는 말의 의미를 잘 표현하고 있다. 셋째, 국가 경계를 넘는 기구와 관계의 발전이다. UN, EU, IMF, WTO, 다국적 기업, 적십자 등은 이를 뒷받침하는 좋은 예이다. 넷째, 국제적인 교류의 강화이다. 상품, 서비스, 지식, 노동 등은 더 이상 한 국가에만 국한되지 않고 세계를 무대로 적정장소를 찾아 전보다 더 많이 이동하고 있다. 마지막으로, 국제적인 상호 의존성의 심화이다. 국가 간의 상호 의존성은 원자재, 안보, 무역, 환경 등의 이유로 예전보다 더욱 확대되었다. 이러한 상호 의존성은 모든 국가가 국제적인 문제에 더욱 노출되게 만든다. 이것은 종교, 이주, 전쟁, 무역, 질병, 의약, 음식, 음악 등 인간 삶의 중요한 측면으로 자리하고 있는 많은 것들의 범세계적인 상호 연결을 의미하기도 한다.

2) 세계화의 정의

세계화를 구성하는 요소들과 특징들을 바탕으로 세계화의 의미를 찾아

보면 다음과 같이 다섯 가지로 정리된다(Schorte, 2000 : 15-16, 41-61 ; Steger, 2003 ; Stiglitz, 2003 ; Giddens, 2003 ; Weinstein, 2005 ; Held et al., 1999 참조). 이들 정의들은 넓은 의미에서 보면 겹치는 부분들이 존재하지만 각각의 것들이 중요시하는 관점에는 분명한 차이를 보인다. 첫째, 국제화internationalization로 정의한 세계화이다. 국제화의 관점에서 글로벌global은 국경을 넘는 나라들 사이의 관계를 의미하며 국제적 교류의 증가를 뜻한다. 따라서 세계화란 국가 간의 상품, 서비스, 지식, 노동 등의 이동이 늘어나는 것을 말한다. 둘째, 자유화liberalization로 정의한 세계화의 개념이다. 자유화의 관점에서는, 국경 없는 개방 경제를 구축하기 위한 국가교류의 제한 요소들의 철폐가 세계화를 앞당긴다고 주장한다. 자유화 관점에서 정의된 세계화는 낮아진 무역 장벽, 관세 철폐, 환율과 통화 통제 제한 등 최근 세계의 변화를 통해서 확인할 수 있다. 결론적으로 세계화란 국제적 경제 통합 과정을 말한다. 셋째, 보편화universalization로 정의한 세계화이다. 세계 보편적 의미의 세계화는 다양한 대상과 경험들이 세계 어느 나라에도 동일하게 적용됨을 발견하는 것에서 시작된다. 예를 들어 문화적인 보편화는 영어, 셰익스피어, 해리 포터 시리즈, 할리우드 영화, 영어권 대중음악, 커피, 태양력, 담배, 피자, 햄버거 등 세계적으로 보편화된 문화적 경험을 말한다. 넷째, 서구화westernization로 정의한 세계화이다. 이는 서양 세력의 영향력에 의한 변화를 말한다. 따라서 미국화Americanization라고도 정의한다. 즉, 서구문화에서 시작된 현대 사회의 보편적인 구조와 특징들이(자본주의, 산업화, 도시화, 개인주의 등) 급속하게 퍼져, 각 지방마다 특색 있는 문화들이 점점 사라지는 것을 의미한다. 이 관점에서 볼 때, 세계화는 서양 다국적 기업 성장의 일환으로 비추어지기도 한다(예 : 맥도날드, 스타벅스, 할리우드, CNN 등). 다섯째, 탈脫영토화deterriorialization로 정의한 세계화이다. 이는 재再공간화respatialization라고 불리기도 한다. 탈영토적인 관점에서 본 세계화란 지리적인 재배치를 의미한다. 그러므로 사회적인 공간은 더 이상 영토적 공간, 거리, 국경 등으로 정의되지 않는다고 주장한다. 탈영토화는 점점 증가하는 인구의 초지역적 연결을 의미하기도 한다.

3. 세계화와 이주

앞에서 살펴본 바와 같이 세계화로 인하여 국제이주가 보편화되는 추세에 있는데, 그 원인으로 다국적 기업의 성장이 큰 몫을 차지하고 있다. 다국적 기업이 세계 곳곳에 지사를 세우면서 기업의 직원, 임원, 간부들의 이동이 쉽도록 관련 국가 정부에 압력을 가했기 때문으로 사료된다. 또한 노동력 부족을 겪는 나라들이 자체 내에서 이주노동자들을 쉽게 끌어들이기 위해 이주 관련법을 개정한 것도 원인으로 작용하였을 것이다. 그러므로 국제이주는 경제적 세계화와 필수불가결의 관계에 있다.

이렇듯 늘어나는 국제이주의 추세는 2006년도 UN 보고서에서도 입증되었는데, 보고서는 출생국 이외의 국가에서 살거나 일하는 사람의 수가 2005년에 거의 2억 명 이상을 기록했다고 보고하였다(UN, 2006 ; International Organization for Migration, 2005 참조). 이는 2005년 세계 인구의 약 3%(인구 35명당 한 명)에 해당되는 정도의 높은 비율이다. 이 수치는 1970년도 통계에 비해 두 배 이상 늘어난 것이며 더욱이 불법이민자와 그들의 2세는 포함하지 않은 것이므로, 실제로는 더욱 많을 것으로 추정된다. 주목할 부분은 국제이주의 대부분이 '경제 부국'에 집중되어 있다는 점이다. 전체 이주자 중 1억 1천 5백만 명은 미국·프랑스·캐나다·영국 등 서구 선진국에, 7천 5백만 명은 한국과 싱가포르를 포함한 아시아 지역 선진국에 이주했다. 이들 국가들은 임금이 상대적으로 높기 때문에 저임금 국가 출신 이민자들에게는 매력적인 정착지이다. 또 많은 이주자들이 개발도상국에도 이주하고 있다는 점은 이민의 다각화가 이루어지고 있다는 것을 잘 보여 주고 있다. 한 보고서에 의하면, 국가 간의 빈부격차와 출산율 차이의 확대, 지구온난화, 교통·통신비용의 하락 및 세계 빈민국내에서 계속되는 정치적·경제적 불안정으로 인해 2050년까지 적게는 2억, 많게는 7억의 인구가 추가로 이주를 할 것으로 예상되고 있다.

국제이주는 아시아 지역에도 적지 않은 영향을 끼치고 있다. 1980년대 이후 일본은 중소기업의 값싼 노동력에 대한 수요를 충족하기 위해 외국인 노동자를 유입하기 시작하였는데, 식민지 시대 이주자인 한국인 후손 70만 명과 중국인 후손 20만 명을 포함하여 현재 등록된 외국인은 2백만 명에 다다르고 있다(인구의 1.57%). 한국 역시 1990년대 이후 지속적으로 외국인 노동자가 유입되고 있다. 행정안전부 자료에 의하면 2008년 5월 현재, 비숙련 노동자의 수는 미등록 노동자를 포함하여 71만 7천 명에 이르는 것으로 집계되었다. 그리고 2009년 말 현재 국내 외국인 체류자 수는 전체 인구의 2.2%에 해당하는 110만 이상인 것으로 알려지고 있으나, 지속되는 노동력 부족과 신부新婦 부족으로 외국인 수는 계속 증가할 것으로 예상된다. 미래의 국내 외국인 수와 총인구 대비 비율에 대한 분석에 의하면, 외국인은 2020년에는 국내 전체 인구 5,065만 명 가운데 5%인 253만 명, 2050년에는 409만 명으로 늘어나 9.2%를 차지할 것으로 예상되고 있다. UN보고서는 2050년 한국 인구의 13.9%인 643만 명이 이민자 및 그들의 후손이 될 것으로 전망하고 있다(UN, 2002).

'신유목민新遊牧民 시대'의 이주자들은 모국과 이주자를 받아들인 국가 모두에 긍정적인 영향을 미치고 있다는 점에서 환영받고 있다. 이주자들이 정착한 국가에서는 자국민이 기피하는 업종에 외국인 노동자들이 종사함으로써 경제활동이 활성화되고 또 정착국가에서 생활함으로서 새로운 경제적 수요를 창출하고 있기 때문이다. 이주국의 입장에서는 많은 대졸자·경력자 등

'숙련 인구'가 주로 이민 오고 있는 점을 긍정적으로 받아들이고 있으며, 이주자들이 떠난 모국의 입장에서는 그들이 송금해 오는 돈으로 인한 경제성장, 직업창출 등의 효과를 이유로 반기고 있다. 전 세계적으로 이주자들이 본국에 송금한 액수는 1995년 1천 20억 달러에서 2005년 2천 3백 20억 달러로 증가했다. 필리핀·몬테네그로·세르비아 등 많은 빈국에서는 이민자들의 송금액이 국가 소득의 상당한 부분을 차지하고 있으며, 국제원조와 외국직접투자FDI보다도 높은 것으로 나타났다.

물론, 이민자가 늘어나고 있는 현상이 꼭 긍정적인 효과만 가지고 있는 것은 아니다. 이민자를 보내는 국가들은 고급인력이 빠져나가 '두뇌 유출'의 부작용을 앓고 있으며, 이민자를 받아들이는 국가들의 입장에서도 외국인 노동자들로 의한 내국인 실업 증가 등이 새로운 문제로 대두되고 있다. 특히, 후자의 경우 경제상황이 좋지 않은 때에 더욱 심각해지는데, 이 때문에 2008년 말에 시작한 세계 경제침체 이후, 미국·영국·프랑스 등 여러 선진국 정부들은 이민에 대해 적대적인 입장을 취하기에 이르렀다. 불법 이민자 문제도 큰 골칫거리 중의 하나이다. 이들은 인종차별, 고용주에 의한 학대 등 인권 침해 위험에 크게 노출되어 있으므로 국제문제로 이어질 수 있기 때문이다. 미국은 최근 '불법이민자와의 전쟁'을 선포하고, 몰래 들어오는 멕시코 인들을 막기 위해 멕시코와의 국경 방책을 세우는 데 노력하고 있다. 전문가들은 상품, 서비스, 자본 및 노동의 자유로운 이동을 특징으로 하는 세계화가 심화될수록 국제이주는 더욱 확대될 것으로 전망하고 있다. 이러한 세계화와 국제이주 간의 밀접한 관계를 반영하여 다음과 같은 세 가지 주장을 펼칠 수 있다. ① 국제이주는 전 세계 국가들에게 상당한 경제적, 사회적, 정치적 영향을 끼칠 만큼 보편화되었다. ② 국제이주의 보편화는 모국과 정착국 간의 임금, 고용환경, 생활수준 등의 차이로 인해 피할 수 없는 현상이다. ③ 전 세계적인 이주 인구의 증가는 세계화를 촉진시키는 원인이기도 하며,

결과이기도 하다. 또한 Castles and Miller(2003 : 7-9)가 지적하였듯, 국제이주에는 다섯 가지 일반적 경향이 있다.

① 이주의 전 지구화globalization of migration : 국제이주의 영향을 받는 국가들이 점점 증가하는 양상을 보인다. 게다가 출신 국적의 다양화가 동시에 진행되어, 이민국들은 다양한 경제, 사회, 문화적 배경을 지닌 이민자들을 받아들이게 된다.

② 이주의 가속화acceleration of migration : 인구의 국제적 이동은 현재 거의 모든 지역에서 동시다발적으로 발생하고 있다. 이러한 양적 증가는 이주의 시급성과 정부 정책 실행의 어려움을 유발한다. 정부의 정책은 국제 이주를 방지하거나 감소시킬 수 있으며, 본국 송환이 하나의 가능성이다.

③ 이주의 분화differentiation of migration : 대부분의 국가가 노동 이주, 난민, 영구 정착과 같이 한 종류의 이민 현상만을 경험하지 않으며, 동시에 광범위한 종류의 이민 현상을 경험한다. 전형적으로, 정부의 통제 노력에도 불구하고, 연쇄적인 이민 현상은 하나의 이동 현상으로 시작하여 다른 종류의 이동 현상으로 이어진다.

④ 이주의 여성화feminization of migration : 모든 종류의 이주에 있어 여성의 역할은 전보다 증대되고 있다. 과거의 노동이주와 난민 이동은 남성지배적인 현상이었고 여성은 주로 가족 결합의 측면에서 다루어졌다. 하지만 1960년대 이후 여성은 노동 이주에서 큰 역할을 차지하게 되었다. 성性 변수는 전 지구적 이주 역사에 중요하게 작용해 왔으며, 여성의 특수성에 대한 인식 역시 동시대 이주를 다루는 데에 있어 증대되고 있다.

⑤ 이주의 정치화growing politicization of migration : 국제이주가 각국의 세계

속 국내 정치와 양자 관계, 지역 간 관계, 국가 안보 정책에 끼치는 영향이 증가하는 양상을 보인다.

1) 국제이주의 원인에 관한 몇 가지 이론

다양한 이론들이 외국으로 이주하는 사람의 흐름을 설명하기 위해 발전해 왔지만, 그 중에서도 신고전주의 경제학, 역사 구조적 접근, 그리고 이중 노동시장이론이 가장 중요한 이론으로 제시되고 있다(Massey et al. 1993 ; Portes and Borocz 1989).

먼저 신고전주의경제학Neoclassical economics에서는 국제이주를 이주 송출국과 유입국 간의 임금과 고용조건의 격차로 인한 결과라고 본다. 이에 따르면, 이주란 각 개인이 모국과 새로 정착할 국가에서 거주할 경우의 비용과 이익의 계산을 통해 합리적 선택을 내린 결과일 뿐이라는 것이다(Castles and Miller 2003 : 22). 일반적으로 사람들은 인구밀도가 높은 곳에서 낮은 곳으로, 생활수준이 낮은 곳에서 높은 곳으로 이동하는 경향이 있다. 이 같은 점을 반영하여 사람들은 좀 더 나은 조건의 장소로 이동한다는 것이다. 그러므로 이 이론은 배출-흡입이론push-pull theory이라고 불리기도 하는데, 이주의 원인을 배출push 요소와 흡입pull 요소의 결합으로 설명할 수 있다. 배출 요소는 빈곤, 높은 실업률, 경제 기회의 부족, 낮은 생활수준, 그리고 정치적 억압 등의 부정적인 요소로서 이는 사람들로 하여금 모국을 떠나도록 강제하는 요소이다. 반면 흡입 요소는 더 나은 고용 기회, 높은 임금, 높은 생활수준, 노동 수요, 그리고 정치적 자유 등 사람들을 대안적 목적지로 이끄는 긍정적인 환경을 일컫는다.

역사구조적인 접근에서는 이주를 자본을 위한 값싼 노동력을 동원하는 중심적 수단으로 보고 있다(Castles and Miller, 2003 : 25). Saskia Sassen(1988, pp. 31-36)은 이주가 경제적 선진국의 도시와 농촌 지역의 노동 시장에 노동력을 제공하는 전 지구적 노동 공급 체계라고 주장했다. 세계체제이론과 마르크스주의 정치경제학에 뿌리를 둔 이러한 접근 방식은 국제 이주를 발생시키는 글로벌경제의 불평등한 경제 및 정치권력의 분배를 강조한다. 자본에 의한 값싼 노동의 대량유입과 충원은 빈국의 자원으로서의 노동을 착취함으로써 부국이 더 부유해지는 것을 가능케 하며, 이로써 불평등한 발전을 계속적으로 유지시킨다(Sassen 1988 ; Potts 1990).

또 다른 국제이주 관련 이론인 이중노동시장 이론dual labor market theory에서는, 산업화된 사회 내에 내재된 경제적 구조에서 발생하는 만성적인 이주노동자에 대한 수요가 국제이주를 야기한다고 주장하고 있다. 이러한 외국인 노동자에 대한 영속적인 수요는 경제적 선진국 내 고학력의, 부유한, 지위 의식적인 개인이 저임금의 특정 직업에 대해 기피로 인해 발생하고 있다.

이와 더불어, 여성의 앙혼仰婚, hypergamy 역시 여성의 국제이주를 설명하는 데 유용하다. 인도의 카스트 제도로부터 유래된 이 용어는 카스트의 하층을 이루고 있는 여성이 더 높은 지위에 있는 남성과 결혼을 하도록 요구되거나 기대되는 현상을 의미한다(이와 반대로 여성이 자신보다 낮은 지위의 남성과 결혼하는 현상은 낙혼(落婚, hypogamy)라고 부른다). 이 용어는 아시아 내 일본, 대만, 한국과 같이 부유한 국가의 남성과 결혼하기 위해 개발도상국 여성들이 이주해오는 국제결혼 양상을 분석하기 위해 쓰인다(Constable, 2005 참조).

4. 세계화와 다문화주의

앞서 언급하였다시피, 개발도상국 사람들은 더 나은 직장과 삶을 위하여 국제이주를 하고 있으며 선진국들은 값싼 노동력 획득을 위해 이들을 자국으로 끌어들이고 있다. 이러한 상황은 앞으로 지속될 것이며 더불어 국제이주 현상도 더욱 확대될 전망이다.

이러한 국제이주 증가 추세는 여러 국가들을 다문화사회로 변모하게 만드는 원인을 제공하고 있다. 이민자 비율이 전체 인구의 어느 정도가 되어야 다문화사회라고 인정하느냐에 대해서는 아직까지 학계에서 합의되고 있지 않다. 그러나 윤인진(2008 : 74) 교수는 이민자 비율이 10%를 넘을 때를 다문화사회로 보아야 한다고 주장한다. 이민자 문제가 발생하는 유럽과 북미 국가의 이민자 비율이 10%를 넘으며 이 수준에 이르면 다문화사회로 간주해도 무리가 없다는 것이다. 주지하듯이 주요 OECD 회원 국가들의 이민자 비율은 10% 이상이다. 프랑스가 1999년 10%, 독일이 2003년에 12.9%, 영국이 2008년에 11%, 캐나다가 2004년에 18.9%, 미국이 2004년에 12.2%이다(Lemaitre and Thoreau, 2006 참조 ; 윤인진, 2008 : 74에서 재인용).

다문화사회를 논의하기에 앞서, '다문화적multicultural'이라는 용어와 '다문화주의multiculturalism'라는 용어의 차이에 대해서 언급할 필요가 있다. '다문화적'이라는 표현은 사회에 다양한 문화적·인종적·종교적 집단들이 공존하고 있다는 '사회학적 사실'을 가리키는 반면, 다문화주의는 그런 사회학적 사실에 대한 규범적인 접근방식을 일컫는 개념이다(김비환, 2007 : 66 ; 윤인진, 2008 : 75에서 재인용)." 그리고 다문화주의는 한 사회 내에 존재하는 다양한 인종이나 민족 집단이 서로의 문화와 가치관을 인정하고 존중하며 함께 공존하도록 이끄는 이념 체계 및 정책을 가리킨다(Goldberg, 2009 ; Laden and Owen, 2007 참조). 다문화주의는 각 나라의 정책시행 방식에 따라 어느 정도 다를 수 있지만 기본적으로 한 사회 내의 모든 인종과 민족 집단이 동등한 권리를 가지고 정치 및 공동생활에 참여할 수 있도록 국가정책과 사회적인 체계가 갖추어진 특성을 갖는다. 그렇기 때문에 다문화주의를 "문화적 다수집단이 소수집단을 동등한 가치를 가진 집단으로 인정하는 '인정의 정치the politics of recognition'"라고 정의하기도 한다(Taylor, 1992 ; 윤인진, 2008 : 73에서 재인용). 더 나아가, 캐나다의 다문화주의 경험을 분석한 트로퍼(Troper, 1999)의 정의에 따르면 다문화주의는 "① 인종, 민족, 문화적으로 다원화된 인구학적 현상 ② 사회문화적 다양성을 긍정적으로 인식하고 가치 있게 여기고 존중하려는 사회적 이념 ③ 사회문화적 다양성을 보호하고 인종, 민족, 국적에 따른 차별과 배제 없이 모든 개인이 형평한 기회에 접할 수 있도록 보장하는 정부의 정책과 프로그램이라고 이해할 수 있다(윤인진, 2008 : 74에서 재인용 ; Isajiw, 1997 ; Lewycky, 1999 ; Roberts and Clifton, 1982 ; Fleras and Elliott, 2002 참조)." 물론 다문화주의에 대한 이 모든 정의들은 이주자가 새롭게 정착한 국가와 사회에 대해 소속감과 정체성을 갖도록 이주국이 노력한다는 가정하에 이루어진 것이다.

관용과 다양성을 증진하기 위한 정책으로서 다문화주의는 동화assimilation와는 다르다(구견서, 2003). 동화란 다수의 문화가 소수의 문화를 흡수하는 과정이며, 주변의 문화와 구별되는 각자의 독특한 특징을 잃어 가는 과정이기 때문이다. 다문화주의는 또한 융합amalgamation과도 대조적이다. 융합이란 각 민족 집단이 자신의 특성을 사회 구성에 반영하긴 하지만 그 과정에서 한 민족으로서의 정체성을 상실하여 전혀 새로운 정체성을 갖게 되는 과정을 말한다. 이는 용광로melting pot 이론으로서 한때 캐나다와 미국의 차이점으로 인식되기도 했다. 다문화주의는 동화와 융합의 한계를 극복하기 위한 대책으로 발전된 정책일 수도 있다. 그러나 사회가 다문화주의 정책을 채택했다고 해서 민족 집단의 구성원들이 자신들의 고유문화에만 충실한 것은 아니다. 또한 일상생활에서의 중요성보다는 향수를 불러일으키는 문화의 단면을 보존하는 의미의 다문화주의를 상징적 민족성symbolic ethnicity 또는 부분적 민족성partialized or fragmented ethnicity이라 말한다(Breton, 1978 : 60-61). 한 개인은 삶의 일부(직업 등)만을 탈민족화하고, 그 나머지(친족이나 교유관계 등)는 민족적 전통과의 연계를 유지하며 살 수도 있으며, 또는 주류 사회에 완전히 동화되어 살아갈 수도 있다. 웨인필드(Weinfeld, 1980)는 이를 정서적 민족성

affective ethnicity이라 칭한 바 있다.

이러한 다문화주의에 대해 옹호론과 반대론의 입장이 팽팽하게 맞서고 있다. 우선 다문화주의 옹호론자들은 다문화주의가 한 사회의 다양한 구성원들에게 형평성에 위배되지 않는 환경을 구축하며 다수·소수민족 집단 모두 동등한 권리를 갖는다고 주장한다. 문화는 단 하나의 인종이나 민족 집단의 가치관, 전통, 관습, 종교 등으로 형성되는 것이 아니라 세계의 변화와 동시에 복합적인 요소의 결과로 이루어진다는 것이다. 흔히 단일민족이라고 생각하는 나라들도 사실은 다문화인 경우가 많다. 예를 들어, 단일민족이라고 생각하는 영국도 오랜 기간 동안 앵글로 색슨 족, 바이킹, 노르만 족 등이 섞인 경우이다. 반대로 비판론자들은 다문화주의가 한 사회의 기존 고유문화를 해칠 수 있다고 주장한다. 이민자들이 정착국가의 정체성을 발전시키는 데 방해가 되며, 민족 간의 차이를 강조하여 반감과 대립을 조장하고, 사회적 통합을 도모하는 대신 주류 사회로부터의 소외를 야기한다는 것이다 (Abu-Laban and Stasiulis, 1992). 비판론자들에게 다문화주의는 '무모한 모자이크', '비전 없는 공존', '부적절한 국가적 이상'에 지나지 않는다. 다문화주의라는 명목하에 각 인종의 고유한 삶의 방식과 풍속, 문화 등이 파괴되면서 결국은 기존의 특색 있는 문화가 해체되거나 아니면 모든 인종과 민족 집단들을 아우를 수 있는 문화가 형성되지 못한다는 것이다. 또 다문화주의는 모든 인종과 민족 집단에게 동등한 권리를 부여하기 때문에 특정 집단의 권리와 자유를 제한할 수 있으므로, 민주주의와 만민법 사상에 위배된다는 주장도 있다. 이 같은 다문화주의에 대한 반발은 미국과 유럽에서도 찾아볼 수 있으며, 이러한 반응은 사회에 대한 기존의 개념이 퇴색하면서 발생하게 된다. 개방적·관용적 의미에서의 다문화주의를 거부하는 것은 인종차별주의와 편협한 사고의 산물이며, 이는 새로운 우려와 부정적 인식을 양산하게 된다.

다문화주의에 대한 옹호론자이든 반대론자이든, 다문화주의가 어떤 정책적인 사항들을 포함하고 있는지에 대해선 잘 모르는 경우가 많다. 정책적인 면에서 다문화주의는 아래와 같이 복합적이고 예민한 사항들을 내포하고 있다(Modood, 2007 ; Parekh, 2006 ; Wood, 2006 참조) :

① 이중국적 및 여러 개의 시민권 인정
② 정부에 의한 소수언어 신문 발간 지원
③ 정부에 의한 소수언어 방송 프로그램 등의 지원
④ 소수 민족을 위한 축제, 연휴, 기념일 등의 지원
⑤ 소수 민족 문화를 위한 음악과 예술의 지원
⑥ 학교 교과과정 안에 다문화주의의 정착
⑦ 학교, 군대, 사회 등에서 전통적이거나 종교적인 의상의 허용
⑧ 정치, 교육, 노동 등에서 소수 문화를 대표할 수 있는 프로그램의 개발
⑨ 인종차별 반대법 제정 및 실행

앞서 말했듯이 다문화주의는 다수의 예민한 이슈들을 내포하고 있다. 특히 국내에서는 다문화주의라는 표현을 무분별하게 사용하고 있는 경우가 많다. 하지만 다문화주의가 국가의 정책으로 채택되기 위해서는 우선적으로 위의 사항들을 실행할 수 있는지를 잘 평가해야 한다.

이런 문제점 때문에 다문화주의에 대한 더 포괄적인 이해가 시급한 것이 사실이다. Fleras and Elliott(1996 : 324-333)가 주장하듯, 다문화주의는 사실, 이념, 정책, 그리고 과정의 차원에서 구분이 이뤄져야 한다. 사실로서의 다문화주의는 사회에 다양한 인종과 민족 집단들이 공존하고 있다는 사실에 대한 묘사이다. 이념으로서의 다문화주의는 상호 존중과 관용의 미덕을 실행하기 위한 이상적 규범, '무엇이 되어야 하는지'에 대한 규범적인 진술을 의미한다. 국가 정책으로서의 다문화주의는 민족 문화적 차이를 인정하고

다양성과 시민권을 관리하려는 국가의 시도로서 그와 관련된 소수 민족 집단의 가치, 규범, 정체성을 장려하는 조직과 기구 등의 장치를 일컫는다. 과정으로서의 다문화주의는 정치적 영역이 어떻게 다문화적 현실 상황의 역동성에 반응하는가를 살피는 것이다.

5. 서구에서의 '다문화사회'와 '다문화주의' 전개

미국, 캐나다, 호주 및 뉴질랜드는 이미 오래전부터 많은 이민자들이 정착하여 기존 원주민들과 함께 '다문화적' 사회가 형성된 나라들이다. 특히 영국, 프랑스, 독일 등의 유럽 국가들은 세계 여러 지역에서 식민지 건설로 열을 올리던 19세기부터 식민지 지역 출신 노동자들이 유입되어 오면서 서서히 다문화사회의 문을 열기 시작하였다. 하지만 그 당시 이러한 경로로 유입되는 이민자들의 수는 적었다. 오히려 1960년대부터 1980년대에 자국 국민들의 특정 직업 기피 및 노동력 부족 따위의 사회문제에 골치를 겪던 북미, 유럽, 오세아니아의 선진 국가들에 의해 더욱 빠르게 다문화사회가 진행되었다. 북미, 유럽, 오세아니아의 선진 국가들은 이 문제를 해결하기 위해 아시아, 아프리카, 라틴 아메리카의 개발도상국들로부터 많은 비숙련 노동 이민자들을 받아들이게 되었다. 이 때문에 비서구非西歐 출신 이민자들의 유입은 급속하게 이루어졌으며, 이들을 받아들인 국가들은 이들에게 영주권을 부여함으로서 친지 초청 등을 통한 추가 이민 행렬의 물꼬를 텄다. 결국 이들은 거주국의 인구학적 변화는 물론 이주국의 문화, 정치, 사회, 경제 및 국가 정체성에까지 많은 영향을 주게 되었다.프랑스의 다문화사회 과정은 특히 주목할 만하다. 프랑스는 2차 세계대전 이후 식민지였던 알제리에서 부족한 노동력을 제공받아 경제재건을 이루었다. 2차 세계대전 이후의 프랑스는 인구문제와 노동력문제로 심각한 상황에 놓여 있었다. 2차 세계대전 동안 약 60만 명의 인구를 잃었으며, 인구의 노령화를 겪으면서 극심한 노동력 부족 현상에 시달렸고 전쟁으로 인해 국토는 피폐해졌다. 재건사업이 시급한 상황에서 프랑스는 식민지였던 알제리와 마그레브 출신 무슬림을 대거 유입하였다. 그러나 1974년 오일 쇼크 등 프랑스 경제가 어려울 때마다 이민자 수를 억제하는 다양한 조치들을 취하였고, 특정 지역 출신자의 이민을 일시적으로 중단하기도 하였으며 그들에게 노동허가를 일절 내주지 않았던 적도 있었다. 그러나 1970년대에 이미 상당한 수의 이민자들이 프랑스 내에 거주하고 있었고 2세대의 수도 크게 늘어났다. 그들이 또한 친지들을 지속적으로 초청하면서 프랑스 내의 무슬림 이민자는 계속 증가하고 있다. 프랑스에는 무슬림 이민자 수로 유럽의 최대인 약 400만 명이 있으며, 이는 프랑스 전체 인구의 약 7%에 해당하는 것이다.

이러한 상황에서 서구 국가들은 다문화주의라는 이념 및 정책을 통해 비서구 출신 이민자들을 기존의 문화와 사회구조에 융합시키고자 하였다. 서구사회에서 다문화주의가 정책으로 채택된 원인에는 ① 선진국의 저출산과 고령화로 인한 이주노동자의 유입 ② 1960년대의 인권운동으로 인한 내국인과 소수인종집단의 권리의식 고양 ③ 민주주의의 확립 ④ 냉전의 종식에 의한 지정학적 안전의 확보와 그로 인한 소수인종집단을 억압하거나 통제할 필요성의 감소 ⑤ 자유민주주의에 대한 광범위한 합의와 지지의 존재 등이 있다(Kymlicka, 2005 : 31-36 ; 윤인진, 2008 : 77에서 재인용).

서구 국가들의 다문화주의 정책은 1970년대 초부터 캐나다를 시작으로 7개국에서 공식적인 정책으로 실행되었다. 캐나다는 1971년에 서양 국가로서는 처음으로 다문화주의를 국가 정책으로 채택하였다. 표면적으로는 다문화주의 정책의 채택이 역사와 문화적 배경을 달리하는 이질적인 이민 집단을 조화시켜 사회적인 통합을 이루기 위한 것으로 보이지만, 사실은 그 당시 프랑스계 캐나다 인들이 주로 거주하는 퀘벡 주의 활발했던 분리독립운동을 약화시키고 차단시키려는 의도였다. 그러나 이후부터는 소수민족의 고유한 문화를 보호하고 문화적 다양성을 수용하고 또한 모든 소수민족 구성원에게 평등한 기회를 확장하는 방향으로 발전하게 되었다. 1973년에는 호주에서 캐나다 다음으로 다문화주의를 국가 정책으로 채택하였다. 호주는 캐나다 스타일의 다문화주의를 가장 잘 적용시킨 나라로 평가받고 있으며 호주정부는 이민자의 유치와 그들의 문화와 호주 내 문화의 융합을 위한 조직과 기구들을 체계적으로 활용하고 있다.[1]

1990년대에 이르러 다문화주의는 소수 유럽 국가에까지도 확산되었다. 이들 나라에서 다문화주의가 정책으로 채택된 배경에는 비서구 출신 신규 이민자들의 급증, 확대된 소수 민족 집단의 요구와 압력, 소수인종집단에 대한 다수집단의 인종편견과 차별로 인한 사회문제, 인종집단 간의 사회갈등과 분열 등 사회적 요소들이 존재한다. 즉, 다문화주의라는 이념과 정책은 이런 사회·정치적 문제들을 해결하고자 하는 뜻에서 등장하게 된 것이다. 이런 이유들은 일단 제쳐 두더라도, 유럽연합 대부분의 국가들은 다문화주의를 공식적으로 채택하거나 아니면 하나의 지침으로 삼아 많은 정책을 실행해 왔다. 그러나 최근 네덜란드와 덴마크를 포함한 몇몇 유럽 국가들에서 우파가 정권을 잡으면서 단일문화로 회귀하기 위한 정책들이 채택되고 있어, 기본의 다문화주의 정책과 마찰을 빚고 있다.

다음은 서구 국가들 중 처음으로 다문화주의를 국가 정책으로 채택하여, 다문화사회가 되어가는 국가에 중요한 모델이 되고 있는 캐나다의 다문화주

1_ 다른 영어권 국가인 미국에는 다문화주의가 연방법 수준의 정책으로는 아직 확립되지 않았으나 일부 주의 법에는 영어-스페인 어의 2개 언어 상용이 가능하다. 예를 들어, 캘리포니아에서는 다양한 언어로 운전면허 시험을 치르는 것이 가능하다. 흔히 미국을 일컬어 'melting pot society(도가니 사회)' 라고 하는데 이는 어떤 인종이나 소수민족이든 일단 미국에 정착하게 되면 자의든 타의든 미국문화에 동화되어 간다는 것을 의미한다.

의에 대해 간략하게 살펴보도록 하겠다.

1) 캐나다의 다문화주의

흔히 미국을 일컬어 'melting pot society'라고 하고 캐나다는 'mosaic society'라고 부른다. 이는 미국의 경우에는 어떤 인종이든 일단 미국 땅에 들어와 살게 되면 자의든 타의든 미국문화에 동화되는 데 반하여 캐나다는 각 인종의 고유한 삶의 방식과 풍속, 문화 등을 최대한 살리면서도 전체적인 조화를 이루는 모자이크 패턴을 만드는 길을 택한다는 의미에서 만들어진 말이다. 캐나다 문화의 일반적인 특징을 든다면 2개 국어 병용의 테두리 안에서 서로 다른 민족의 정체성을 인정하고, 다양한 문화를 그대로 공존하도록 용인하는 다문화주의일 것이다(Li, 1999 ; Fleras and Elliott, 2002 참조). 이것은 역사적으로 영국계·프랑스계 캐나다인을 하나로 융합할 수 없었던 현실에 대한 가장 적합한 정책인 듯하다. 1960년대까지 캐나다는 영연방으로서 영국위주의 역사의식과 정치체계가 사회를 주도하였고, 퀘벡 주의 프랑스계 주민을 차별하였다. 그에 따라 퀘벡 주에서 분리주의 운동이 시작되자 연방 분열의 위기로 심각하게 받아들인 캐나다 연방정부는 1971년 다문화주의를 국가의 정책으로 선언하였다(Juteau, 1992).

캐나다의 인구는 2009년 현재 3,300만 명이다. 총 인구의 28%가 영국계 (British, Scottish, Welsh 및 Irish)이고 26%가 주로 영국계가 포함된 혼합된 캐나다 국민들이며, 23%가 프랑스계, 15%가 독일, 이탈리아, 우크라이나, 폴란드 등 다른 유럽 국가계이다. 6%가 아시아·아프리카·중동계이며 2%가 캐나다 원주민이다. 캐나다에는 한국인을 포함해 10만 명이 넘는 다양한 인종이 살고 있으며 30개가 넘는 민족 집단이 존재한다. 1990년부터 현재까지 캐나다 이민자의 반 이상이 아시아 출신이며 2007년에만 캐나다는 429,649명의 영주권자, 외국인 근로자, 외국 유학생 등의 입국을 허용하였다. 한국에 거주하고 있는 총 외국인 수의 절반가량에 해당하는 수가 캐나다에서는 단 한 해에 입국한 것이다. 캐나다 정부는 다문화주의를 통해 모든 시민들이 인종, 민족 집단, 언어, 종교에 관계없이 평등한 사회를 만들려고 노력하고 있다. 그래서 흔히 캐나다를 'mosaic society'라고 부른다. 다문화주의 선언에는 "캐나다에 공식 언어는 두 가지가 존재하지만 공식문화는 존재하지 않는다."라는 표현이 있는데 이는 민족 집단 간 문화적 평등과 공조를 강조하는 것이다(Roberts and Clifton, 1982). 캐나다 정부는 다문화주의를 구현하기 위해 소수민족과 이민자에 대한 실천 프로그램으로 다양한 정책을 실행하였다. 특히 캐나다 사회의 참여를 높이기 위해 공용어 습득 교육 프로그램을 널리 보급하였고, 소수민족 문화 보전에 대한 다양한 공적 지원을 하였다. 또한 캐나다 사회에 참여하는 데 걸림돌이 되는 문화적 장애물을 제거하는 데 노력하였으며, 국민통합을 목적으로 하는 민족 집단 간의 상호교류를 장려하고 지원하였다. 또 소수민족이 차별받지 않도록 법적, 제도적 장치를 마련하여 문화적 다양성을 권장하는 정책을 채택하였다.

법적으로는 다문화주의 관련 법률을 제정하였고 다문화주의 정책을 전담해 추진할 연방정부 부처도 신설하였다. 교육적으로는 캐나다 원주민을 위한 학교를 설립하여 그들의 고유문화가 잘 보존될 수 있도록 지원하고 있다. 또한 원주민을 포함한 여러 소수민족의 언어 교육을 지원하고 사용을 장려하고 있다. 대학과 연구기관에서는 캐나다 내 소수민족들의 문화는 물론이고 세계 각국의 문화를 연구하여 문화의 조화로운 공존에 대해 이해를 높이고 있으며 여러 민족의 고유문화가 보전되고 발전할 수 있도록 배려하고 있다. 사회적으로는 교육기관과 언론매체들을 통해 서로 다른 인종과 민족 집단들의 가치관·사고방식·생활양식 등을 존중하고 관용하는 자세를 대중들에게 지속적으로 주입시키고 있으며 모든 개인들이 인종·민족·종교 등의 차이로 인해 차별 받지 않도록 하기 위한 기회균등의 보장을 확실하게 하고 있다. 정부가 이러한 사회적 이념을 실현하고 유지하려는 노력이 캐나다 사회의 '다양성 속의 통일성unity in diversity'을 가능하게 하는 것이다.[2]

캐나다의 다문화주의의 단면을 보여 주는 한 예는 토론토 시에서 찾아볼 수 있다. 캐나다 제일의 도시인 토론토의 인구는 550여 만 명이며(전체 캐나다 인구의 약 6분의 1), 이 나라의 경제, 문화, 학문, 예술 등 거의 모든 분야에서 심장부 역할을 맡고 있다. 캐나다 자체가 세계적으로 이민자 비율이 가장 높은 나라인데, 이들 이민자들은 대개 토론토, 밴쿠버, 몬트리올과 같은 대도시에 몰린다. 특히 토론토는 국제적이고 코즈모폴리턴한 도시로 유명하다. 2006년 현재 도시인구의 반 이상이 외국에서 태어난 사람들이며 뉴욕이나 로스앤젤레스 못지않게 수많은 인종이 모여 살고 있는 곳으로 유명하다. 캐나다 연방정부는 이런 점을 감안하여 1988년 토론토 시를 다민족문화보존특별법의 대상으로 지정해 시행해 오고 있다(Croucher, 1997). 이 법은 모든 민족 집단이 각자의 고유문화를 보존, 계승, 발전시키는 데에 토론토 시 당국이 적극 협조하고 지원한다는 것이다. 그래서 토론토에서는 민족 집단이 주체하는 다양한 문화 전시회와 축제가 연중으로 열린다.

6. 결론

요컨대, 정보통신과 교통수단의 눈부신 발달로 인하여 국가 간의 교류가

2_ 캐나다의 다문화주의는 국가 내 모든 민족이 자신들의 문화를 유지하도록 권장하는 정책이라 이해된다. 그러나 사실상 이러한 시나리오는 거의 불가능하다. 문화는 이주 과정을 거치며 변화할 뿐만 아니라 그 문화를 유지하는 것 자체가 어렵기 때문이다. 학제, 미디어, 경제 · 문화 규제 등 그 나름대로의 시스템을 갖춘 퀘벡의 프랑스어계를 제외하고, 캐나다의 거의 모든 민족 집단은 언론의 영향, 교육, 영어계 문화의 지배를 받는 근로 환경 등에 노출되어 있다. 대개의 민족 문화는 1세대가 넘어가면서 언어 보존에 어려움을 겪는다. 하지만 캐나다의 다문화주의는 사람들에게 정체성의 확신을 부여함으로써 중요한 심리적 영향을 미친다는 점과 상호 존중 및 사고의 공유를 촉진한다는 면에서 아주 중요한 정책이라 할 수 있다.

손쉬워지면서 세계화라는 개념은 우리 사회에 깊이 자리 잡게 되었다. 세계화는 통화, 상품, 노동, 서비스 등의 장벽을 없앴으며, 국가 간의 체감거리 단축은 인구의 이동을 더욱 자유롭게 만들어 국제이주가 늘어나는 추세를 낳았다. 국제이주가 늘어나면서 서양의 상당수 국가들은 역사와 문화적 배경을 달리하는, 세계 각지에서 온 수많은 민족 집단으로 구성되는 변화를 겪고 있다. 다문화주의는 이렇게 늘어난 노동력의 국제적 이동, 국제결혼, 이민, 난민, 망명자, 유학생 등으로 발생할 수 있는 문제와 불협화음을 방지하기 위한 하나의 정책이자 이념이다. 다문화주의는 기존의 전통문화만을 고수하지 않고 사회 내 소수 민족의 다양한 문화를 인정하고 보존하도록 장려하는 사상 및 정책의 변화이다. 이러한 면에서 다문화주의는 세계화에서 어느 정도 필요한 부분이고 앞으로 늘어날 수 있는 인종적 문제와 갈등을 해결하는 데 필수적인 방법이자 정책이라고 볼 수 있다.

21세기에도 인류공통의 제일 중요한 과제는 공영共榮이다. 그리고 공영의 키워드 중에 하나는 이질적인 것에 대한 관용이다. 심화되는 다문화사회에서는 더더욱 그러하다. 그러나 세계화되는 과정에서도 세계 곳곳에서는 가치관, 종교, 언어, 역사, 문화, 생활양식 등의 동질성을 내세운 민족주의가 여전히 상당한 사회적, 정치적 힘을 발휘하고 갈등과 억압의 요소가 되고 있다. 주지하듯이 인류공영을 위해서는 배타적이고 획일적인 민족주의가 더 이상 용인되어서는 안 되며 민족 집단의 문화적 다양성이 공존하며 융화될 수 있는 이념적·문화적·정책적·사회적 토대가 만들어져야 한다. 그런 문화적 다원주의사회를 형성하고 유지하는 데 다문화주의가 아주 중요한 역할을 할 수 있다.

참고문헌

구견서, "다문화주의의 이론적 체계", 『현상과 인식』 제27집(3호) : 29-53, 2003.

김남국, "다문화 시대의 시민 : 한국사회에 대한 시론", 『국제정치논총』 제45집(4호) : 97-121, 2005,

김비환, "한국사회의 문화적 다양화와 사회통합 : 다문화주의의 한국적 변용과 시민권 문제", 『다문화 사회 한국 사회과학의 과제』(성균관대학교 동아시아지역연구소 심포지움 발표논문집), pp. 61-88, 2007.

김희정, "한국의 관주도형 다문화주의 : 다문화주의 이론과 한국적 적용", 『한국에서의 다문화주의 — 현실과 쟁점』((사)국경없는마을 학술토론회 발표논문집), pp. 16-40, 2007.

문경희, "국제결혼 이주여성을 계기로 살펴보는 다문화주의(multiculturalism)와 한국의 다문화 현상", 『21세기정치학회보』 제16집(3호) : 67-93, 2006.

설동훈, "외국인 노동자 문제의 배경", 『실천문학』 74호 : 220-230, 2004.

설동훈 외, "국내 거주 외국인 노동자 인권 실태 조사", 서울 : 국가인권위원회, 2002.

오경석, "한국에서의 이주 문제의 동향과 안산 지역에서의 현안과 과제", 안산지역사회복지협의체 이주자지원분과 집담회 발제문, 2006.

______, "어떤 다문화주의인가? : 다문화 사회 논의에 관한 비판적 조망", 『한국에서의 다문화주의 - 현실과 쟁점』((사)국경없는마을 학술토론회 발표논문집), pp. 2-15, 2007.

윤인진, "한국적 다문화주의의 전개와 특성 : 국가와 시민사회의 관계를 중심으로", 『한국사회학』 제 42집(2호) : 72-103, 2008.

이선옥, "한국에서의 이주노동운동과 다문화주의", 『한국에서의 다문화주의 — 현실과 쟁점』((사)국경없는마을 학술토론회 발표논문집), pp. 76-89, 2007.

천선영, "'다문화사회' 담론의 한계와 역설", 『한·독사회과학논총』 제14권(2호) : 363-380, 2004.

Abu-Laban, Yasmeen and Daiva Stasiulis, "Ethnic Pluralism Under Siege : Popular And Partisan Opposition to Multiculturalism," *Canadian Public Policy* 18 : 365-386. 1992.

Breton, Raymond, "The Structure Of Relationships Between Ethnic Collectivities." In Leo Driedger(ed.), *The Canadian Ethnic Mosaic : A Quest for Identity*. Toronto : McClelland and Stewart, 1978.

Castles, Stephen and Mark J. Miller, *The Age of Migration : International Population Movements in the Modern World*, 3rd ed. New York : Guilford Press, 2003.

Constable, Nicole, *Cross-Border Marriages : Gender and Mobility in Transnational Asia*. Philadelphia : University of Pennsylvania Press, 2004.

Croucher, Sheila M, "Constructing The Image Of Ethnic Harmony In Toronto, Canada : The Politics Of Problem Definition And Non-definition." *Urban Affairs Review* 32 : 319-347, 1997.

Fleras, Augie and Jean Leonard Elliott, *An Introduction to Race, Ethnic and Aboriginal Dynamics in Canada*, 2nd ed. Scarborough, Ontario : Prentice-Hall Canada, 1996.

______, *Engaging Diversity : Multiculturalism in Canada*, Scarborough : Nelson, 2002.

Giddens, Anthony, *Runaway World : How Globalization is Reshaping Our Lives*, 2nd ed. New York : Routledge, 2003.

Goldberg, David Theo. *Multiculturalism : A Critical Reader*. New York : Wiley-Blackwell, 2009.

Held, David, Anthony G. McGrew, David Goldblatt and Jonathan Perraton, *Global Transformations : Politics, Economics and Culture*. Stanford : Stanford University Press.

Hollinger, David A., *Postethnic America : Beyond Multiculturalism*. New York : Basic Books, 2006.

International Organization for Migration, *World Migration 2005 : Costs and Benefits of International Migration*. Geneva : International Organization for Migration, 2005.

Isajiw, W. W., ed., *Multiculturalism in North America and Europe*. Toronto : Canadian Scholars Press, 1997.

Juteau, Danielle, "The Sociology Of Ethno-National Relations In Quebec." In Vic Satzewich(ed.), *Deconstructing a Nation : Immigration, Multiculturalism, and Racism in 90's Canada*. Toronto : Fernwood Books, 1992.

Kymlicka, Will, "Liberal Multiculturalism." In Will Kymlicka and Baogang He(eds.), *Multiculturalism in Asia*, Oxford University Press, 2005.

Laden, Anthony Simon and David Owen, eds., *Multiculturalism and Political Theory*. Cambridge : Cambridge University Press, 2007.

Lemaitre, Georges and Cecile Thoreau, "Estimating the Foreign-born Population on a Current Basis." Organization for Economic Co-operation and Development, 2006.

Lewycky, Laverne, "Multiculturalism in the 1990's and Into the 21st Century." In Vic Satzewich(ed.), *Deconstructing a Nation : Immigration, Multiculturalism, and Racism in 90's Canada*. Toronto : Fernwood Books, 1999.

Li, Peter, "The Multiculturalism Debate." In Peter S. Li(ed.), *Race and Ethnic Relations in Canada*, 2nd ed. New York : Oxford University Press, 1999.

Modood, Tariq, *Multiculturalism*. Cambridge : Polity, 2007.

Massey, Douglas, Joaquin Arango, Graeme Hugo, Ali Kouaouchi, Adela Pellegrino, and J. Edward Taylor, "Theories of International Migration : A Review and Appraisal." *Population and Development Review*, 19(3) : 431-466, 1993.

Parekh, Bhikhu., *Rethinking Multiculturalism*, 2nd ed. New York : Palgrave MacMillan, 2006.

Portes, Alejendro and Jozsef Borocz, "Contemporary Immigration : Theoretical Perspectives on its Determinants and Modes of Incorporation", *International Migration Review* 23(3) : 606-630, 1989.

Park, Kyonghwan, "The Multicultural Society without Multiculturalism : Theoretical Implications for Sustainably Reglobalizing the Jeju Special Self-Governing Province". 『한국도시지리학회지』 9권 3호 : 69-78, 2006.

Potts, Lydia, *The World Labour Market : A History of Migration*. London : Zed Books, 1990.

Raz, Joseph, "Multiculturalism : A Liberal Perspective." *Dissent* Winter : 67-79, 1994.

Roberts, Lance W. and Rodney A. Clifton, "Explaining the Ideology of Canadian Multiculturalism." *Canadian Public Policy* 8 : 88-94, 1982.

Sassen, Saskia, *The Mobility of Labor and Capital : A Study in International Investment and Labor Flow*. Cambridge : Cambridge University Press, 1988.

Scholte, Jan Aart, *Globalization : A Critical Introduction*. London : MacMillan, 2000.

Steger, Manfred, *Globalization : A Very Short Introduction*. New York : Oxford University Press, 2003.

Stiglitz, Joseph, *Globalization and Its Discontents*. New York : W.W. Norton, 2003.

Taylor, Charles, *Multiculturalism and "The Politics of Recognition."* Princeton : Princeton University Press, 1992.

Troper, Harold, "Multiculturalism." In Paul Robert Magocsci(ed.), *Encyclopedia of Canada's Peoples*. Toronto : University of Toronto Press, 1999.

United Nations, *Demographic Yearbook* 2001. Geneva : United Nations, 2002.

______, "International Migration and Development." Report of the Secretary-General. Geneva : United Nations, 2006.

Weinfeld, Morton, "Myth and Reality in the Canadian Mosaic : Affective Ethnicity." In Jay E. Goldstein and Rita M. Bienvenue(eds.), *Ethnicity and Ethnic Relations in*

Canada. Toronto : Butterworths, 1980.

Weinstein, Michael, ed., *Globalization : What's New?* New York : Columbia University Press, 2005.

Wood, Peter, Diversity : *The Invention of a Concept*. New York : Encounter Books, 2006.

제6장

세계시민주의와 애국주의

손철성(경북대학교 윤리교육과)

1. 머리말

2. 세계시민주의 : 보편적 가치, 인류애

3. 공동체주의(애국주의) : 특수한 가치, 국가와 지역 사랑

4. 세계시민주의와 공동체주의의 대립

5. 세계시민주의와 애국주의의 조화 가능성

6. 세계시민주의와 공동체주의의 기본 입장 차이

7. 또 다른 시각 : 세계시민주의도 애국주의도 아니다

제6장

세계시민주의와 애국주의

손철성

1. 머리말

근래에 우리 사회에서는 다문화주의multiculturalism와 더불어 세계시민주의cosmopolitanism가 주요 담론 대상이 되고 있다. 세계화, 개방화 시대에 '세계시민', '세계주의', '인류애' 등 세계시민주의와 관련된 개념이 자주 언급되고 있으며 교육이나 학문 분야에서도 여기에 상당한 관심을 기울이고 있는 실정이다.

요즘 '세계시민' 또는 '세계시민주의'라는 개념이 널리 사용되고 있지만 통일적인 의미를 갖고 있는 것은 아니며 학자에 따라 다양한 의미로 사용되고 있다. 히터D. Heater는 20세기에 사용되는 세계시민 개념을 다음과 같이 구분한다. 첫째, 아주 막연한 수준인 인류 공동체의 일원으로서의 세계 시민이다. 둘째, 세계 정부를 건설하기 위해 구체적인 실천을 하는 세계 시민이다. 셋째, 개인이 속한 국가보다 높은 수준의 도덕 법칙에 의해 개인이 구속되어야 한다는 생각에 기초한 세계 시민이다. 넷째, 세계 정부의 수립과는 상관없이 지구적 의식과 지구적 책임감을 지닌 존재로서의 세계 시민 개념이다.

우선 여기서 세계 정부를 추구하는 둘째 견해는 많은 비판을 받고 있기 때문에 세계시민주의 개념으로는 적절하지 않다고 본다. 칸트I. Kant는 『영구평화론』에서 '국제 국가'나 '세계 정부'가 아니라 '세계시민적 상태' 또는 '국제 연맹'을 추구한다. 그 이유는 각 국가나 민족이 자신의 권리와 자율성을 보장받기 위해서는 모든 국가나 민족을 포괄하는 하나의 세계 정부가 아니라 각 국가가 연합을 이룬 '세계시민적 상태'나 '국제 연맹' 형태가 바람직하다고 보기 때문이다. 롤즈J. Rawls도 『만민법』에서 칸트의 생각을 계승하여, 세계적 차원에서 행사되는 법적 권한을 지닌 세계 정부는 세계적 차원의 전제 정치가 되거나 아니면 각 국가나 민족이 정치적 자유나 자율을 쟁취하기 위해 투쟁이 빈발할 수밖에 없으므로 분열된 취약한 제국이 된다고 비판한다. 따라서 세계 정부라는 너무 강한 의미를 함축하는 세계시민주의 개념은 논의에서 제외시키도록 하겠다. 그렇다고 첫째 견해처럼 막연한 수준에서 인류 공동체를 추구하는 것은 세계시민주의 개념을 너무 느슨하게 사용하고 있다는 점에서 문제가 있다. 요즘 널리 사용되는 세계시민주의 개념은 아무래도 셋째나 넷째의 견해에 가깝다고 볼 수 있다. 세계시민주의는 국가나 국민을 넘어서서 세계나 인류에 대한 보편적인 도덕적 의무와 책임이 존재한다는 점을 인정한다.

세계시민주의의 역사적 기원은 고대 헬레니즘 시대까지 거슬러 올라간다. 기원전 4세기 키니코스Cynicos 학파는 세계시민kosmopolitēs이라는 개념을 처음 사용하였으며, 로마의 사상가인 키케로Cicero, 세네카Seneca, 아우렐리우스Aurelius와 같은 스토아Stoa 학파는 이러한 세계시민주의를 수용하여 더욱 발전시켰다. 근대 세계시민주의는 볼테르Voltaire와 칸트의 사상, 프랑스 인권선언 등에 나타난 계몽주의 사상을 수용하여 이론적 기반을 강화하였으며, 근대 국제법의 이론적 토대를 제공하면서 발전하였다.

세계시민주의 이념을 상징적으로 가장 잘 보여 주는 것은 헬레니즘 시대에 디오게네스Diogenes가 했던 말이다. 어떤 사람이 디오게네스에게 "어디 출신이냐?"라고 물었을 때 그는 "나는 세계의 시민이다."라고 답했다는 것이다. 어느 도시, 어느 민족, 어느 국가에서 출생했느냐가 중요한 것이 아니라 세계 시민으로서 같은 인간이라는 점이 중요하다는 것이다. 따라서 출신 지역이나 국가에 따라 차별 대우를 하지 않고 모든 인간을 세계 시민으로 동등하게 대우해야 한다는 것이다. 칸트도 이방인을 적대시하거나 차별해서는 안 된다고 하면서 '세계시민권'을 주장했다. 모든 사람에게는 '방문의 권리'가 있기 때문에 이방인이 타국의 땅에서 평화적으로 행동하는 한 그를 억압해서는 안 된다는 것이다. 왜냐하면 모든 인간은 지구 표면에 대한 공동 소유권을 갖고 있기 때문에 어디든지 자신이 가고 싶은 곳에 가서 살 권리가 있다는 것이다.

2. 세계시민주의 : 보편적 가치, 인류애

1990년대 중반 미국에서 애국주의와 세계시민주의 논쟁을 불러일으켰던 너스봄M. Nussbaum은 세계시민주의를 적극적으로 옹호한다. 그에 따르면 로티R. Rorty가 주장하는 애국주의는 정의와 평등이라는 소중한 도덕적 가치를 위험에 빠뜨릴 수 있기 때문에, 애국주의가 아니라 인류의 범세계적 공동체에 충성하는 세계시민주의가 요구된다. 도덕적 의무의 근본 원천은 국가가 아니라 인류 공동체이기 때문에, 우리는 국가와 같은 특정 집단이나 애국주의에 대한 충성이 아니라 인류나 보편적 선에 대해 충성해야 한다는 것이다. 우리는 모든 인류를 우리의 동료 시민이자 이웃으로 간주해야 하며, 우리가 우연적으로 갖고 태어난 국적, 민족적 소속감 등이 우리 동료들 사이에 경계선을 세우도록 해서는 안 된다는 것이다. 그래서 그는 전체 인류의 인류애에 의해 수립된 도덕 공동체에 일차적으로 충성해야 한다고 강조한다.

그렇다고 너스봄이 오직 인류 공동체에만 가치를 부여해야 한다고 주장하는 것은 아니다. 그는 우리의 삶이 자아, 가족, 이웃, 사회, 국가 등 여러 동심원으로 둘러싸여 있으며 가장 밖에는 인류 전체라는 동심원이 자리를 잡고 있다고 말한다. 따라서 여러 동심원으로 둘러싸여 사는 우리는 풍요로운 삶의 원천이 되는 지역적 정체성을 포기할 필요가 없다는 것이다. 또한 그는 세계시민주의가 언제나 세계의 모든 지역들에 동등한 관심을 가질 것을 주장하지 않는다고 말한다. 그에 따르면 세계시민주의자는 자신이 속한 지역이나 국가에 특별한 관심을 기울일 수도 있다. 그러나 그것은 특정 지역이나 국가가 다른 지역이나 국가에 비해 더 가치가 있거나 선하기 때문이 아니라 그것이 '분별 있게 선을 행하는 유일한 방법'이기 때문이다. 즉, 자신이 처한 현실적 조건 때문에 다른 나라에 관심을 갖는 것보다는 자기 지역이나 자기 국가에 관심을 갖는 것이 인류에게 더 도움이 될 수 있으며 그렇게 해야 한다는 것이다. 인간은 모두 동등한 도덕적 가치를 지니고 있다. 다만 누구에게 먼저 관심을 갖고서 그를 돕는 것이 인류 전체에게 더 유익한가를 기준으로 판단하기 때문에 돕는 순서에서 차이가 있을 수 있다는 것이다.

가장 중요한 동심원은 우리의 인간성을 규정하는 정의와 이성의 공동체, 즉 인류 공동체이며 따라서 여기에 일차적인 관심을 가져야 한다고 너스봄은 주장하는 것이다. 센A. Sen은 너스봄의 이러한 세계시민주의적 입장을 옹호하면서 그의 주장은 인류 전체에 대한 충성이 일차적이라는 것이며, 이것은 어느 한 사람도 배제하지 않고 모든 사람을 관심의 대상으로 끌어들인다고 주장한다. 그리고 이러한 세계 시민권에 대한 일차적인 충성이 다른 종류의 충성을 배제하는 것은 아니라고 말한다.

이처럼 모든 인간은 동등한 가치를 지니고 있으며 따라서 출신 지역이나 국가에 따라 차별 대우를 받아서는 안 된다는 것, 즉 모든 인간은 세계시민으로서 동등한 대우를 받아야 한다는 것이 세계시민주의의 핵심 이념이라고 할 수 있다. 세계시민주의는 다양한 동심원을 인정하기 때문에 특정 지역이나 국가에 대한 관심이나 충성을 배제하지 않지만, 가장 중요한 동심원은 인류 전체이고 따라서 인류 전체나 보편적인 도덕적 가치에 대한 충성이 일차적이라고 본다. 세계시민주의는 인권과 같은 보편적인 기본 권리나 보편적인 의무를 인정한다는 점에서 보편주의 관점을 갖고 있으며, 모든 인간에 대한 사랑을 중시한다는 점에서 박애주의 또는 인류애의 관점을 갖고 있다.

3. 공동체주의(애국주의) : 특수한 가치, 국가와 지역 사랑

공동체주의communitarianism나 애국주의patriotism는 세계시민주의와는 다르게 보편적인 도덕적 가치를 부정하면서 특정 공동체에 타당한 특수한 윤리 규범을 인정하며, 인류 전체에 대한 사랑과 헌신, 충성보다는 국가와 같은 특정 공동체에 대한 소속감과 연대성, 사랑, 헌신, 충성을 더 중시한다. 따라서 공동체주의나 애국주의는 세계시민주의와 양립하기 어렵다는 견해가 있다.

공동체주의자인 샌델M. Sandel은 자아 또는 자아 정체성은 특정한 공동체의 역사나 전통을 배경으로 형성된다고 주장한다. 그는 고대 그리스의 폴리스polis와 시민들의 삶에 대한 분석을 통해 공동체가 시민의 도덕성을 함양하는 적극적 역할을 해야 한다고 말한다. 국가와 같은 정치적 공동체가 단순한 동맹과 다른 이유는 공동체가 특정한 포괄적 가치관을 공유하면서 그것을 장려하기 때문이라는 것이다. 국가는 가치중립적인 입장에서 질서 유지와 같은 최소한의 역할만을 맡는 것이 아니라 적극적으로 가치 있는 삶을 권장하는 역할을 해야 한다. 그리고 시민들도 그러한 공동체의 활동에 책임 의식을 갖고서 적극적으로 참여해야 한다는 것이다.

매킨타이어A. MacIntyre도 『덕의 상실』에서 현대 사회가 위기에 처한 것은 고대 그리스의 덕 윤리 전통을 상실했기 때문이라고 진단하면서 이러한 덕 윤리의 전통을 부흥시킬 것을 주장한다. 그는 개인들이 공동체의 구성원으로서 다양한 부담과 유산, 기대와 책무를 부여받는데, 만약 개인들이 이러한 공동체의 요구와 기대를 저버리고 개인주의적 삶을 산다면 이것은 바람직한 삶이 아니라고 말한다. 자아 정체성은 자기가 속한 사회의 고유한 역사와 전통 등을 고려하는 가운데 형성되어야 한다는 것이다. 그는 아리스토텔레스의 덕 윤리의 전통을 계승하여, 덕이 있는 훌륭한 시민이란 자신이 속한 공동체의 목적과 가치를 잘 구현하는 사람이라고 본다. 시민들은 공동체의 한 구성원으로서 공동체가 부여한 가치와 전통을 존중하는 삶을 살아야 한다는 것이다.

온건한 공동체주의자로 알려진 테일러C. Taylor도 헤겔 철학을 적극적으로 수용하여 이를 바탕으로 자아 정체성은 고립적으로 형성되는 것이 아니라 공동체적인 삶의 지평을 바탕으로 형성된다고 주장한다. 그는 『불안한 현대 사회』에서, 우리의 삶의 이상인 '진실한 삶'이란 개인주의적으로 자신만을 고려하는 것이 아니라 다양한 삶의 지평들을 고려할 때 가능하다고 말한다. 즉, 자기중심적인 삶에서 벗어나 공동체의 역사와 전통, 시민으로서의 의무, 자연의 요구 등을 폭넓게 고려할 때 진정한 자아 정체성이 형성된다는 것이다. 그는 근대의 개인주의가 개인의 자율성을 증진시키고 개인에게 다양한 삶을 선택할 수 있는 기회를 주었다는 점에서 긍정적이기는 하지만, 다른 한편으로 개인들이 오직 자신의 삶에만 관심을 기울이고 이웃이나 사회에 대해서는 무관심하게 만들었다는 점에서 문제가 있다고 비판한다. 그래서 그는 이러한 문제를 극복하기 위해서는 이러한 공동체주의적 자아관이 필요하다고 주장한다.

이처럼 공동체주의는 보편적인 도덕적 가치보다는 개인들이 속한 특정 공동체의 가치나 윤리를 더 중시하면서 이를 적극적으로 수용할 것을 요구한다. 즉, 개인들이 자신의 삶에만 관심을 갖는 데서 벗어나 자신이 속한 특정 공동체의 일에 더 많은 관심과 책임감을 갖고 적극적으로 참여할 것을 요구한다. 시민으로서의 바람직한 삶이란 고대 그리스의 폴리스에 속한 시민들처럼 특정 공동체를 기반으로 삼아 거기에 단단한 뿌리를 내리고 있는 삶이라는 것이다.

4. 세계시민주의와 공동체주의의 대립

세계시민주의는 개인들이 민족이나 국가와 같은 특정한 공동체적 기반을 뛰어넘어 세계시민으로서의 보편적 삶을 살 것을 요구한다. 특정한 민족이나 국가에 속한 시민으로서가 아니라, 세계에 속한 시민으로서 인류의 보편적 가치를 추구하는 삶을 살아야 한다는 것이다. 따라서 이러한 세계시민주의의 이념은 공동체주의와 대립하게 된다. 스토아 학파의 세계시민주의 이념을 적극적으로 수용한 근대 계몽주의자 몽테스키외M. Montesquieu는 세계시민주의의 정신을 다음과 같이 표현하고 있다. 그는 우리가 나보다는 가족의 이익을 우선시하고, 가족보다는 국가의 이익을 우선시하며, 국가보다는 인류 전체의 이익을 우선시해야 하는 이유에 대해 "나는 한 프랑스인이기 이전에 한 인간이기 때문이며, 혹은 차라리 … 내가 그저 우연히 한 프랑스인이기 이전에 필연적으로 한 인간이기 때문이다."라고 말한다. 우리는 특정한 공동체에 소속된 구성원이기 이전에 한 인간이기 때문에 특정한 공동체에 우선적인 관심을 기울이기보다는 인류 전체에 우선적인 관심을 기울이는 세계시민이 되어야 한다는 것이다.

베이츠C. Beitz와 싱어P. Singer도 지구적 정의global justice 및 세계화의 윤리ethics of globalization 개념을 바탕으로 세계시민주의를 강하게 표방하면서, 국가 중심의 틀을 탈피하여 지구 공동체를 정의나 윤리의 기반으로 삼아야 한다고 주장한다. 자신이 속한 국가나 국민을 우선시하는 태도에서 벗어나서 인류 전체를 세계시민으로서 동등하게 다루는 태도가 요구된다는 것이다. 너스봄의 표현에 따르면 민족적 정체성보다는 세계인의 공동체에 우선적으로 충성하는 것이 진정한 세계시민주의자의 태도이다. 따라서 특정한 공동체에 단단한 뿌리를 내리고 거기에 특별한 애정과 헌신을 보이는 삶을 선호하는 '공동체주의'와 그러한 특정 공동체의 우선적인 가치를 부정하면서 보편적 가치와 인류애를 추구하는 세계시민으로서의 삶을 선호하는 '세계시민주의'는 서로 대립하게 된다.

이러한 문제와 관련하여 샌델은 공동체주의의 입장에서 세계시민주의에 대해 비판한다. 그는 세계시민주의가 쇼비니즘을 저지하거나 해외 원조의 의무를 부각시키는 등 여러 장점을 갖고 있지만 근본적인 문제점이 있다고 본다. 우리가 인류 전체에 대해 일정한 책무를 갖고 있다는 세계시민주의의 주장은 받아들일 수 있지만, "우리가 거주하는 더 포괄적인 공동체들이 더 지역적인 공동체들에 항상 우선해야 한다는 주장은 잘못이다."라는 것이다. 세계시민주의가 특수한 정체성보다는 보편적 정체성을 '항상' 우선시하고 있다는 점에서 문제점이 있다는 것이다. 샌델의 지적처럼 특정한 지역이나 국가 공동체의 가치를 부정하고 지구 공동체의 가치를 항상 우선시하는 급진적 세계시민주의는 공동체주의와 대립할 수밖에 없다.

5. 세계시민주의와 애국주의의 조화 가능성

세계시민주의와 공동체주의(애국주의)의 대립 문제를 해결하기 위한 하나의 방안은 도시나 국가와 같은 하위 공동체와 지구 공동체와 같은 상위 공동체의 가치를 동시에 인정하는 것이다. 이것은 하나의 공동체가 아니라 복수의 공동체에 삶의 기반을 두면서 여러 공동체의 가치를 동시에 수용하는 것으로서 '다원적 공동체주의' 또는 '다원적 세계시민주의'를 지향하는 것이다.

센델은 세계화 시대에는 초국가적인 정치 기구 없이는 세계 경제를 운영할 수 없고, 더 넓은 시민적 정체성을 배양하지 않고서는 그러한 기구들을 유지할 수 없다고 보면서 세계시민주의의 타당성을 일부 인정한다. 그러나 센델은 세계시민주의의 시각이 주권과 시민권을 위쪽으로만 밀어 올리려고 한다는 점에서 문제가 있음을 비판하고, 자치와 민주주의의 발전을 위해서는 주권을 위쪽으로뿐만 아니라 아래쪽으로도 분산시키는 전략이 필요하다고 주장한다. 국민 국가가 사라져야 할 필요는 없으며, 다만 그것이 주권의 유일한 담지자이고 정치적 충성의 첫째 대상이라는 주장만 철회하면 된다는 것이다. 아리스토텔레스가 살았던 폴리스 시대 이래로 공화주의 전통은 특정한 공동체에 뿌리를 내리고 거기에 충성하는 시민들을 전제로 했지만, 오늘날의 공화주의는 이웃, 국가, 세계 등 복수의 공동체를 기반으로 스스로 생각하고 행동하는 시민들을 요구한다는 것이다. 이러한 센델의 입장은 복수의 공동체를 삶의 기반으로 인정한다는 점에서 다원적 공동체주의라고 할 수 있다.

애피아K. A. Appiah는 하나의 지구 공동체를 추구하는 급진적 세계시민주의를 비판하면서 온건한 형태의 세계시민주의, 즉 '지역적 헌신을 요구하는 세계시민주의' 또는 '세계시민주의적 애국주의'를 주장한다. 애피아는 세계시민

kosmopolitēs이라는 용어 자체가 역설적인 의미를 지니고 있다고 말한다. 폴리테스politēs, 즉 시민은 스스로 충성을 맹세한 특정한 폴리스polis에 속해 있으며, 코스모스kosmos는 우주라는 의미에서 세계를 의미한다. 따라서 세계시민주의는 시민이 하나의 특정 공동체에만 속해야 한다는 전통적 관점을 거부하고 코스모스와 폴리스에 동시에 속한다는 점을 표현하고 있다는 것이다.

이러한 이유 때문에 세계시민주의 개념에는 두 가지 요소가 서로 얽혀 있다고 애피아는 말한다. 하나는 타인에 대한 의무, 즉 혈족의 유대나 시민적 유대를 넘어서는 더욱 확장된 의무가 있다는 것이다. 다른 하나는 우리가 보편적 인간의 삶뿐만 아니라 특수한 인간의 삶의 가치도 진지하게 고려해야 한다는 것이다. 모든 외국인을 저버리는 민족주의도 옳지 않지만, 자신의 친구나 동료 시민들을 공평무사하게 냉담한 태도로 대하는 극단적 세계시민주의도 옳지 않다는 것이다. 그래서 그는 바람직한 세계시민주의는 지역적 충성과 인류에 대한 헌신이 결합된 '지역적 헌신을 요구하는 세계시민주의'라고 주장한다. 즉, 세계시민주의자는 모국을 사랑하는 애국자가 될 수 있다는 것이다. 이러한 애피아의 입장은 지역적 헌신과 지구 공동체적 헌신을 동시에 인정한다는 점에서 온건한 세계시민주의 또는 다원적 세계시민주의라고 할 수 있다.

여기서 볼 수 있듯이 상위와 하위 공동체라는 복수의 공동체에 기반을 두는 센델의 '다원적 공동체주의'와 지역성과 인류애를 결합시킨 애피아의 '다원적 세계시민주의'는 지역적 공동체성과 더불어 세계시민성의 가치를 인정한다는 점에서 서로 가까이 접근하고 있다. 이러한 두 모델은 우리의 삶을 둘러싸고 있는 여러 동심원 중에서 어느 하나에만 도덕적 가치를 부여하는 것이 아니라 복수의 동심원에 도덕적 가치를 부여하고 있다는 점에서, 공동체주의와 세계시민주의의 양립 가능성을 어느 정도 보여 준다.

6. 세계시민주의와 공동체주의의 기본 입장 차이

이러한 다원적 세계시민주의와 다원적 공동체주의는 조화의 가능성을 갖고 있지만 다른 한편으로 서로 다른 공동체를 기반으로 하고 있는 가치들 사이의 충돌이라는 문제에 부딪칠 수 있다. 상위 공동체와 하위 공동체가 추구하는 가치가 서로 대립하거나, 지역적 공동체성과 세계시민성이 서로 충돌할 수 있는데, 과연 이런 경우에 어떤 것을 우선시해야 할 것인가? 아마도 공동체주의자는 세계시민주의가 내세우는 보편적 가치를 진정한 보편적 가치로 인정하지 않으면서 지역적 공동체성과 특수 윤리에 더 무게를 둘 것이며, 세계시민주의자는 보편적 가치의 존재를 중시하면서 세계시민성과 보편적 가치에 더 무게를 둘 것이다. 따라서 다원적 공동체주의와 다원적 세계시민주의 모델은 서로 가까이 접근하면서도 여전히 일정한 거리를 유지할 수밖에 없다.

예를 들어, 공동체주의자인 센델은 인간 존중이라는 보편적 권리 이론의 관점에서 복지권을 인정한다면 이것은 국내뿐만 아니라 외국에까지 그대로 확대 적용되어야 하며, 따라서 국내 복지와 해외 원조에 대한 도덕적 요구가 같은 수준에서 놓이게 되어 이 양자 사이에 경계선을 긋기 어려운 문제가 발생한다고 주장한다. 즉, 자신이 속한 공동체의 구성원과 다른 공동체의 구성원에 대한 관심은 그 정도에서 차이가 있을 수밖에 없는데 보편주의 입장은 이러한 차이를 인정하지 않는다는 것이다. 여기서 샌델은 보편적 가치나 인류애보다는 특수한 가치나 지역적 연대성에 우선적 가치를 부여하고 있다.

이에 비해 베이츠나 싱어와 같은 급진적 세계시민주의자들은 부조나 원조의 의무에서 국경선을 기준으로 내국인과 외국인을 차별하는 것을 비판한다. 롤즈는 『정의론』에서 정의의 원칙으로서 '차등의 원칙'을 내세워, 국가나 사회가 나서서 '최소 수혜자'에게 최대의 혜택이 돌아가는 방식으로 소득 재분배 정책을 실시하는 것이 정의롭다고 주장한다. 그렇지만 그는 그러한 차등의 원칙을 한 국가를 넘어서 다른 사회나 국가에까지 확대 적용시키고 있지는 않다. 롤즈는 『만민법』에서 해외 원조의 문제를 다루면서, '질서정연한 사회'에 살고 있는 만민은 '불리한 여건으로 고통받는 사회'에 대한 해외 원조의 의무가 있지만, 그것은 모든 가난한 개인들에 대한 직접적인 원조가 아니라 사회 체제나 구조를 개선하기 위한 목적에 한정된다고 말한다. 이와 관련하여 싱어는 롤즈가 『정의론』에서 정의의 원칙을 도출하는 데 우연적인 요소들이 개입하는 것을 막기 위해서 '무지의 베일'을 내세웠는데, 『만민법』에서는 개인이 우연적으로 어떤 국가에서 출생하는가에 따라서 발생하는 차이를 막기 위한 장치가 없다고 비판한다. 따라서 자원이 풍족한 국가에 태어난 개인과 자원이 부족한 열악한 국가에 태어난 개인은 이로 인해 발생하는 빈부 격차와 같은 것을 운명으로 받아들일 수밖에 없다는 것이다.

세계시민주의를 표방하는 싱어는 공리주의의 공리성 원칙에 입각하여 매우 적극적이면서도 강하게 해외 원조의 의무를 주장한다. 공리주의적 입장은 사회나 국가의 경계선에 특별한 의미를 부여하지 않기 때문에, 한 국가를 넘어 세계의 모든 가난한 사람들을 원조의 대상으로 삼아야 한다고 본다. 또한 원조의 수준에서도 인류 전체의 행복이나 이익 증진이라는 관점에서 해외 원조의 양을 크게 늘려야 한다고 본다. 그는 '얕은 물에 빠진 아이 구하기'라는 비유적 이야기를 통해, 우리가 커다란 희생 없이도 어려운 처지에 있는 다른 사람을 도울 수 있다면 적극적으로 도와야 한다고 말한다.

이처럼 급진적 세계시민주의는 정치적, 시민적 권리뿐만 아니라 사회적, 경제적 권리의 문제에 대해서도 철저하게 세계시민적 관점에 서기를 요구한다. 급진적 세계시민주의는 보편적 권리나 의무를 세계적 차원에서 모든 인류에게 동등하게 적용시킬 것을 주장할 뿐만 아니라, 인류애를 발휘하여 세계적 차원에서 상당히 높은 수준의 해외 원조에 적극 나설 것을 주장한다.

따라서 해외 원조 문제에 상대적으로 소극적인 자유주의적 시민주의는 급진적 세계시민주의와 대립된 입장을 보인다.

어떤 동심원에 우선적인 가치를 부여할 것인가의 문제에 대해 공동체주의와 세계시민주의는 입장 차이를 보이고 있는데, 이러한 입장 차이는 온건한 공동체주의자로 분류되는 테일러와 왈처의 주장에서도 확인할 수 있다. 테일러는 세계시민주의적 정체성이 애국주의에 대한 대안으로 간주되는 것에 대해 비판한다. 그는 근대의 민주주의 사회는 국가에 대한 강력한 귀속의식, 즉 애국주의를 기반으로 하고 있으며 이것 없이는 위기에 처할 수 있다고 말한다. 근대 민주주의 사회는 전체 인류보다는 같은 국민에게 더 큰 연대적 책임을 요구하며 이러한 강력한 공통의 귀속 의식 없이는 그러한 정치 체제는 성공할 수 없다고 말한다. 애국주의적 정체성을 파기하는 것은 불가능할 뿐만 아니라 파기한다고 할지라도 자멸할 수밖에 없다고 주장한다. 이처럼 테일러는 애국주의와 세계시민주의가 모두 필요하다고 보면서도 궁극적으로는 세계적 연대보다는 국민적 연대를 더 중시하고 있다. 왈처도 인류 공동체보다는 지역이나 국가 공동체에 더 우선적인 가치를 부여한다. 그는 너스봄이 언급한 동심원 이미지를 활용하여, 나의 근본적인 충성을 가장 바깥의 원에 두어야 한다는 주장은 잘못이라고 말한다. 나의 충성은 나의 관계와 마찬가지로 중심에서 시작되며, 이렇게 안쪽 동심원에서 출발하여 바깥 동심원으로 나아갈 수 있다는 것이다.

지금까지 살펴보았듯이 하나의 동심원이 아니라 여러 동심원, 즉 복수의 공동체를 삶의 기반으로 인정하는 다원적 공동체주의와 다원적 세계시민주의는 지역적 공동체성과 세계 시민성 또는 특수한 공동체의 윤리와 보편적인 도덕적 가치를 동시에 인정한다는 점에서 서로 가까이 접근하는 측면이 있다. 그러나 복수의 공동체들이 추구하는 가치들이 서로 충돌할 경우에 지역적, 국가적 공동체와 인류 공동체 중에서 어떤 것을 우선시할지에 대해서는 서로 근본적인 입장 차이가 있기 때문에 양자는 대립적인 측면을 드러내며 더 이상 가까워지기 어렵다.

7. 또 다른 시각 : 세계시민주의도 애국주의도 아니다

세계시민주의와 애국주의 논쟁과 관련하여, 둘 중에서 어느 한 입장을 옹호하는 것이 아니라 또 다른 시각에서 이 문제를 보는 학자도 있다. 월러스틴I. Wallerstein은 세계시민주의인가, 애국주의인가가 중요한 것이 아니라 어느 것이 차별과 불평등을 타파하고 정의롭고 평등한 세계를 창조하는 데 기여하는지가 중요하다고 말한다.

예를 들면 같은 민족주의라도 차별을 타파하려는 민족주의가 있고 차별을 인정하는 민족주의가 있다. 남아프리카 공화국의 흑인 민권운동가로서 아프리카 민족회의ANC를 이끌었던 만델라N. Mandela가 주장한 민족주의는 남아프리카에 사는 네덜란드계 백인들(보어 인)이 주장한 아프리카인 민족주의Afrikaner Nationalism와 차이가 있다. 만델라의 민족주의는 백인에 의해 억압을 받는 흑인들의 민족주의로서 인종 차별과 같은 억압의 종식을 추구하였다. 반면에 아프리카인 민족주의는 식민지 종주국 사람들에게 억압을 받는 아프리카인들의 민족주의로 시작했지만 나중에는 흑인차별주의apartheid와 같은 억압적인 민족주의로 변질되었다.

근래에 미국에서는 자유, 평등, 정의와 같은 보편적 가치에 호소하는 목소리가 줄어들고 그 대신에 애국주의에 호소하는 목소리가 커지고 있다. 그러나 월러스틴은 이러한 편협한 애국주의에 대한 적절한 대응이 곧바로 세계시민주의를 내세우는 것은 아니라고 말한다. 지금 시기에 현명한 대응은 기존의 불평등을 타파하고 좀 더 민주적이고 평등한 세계를 만들려고 하는 세력에 대한 지원이라는 것이다. '세계 시민'이라는 개념은 특권과 차별을 타파하는 데 사용될 수도 있지만 때로는 그러한 특권과 차별을 유지하는 데도 이용될 수 있다. 그래서 월러스틴은 중요한 것은 세계 시민이라는 개념이 아니라, 세계에서 누가 차별과 억압을 받고 있는지를 인식하고 그러한 차별과 억압을 타파하기 위해 노력하는 것이라고 주장한다.

제7장

세계화의 승자와 패자

이강국(리츠메이칸대학교 경제학부)

1. 머리말

2. 세계화의 발전과 모순

3. 세계화와 경제성장 그리고 소득분배

4. 한국경제 : 경제위기와 금융세계화 그리고 소득분배의 악화

5. 맺음말

제7장

세계화의 승자와 패자

이강국

1. 머리말

최근 세계경제에서 가장 중요한 변화는 역시 경제의 세계화globalization라 할 수 있다. 각국이 경제개방과 자유화를 통해 하나의 세계경제로 통합되어 가는 이러한 역사적 변화는 전 세계 모든 사람들의 삶에 큰 영향을 미치고 있다. 어떤 이들은 세계화가 주는 기회를 통해 소득과 부가 증가하여 큰 이득을 얻고 있지만, 세계화로 인해서 처지가 악화되는 이들도 존재한다. 예를 들어, 중국의 노동자들은 수출의 증가로 임금이 높아지고 더 부자가 되고 있지만 미국의 노동자들은 국제경쟁과 미국 기업들의 공장이전으로 직업을 잃고 가난에 빠지게 될 수도 있다. 즉 세계화는 전 세계적 차원에서 승자와 패자를 만들어 내고 있는 것이다. 이 장에서는 현재의 세계화가 어떤 모순을 지니고 있으며 어떻게 국가들, 그리고 사람들 사이의 격차를 확대하고 있는지 살펴본다. 그리고 세계화의 과정을 관리하며 높은 성장에 성공한 한국경제에서 금융세계화와 1997년 외환위기 이후 어떻게 소득분배가 악화되고 있는지 분석할 것이다. 이 장은 신자유주의 금융세계화의 문제점을 극복하기 위해서는 전략적인 개방과 경제관리를 위한 정부의 적극적인 역할, 그리고 이를 위한 정치적인 노력이 필요하다는 점을 강조할 것이다.

2. 세계화의 발전과 모순

세계화란 각 국민경제들의 통합과 세계경제의 형성, 즉, 상품, 자본, 그리고 노동 등 생산물과 생산요소의 국경을 넘는 이동의 발전을 의미한다. 이는 무역자유화를 배경으로 한 국제무역의 발전, 그리고 금융개방, 외국인직접투자foreign direct investment : FDI, 초국적기업의 발전 등 금융세계화의 진전으로 나타났다. 특히 1980년대 이후 최근의 세계화는 제1차 세계대전 이전의 국제화에 비해 질적으로 높은 수준의 글로벌 경제의 형성이라는 특징을 지니고 있다. 아래의 그림은 국제적 자본이동으로 표현되는 금융세계화가 1980년대 이후 지속적으로 발전되어 왔으며 특히 1990년대 후반 이후 급속히 진전되고 있음을 보여 준다.

세계화는 1970년대 초 이윤율 하락과 케인즈적 복지국가의 위기에 대응하여 자본의 축적전략으로서 이해될 수 있다. 세계화의 배경으로는 우선 제도와 경제정책의 변화로서 경제개방, 자유화와 규제완화의 확산, 경제사상의 변화로서 시장근본주의와 신자유주의의 대두, 그리고 기술의 발전으로서 교통, 통신, IT 부문의 발전 등을 들 수가 있다. 주류경제학자들은 세계화가 기술발전으로 인한 자연스런 현상이라 주장하지만, 보다 진보적인 입장에서는 세계화를 촉진시킨 사상과 제도의 변화 그리고 그 이면의 역관계를 강조한다. 이렇게 현재 세계화가 세계경제의 가장 중요한 경향이 되고 있지만 세계화의 경제적 효과에 관해서는 여전히 치열한 논쟁이 진행 중이다. 세계화가 경제성장, 소득분배 그리고 빈곤에 미치는 영향을 둘러싸고 많은 이론적, 실증적 연구가 발전되었지만, 여전히 찬반론 사이에 합의가 이루어지지 않고 있다. 주류경제학자들과 국제기구는 세계화가 성장을 촉진하고 빈곤을 감소시킨다며 그 이득을 강조하고 있지만, 최근에는 세계화의 실망스러운 결과에 대해 비판이 높아지고 있다. 즉, 스티글리츠가 최근 주장했듯이, 많은 이들이 보다 '책임 있는 세계화' 혹은 '인간의 얼굴을 한 세계화'를 주장하고 있으며 세계화의 과정을 관리하기 위한 글로벌 거버넌스를 확립할 필요성을 제기하고 있다.

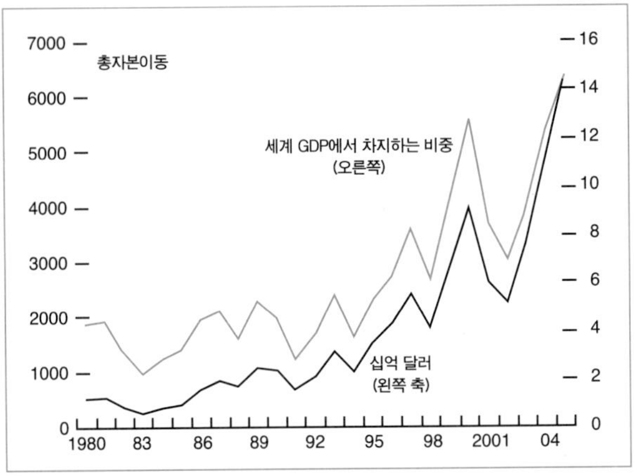

[그림 1] 전 세계의 국제적 자본이동

현재의 세계화 과정은 세 가지 중요한 모순을 내포하고 있다는 것에 유의해야 할 것이다. 첫째는 부국과 빈국 간의 격차가 확대되는 국가 간의 소득격차의 확대이다. 둘째는 각국 내에서 부자와 빈자 사이의 소득격차가 확대되는 소득분배의 악화이다. 실제로 세계화의 과정은 사회구성원 모두에게 이득을 가져다 주지는 않으며 끊임없이 승자와 패자를 만들어 내는 과정이다. 국가 간 그리고 각국 내의 격차의 확대로 인해 세계는 프리드먼의 주장대로, 세계화와 함께 평평해지는 것이 아니라 더욱더 평평하지 않은 곳으로 변화하고 있는 것이다. 세계화의 마지막 모순은 세계경제에 이른바 글로벌 불균형global imbalances과 금융불안정이 심화되고 있다는 것이다. 글로벌 불균형이란 1990년대 후반 이후 미국의 경상수지 적자가 계속 확대되고 동아시아 등의 흑자국으로부터 미국으로 국제적 자본이동이 계속되고 있는 현상을 일컫는다. 이러한 현상은 미국의 과도한 지출과 부동산시장의 버블을 심화시켜 최근 미국발 금융위기의 한 배경이 되었다. 또한 금융세계화와 국제적 단기자본 이동의 발전은 전 세계의 금융불안정을 심화시키고 이에 따라 여러 국가들이 심각한 금융위기를 겪기도 했다. 따라서 단지 경제개방과 전면적 세계화가 아니라, 세계화와 관련된 위험을 최소화하고 기회를 최대화하는 '관리되는 세계화' 혹은 전략적인 경제개방을 추진할 필요가 높아지고 있다. 이 과정에서 급속한 외국자본 유출입을 규제하고 경제를 관리하기 위한 정부의 적절한 역할이 더욱 중요해지고 있다.

3. 세계화와 경제성장 그리고 소득분배

1) 세계화와 경제성장

많은 학자들은 세계화가 경제성장을 촉진할 것이라고 주장해 왔다. 이러한 주장을 지지하는 여러 이론적 모델이 제시되었으며 최근에는 많은 실증연구가 계량분석으로 국가 간 성장모델cross-country growth model을 테스트하여 이러한 주장을 검증하고 있다.

먼저 국제무역의 증대는 시장을 확대하고 생산성과 효율성을 향상시켜 경제성장을 촉진할 수 있다고 주장된다. 현실에서도 수입대체산업화를 추진한 남미 국가들과는 달리 수출주도산업화를 추진한 동아시아 국가들의 경제성장이 훨씬 성공적이었다. 여러 실증연구들도 흔히 수출과 수입을 GDP

로 나눈 지표인 국제무역량을 경제성장 모델에 독립변수로 추가하면 다른 중요한 변수들을 통제한 이후에도 경제성장률을 통계적으로 유의미하게 높이는 결과를 보고한다. 그러나 국제무역량 지표는 경제성장이 높으면 이에 따라 높아질 수 있기 때문에 이러한 모델은 내생성 문제가 존재하며, 무역량 대신 관세율이나 비관세장벽 등 무역자유화를 나타내는 정책변수를 사용하면 그 결과가 무척 약해진다(Rodriguez and Rodrik, 2000).

또한 많은 연구들은, 국제적 자본이동이 저축이 부족한 개도국의 투자를 촉진하고 경제의 효율성을 상승시키며 외국기업의 국내진출은 파급효과 spillover effects를 통해 국내기업의 생산성도 높일 것이라 주장한다. 그러나 IMF 연구자들의 연구를 포함하여, 금융세계화의 성장효과에 대한 실증연구들은 이러한 주장의 실증적 근거가 무척 미약하다고 보고한다(Kose et al., 2006). 최근에는 금융개방의 성장효과는 간접적이며 또한 여러 바람직한 조건들 하에서 가능하다고 주장되지만, 이를 촉진하는 성공적인 조건도 찾기가 쉽지 않은 현실이다. 국제적 자본이동의 형태 중에서는 외국인직접투자가 성장에 더 도움이 된다고 보고되지만 그것도 교육이나 금융의 발전 등 다양한 전제조건이 필요하며, 포트폴리오 투자나 은행대출 등의 외국자본은 경제성장효과가 뚜렷하지 않다. 이러한 연구결과는 단순한 경제개방과 세계화가 경제성장을 촉진하는 것은 아니라는 현실을 잘 보여 준다(이강국, 2005).

이렇게 신자유주의와 세계화가 전반적으로 개도국의 경제성장을 촉진하지 않았기 때문에 최근 선진국과 개도국 사이의 경제격차는 더욱 확대되고 있다. 가장 단순한 신고전파 솔로우Solow 경제성장모델은 노동자 1인당 자본장비율이 낮은 개도국의 투자수익률이 선진국에 비해 더 높고, 따라서 경제성장률도 상대적으로 더 높아서 결국 시간이 지날수록 선진국과 개도국의 소득수준이 수렴하게 된다는 수렴convergence 가설을 주장했다. 그러나 역사적 현실은 그렇지 않았으며, 신성장이론new growth theory은 이를 비판하며 교육이나 금융 그리고 제도의 발전 등이 경제성장에 중요한 요인이 된다고 주장했다. 실제로 신자유주의와 세계화가 진전된 1980년대 이후 전 세계 각국의 소득격차는 더욱 확대되어 발산divergence이 나타나고 있다. 남미나 아프리카 등 많은 개도국들은 성장률이 더욱 정체되었으며 오로지 동아시아만이 선진국을 따라잡는 데 성공했던 것이다. 1980년대 이후에는 많은 개도국들이 모두 수출경쟁에 뛰어들었고 국제무역의 확대는 1차산품의 수출에 의존하는 빈국의 경제를 더욱 취약하게 만들었다. 게다가 주류경제학의 기대와는 반대로, 금융세계화와 외국자본의 유입에 따라 통화가치가 절상되어 수출이 감소하여 개도국 경제는 더욱 정체될 가능성이 있으며 금융자유화와 개방 이후 발생한 금융위기는 경제불안과 정체를 더욱 심화시켰다. 세계 전체로 보아도 1980년대 이후에는 그 이전 시기에 비해 경제성장이 정체되었다는 것을 확인할 수 있다.

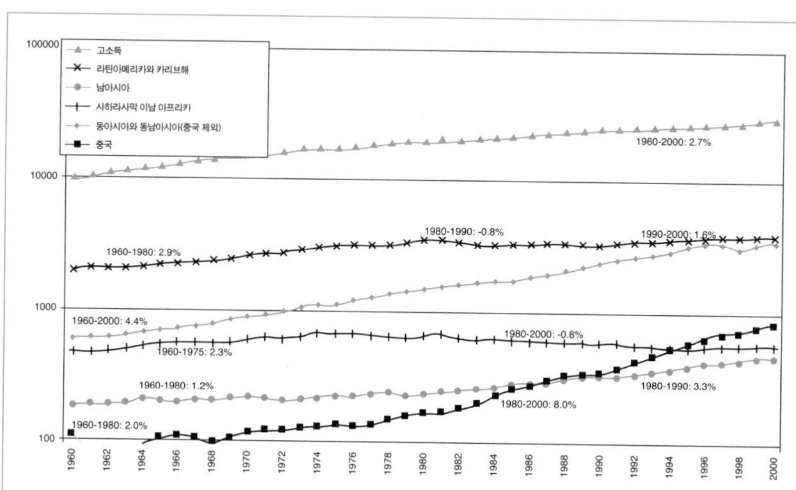

[그림 2] 국가그룹별 1인당 GDP(1995년 미국 달러)

2) 세계화와 소득분배

최근에는 세계화의 성장효과보다 세계화가 소득분배에 미치는 효과가 더 큰 관심의 대상이 되고 있다. 이는 1980년대 이후 신자유주의 세계화와 함께 선진국과 후진국을 포함한 대부분의 국가에서 국내의 소득분배가 악화되는 경향이 나타난 현실과 관련이 있다. 많은 국가들에서 지니계수는 상승했고 선진국의 경우 2000년대 이후 국민소득에서 노동자의 임금이 차지하는 노동몫이 뚜렷이 하락하고 반대로 이윤몫은 상승하고 있다(Cornia and Kiski, 2001).

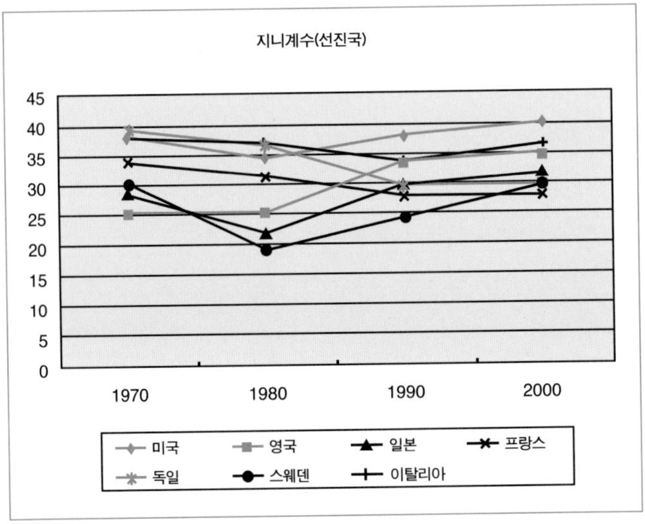

[그림 3] 선진국의 지니계수 변화

먼저 미국 등의 선진국의 경우, 1980년대 이후 노동자들 사이의 임금격차가 크게 확대되어 소득분배의 악화로 이어졌는데, 이는 특히 교육수준에 따른 임금수준의 차이가 더욱 크게 늘어났기 때문이었다. 이러한 교육프리미엄

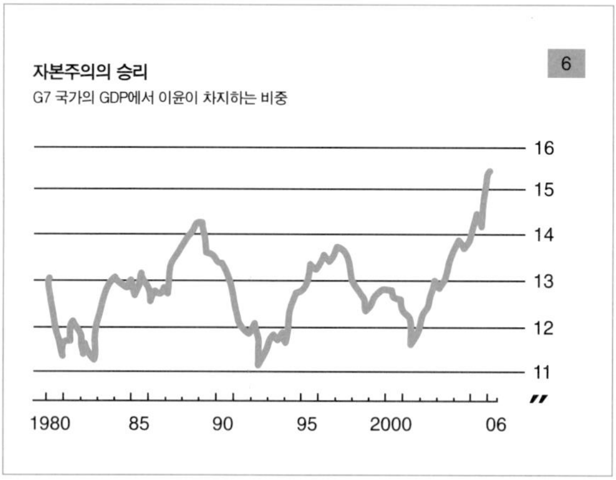

[그림 4] G7 국가의 GDP에서 이윤이 차지하는 비중
출처 : UBS.

education premium 혹은 숙련프리미엄skill premium의 증가를 설명하기 위해 여러 연구들이 제시되었고 뜨거운 논쟁이 진행되었다. 과거의 연구들은, 그 효과를 측정하기가 쉽지는 않지만 컴퓨터와 정보통신기술의 발전 등 급속한 기술의 변화가 가장 중요한 요인이며 국제무역과 국제경쟁과 같은 세계화의 효과는 제한적이라 주장했다. 그러나 일부 학자들은 기술의 변화도 세계화와 국제경쟁이 격화되어 더욱 촉진되었다는, 이른바 방어적 기술혁신defensive technological innovation의 가능성을 고려하면 세계화의 효과는 더욱 크다고 강조한다. 최근에는 선진국으로부터 생산이나 서비스의 일부 과정을 해외로 이전하는 아웃소싱outsourcing이 급속히 발전되고 있어서, 세계화로 인해 선진국 노동자의 처지가 더욱 악화되고 있다(Feenstra and Hanson, 2003). 또한 명시적이지는 않지만 공장이전의 가능성에 의한 위협효과threat effect로 인해 노동에 대한 자본의 협상력이 더욱 강화되었고, 이러한 변화들을 배경으로 노동자의 실질임금 상승이 생산성 상승보다 정체하고 있다. 또한 최근에는 비숙련노동

자에 비해 상대적으로 중간적인 숙련을 지닌 노동자의 임금이 더욱 느리게 상승하고 있는데 이는 개도국의 숙련과 기술수준의 향상을 반영하는 것으로 보인다. 또한 세계화와 함께 중국과 같은 거대한 국가의 노동자들이 세계경제에 진입하면 전 세계경제의 노동공급이 증가되고 이로 인해 임금이 억제되는 압력이 강화될 것이라 전망된다. 결국 최근에는 세계화가 선진국의 소득분배에 미치는 악영향이 상당하다고 광범위하게 인식되고 있다.

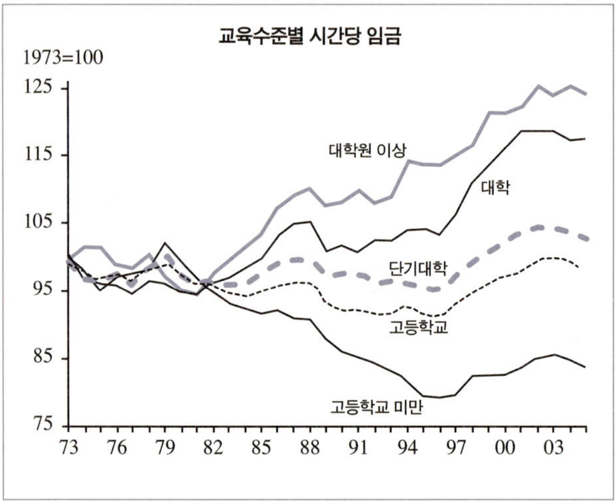

[그림 5] 미국의 교육수준별 시간당 실질임금의 변화

출처 : Economic Policy Institute.

한편 개도국에서도 선진국과 비슷하게 국내의 소득분배가 악화되고 있어서 큰 주목의 대상이 되고 있다. 단순한 국제무역이론인 헥셔-올린 정리 Heckshser-Ohlin theorem는 세계화가 개도국의 소득분배를 개선시킬 것이라 예측한다. 비교우위론에 기초하고 있는 이 모델에 따르면 국제무역의 확대와 함께 더욱 노동집약적인 상품에 비교우위가 있는 개도국은 노동집약적인 상품의 생산에 특화하여 세계시장에 수출하게 된다. 이 경우 개도국에서는 다른 생산요소들에 비해 노동자의 소득이 상대적으로 더 많이 증가하게 되며 따라서 세계화는 노동자와 자본가 혹은 지주 사이의 소득격차를 축소시키게 될 것이라는 논리다. 그러나 현실은 이와 달라서, 국제무역의 확대와 함께 여러 개도국들에서도 소득불평등과 격차가 더욱 확대되었으며, 이를 설명하기 위한 논의들이 활발하게 전개되고 있다.

먼저, 세계화와 함께 개도국에서 발전하는 수출산업과 FDI를 받는 산업에서 사용되는 노동자들은 선진국에서는 그렇지 않지만, 적어도 개도국 내에서는 상대적으로 더 숙련된 노동자라는 설명이 제시된다. 세계적인 수준에서는 상대적으로 단순한 노동집약적인 산업으로 보이지만, 개도국에서는 상당한 교육수준을 지닌 노동자가 그 산업에서 일하게 된다는 것이다. 개도국에서 가장 가난한 이는 역시 농민들이나 교육수준이 무척 낮은 비숙련노동자들인 데 비해 그러한 산업 노동자들의 소득은 이들보다 훨씬 더 높은 것이다. 따라서 개도국에도 점점 더 높은 숙련을 요구하는 산업이 발전되고 그러한 생산과정이 이전됨에 따라 세계화가 개도국의 소득분배를 악화시키는 효과는 더 커질 가능성이 높다.

그 밖에도 세계화와 관련된 여러 가지 요인들이 지적된다. 세계화와 경제개방과 함께 노동시장의 유연화 등 신자유주의 정책이 도입되고 외국자본의 영향력이 강화됨에 따라 개도국에서도 노동자의 처지가 전반적으로 악화될 수 있다. 또한 금융위기와 구조조정과 함께 정부의 공공지출 억제로 교육지출과 의료지출이 감소되어 빈자에게 더 큰 악영향을 미치기도 했다. 그리고 1980년대 이후에는 중국이나 인도 등의 세계화와 함께 개도국 사이의 경쟁이 더 격화되었고 개도국에서 흔히 보호받던 산업이 보통 가난한 비숙련노동자를 사용하는 산업이었다는 점도 관련이 있다. 그뿐 아니라, 금융개방 그리고 금융세계화로 인해 많은 개도국들의 경제가 불안해지고 금융위기를 겪었는데 언제나 그렇듯 위기와 불황은 소득분배를 크게 악화시켰다. 즉 한국도 그랬듯이 금융위기와 구조조정을 통한 간접적인 경로도 세계화로 인한 개도국의 소득불평등 심화에 매우 중요한 역할을 했다. 물론 세계화의 소득분배효과는 단순하지 않으며, 교육수준, 제도 그리고 금융의 발전 등에 따라 조건적인 관계가 보고되고 있다. 예를 들어, 국제무역의 확대 자체는 소득분배에 큰 영향을 끼치지 않더라도 교육수준이 낮은 국가의 경우 소득분배를 더욱 악화시킬 수 있는 것이다. 특히 소득재분배를 위한 정부의 역할이 미약한 개도국에서는 세계화가 소득불평등을 더욱 심화시킬 수도 있을 것이다 (Goldberg and Pvacnik, 2007).

3) 세계화, 분배와 성장, 그리고 빈곤

한편 많은 학자들은 소득분배와 경제성장 사이에도 복잡한 상호관계가 있음을 발견했고, 최근에는 이러한 관계에 관한 연구가 발전되고 있다. 흔히 보수적인 입장에서는 소득분배를 너무 강조하면 경제성장이 정체될 것이라고 주장하며 이에 기초하여 노동자들의 임금인상 압력이나 정부의 소득재분배 노력은 억제되어야 한다고 주장한다. 하지만 최근의 많은 연구들은 이와 반대로 심각한 불평등은 장기적인 경제성장에 악영향을 미친다는 것을 강조한다. 먼저 소득불평등은 사회그룹 간의 갈등과 정치적 불안정을 심화시켜 투자를 감소시키고 경제성장을 가로막을 수 있다. 또한 한 사회에서 돈과 권력이 소수의 지배층에게 집중되어 있다면 공교육과 민주주의 등 전체 경제의 성장을 촉진하는 제도의 발전이 저해될 수 있다. 그리고 심각한 부의 불평등은 사회 전체의 교육투자를 감소시킬 수 있다. 이는 정보의 비대칭성 문제로 금융시장이 불완전한 현실에서는 가난한 이들이 인적 자본 투자를 위한 돈을 빌리기가 어려우므로, 보다 평등한 사회에서 사회 전체의 교육투자가 증가할 수 있기 때문이다. 따라서 불평등한 사회의 생산성과 장기적인 경제성장이 평등한 사회에 비해 더 낮아질 것이다(Aghion et al., 1999). 다양한 결과들이 존재하지만, 여러 실증연구들도 전반적으로 소득과 부의 심각한 불평등은 적어도 장기적인 경제성장을 저해한다고 보고한다. 또한 불평등과 성장 사이에는 소득수준 등과 같은 조건에 따라 복잡한 관계가 나타난다는 결과도 보고되고 있다.

한편, 국제기구와 많은 주류경제학자들은 빈곤의 해결을 위해 경제성장이 가장 중요하며 이를 위해 개방과 자유화를 제언해 왔다. 그러나 현실에서 빈곤은 경제성장과 소득분배 둘 모두에 의해 크게 영향을 받으며, 개방과 자유화가 경제성장을 촉진할 수도 있지만 소득분배를 악화시킬 수도 있다는 점에 유의해야 한다. 따라서 최근에는 세계은행 등을 필두로 '빈곤층을 위한 성장pro-poor growth'이 필요하다는 목소리가 높아지고 있다. 사실 세계의 빈곤은 여전히 무척 심각한 현실이다. 2004년에도 하루 1달러 이하로 생활하고 있는 전 세계의 인구가 무려 9억 7천만 명에 달하고 있다. 동아시아와 같은 일부 성공지역을 제외하고는 여전히 많은 개도국에서 심각한 빈곤문제가 존재하며, 1980년대 이후 진행된 신자유주의 세계화는 실망스럽게도 빈곤을 크게 감소시키지 못하고 있다. 앞서 살펴본 세계화와 성장, 그리고 분배 간의 관계를 고려하면 세계화가 빈곤에 미치는 영향도 매우 복잡하고 조건적일 것이다. 세계화가 투자와 생산성, 금융과 제도발전을 촉진하면 성장과 분배, 그리고 빈곤을 개선할 수 있지만, 세계화가 불평등과 불안정을 악화시키면 성장과 빈곤에 모두 악영향을 미칠 수도 있다. 따라서 세계화의 이러한 악영향을 최소화하기 위해 관리되는 세계화가 필요하다는 주장이 힘을 얻고 있다. 물론 세계화가 진전될수록, 이전의 자본주의 황금기에서 그랬듯이 임금이 상승하여 국내수요가 상승하고 이에 따라 투자와 성장이 높아지는 임금주도적인 성장체제를 확립하기는 더욱 어려워질 것이다. 하지만 경제불안을 심화시키는 단기자본의 통제와 무분별한 경제개방의 억제, 평등한 지역적 통합, 그리고 대내적으로 세계화로 얻은 이득을 재분배하는 정책적 노력이 요구되고 있다. 이를 위해 정부는 교육과 사회복지의 확충 그리고 적극적 노동시장 정책 등을 통해 세계화 과정의 패자들을 보살피고 지원하기 위해 적극적으로 노력해야 할 것이다(이강국, 2007). 물론 이는 국내적 그리고 국제적인 정치적 역관계와 이데올로기의 전환을 필요로 한다. 2008년 금융위기 이후 전 세계적으로 신자유주의와 금융세계화에 대한 비판의 목소리가 높아지고 있는 현재가 새로운 대안적 모델을 모색하는 전환점이 될 수도 있을 것이다.

4. 한국경제 : 경제위기와 금융세계화 그리고 소득분배의 악화

한국경제는 1960년대 이후 세계 최고 수준의 고도성장과 다른 개도국들에 비해 상대적으로 평등한 소득분배를 기록하여 동아시아의 기적East Asian miracle이라 불렸다. 이러한 한국경제의 성공은 정부의 적극적인 산업정책, 국내금융에 대한 규제, 그리고 외국자본에 대한 자본통제 등 효과적인 정부의 경제개입에 기초한 것이었다. 특히 한국의 정부는 다른 이해집단들로부터 상대적으로 자율적이고 관료집단의 능력이 높은 이른바 발전국가developmental state의 특징을 보여 주어, 정부개입이 성공적일 수 있었다. 이러한 제도적 특징은 사회적으로 강력한 이해집단들에 국가가 포획되어 경제개입이 비효율적이었던 남미 국가들의 포획국가captured state, 그리고 국가 스스로가 사회구성원의 부를 수탈하는 아프리카의 약탈국가predatory state 등과 크게 대조되는 것이었다. 이는 해방 이후 이루어진 토지개혁과 군사정권의 정당성 유지를 위한 정부의 경제발전 추구 등 역사적이고 제도적인 조건들을 반영한 것이다. 한국정부는 특히 대외적으로는 수출의 촉진과 함께 수입보호, 그리고 외국투자에 대한 규제 등 강력한 자본통제를 실시했다. 즉 단순한 경제자유화와 개방 대신 세계경제로의 전략적인 통합과 관리되는 개방을 추구했던 것이다. 이에 따라 FDI의 역할은 미미했지만, 동시에 한국정부 스스로가 차관의 형태로 적극적으로 해외차입을 조달하고 이를 산업정책의 필요에 맞게 우선적인 산업과 기업의 투자에 배분하기 위해 적극적으로 노력했다. 이렇게 정부가 국내외의 재원을 최대한도로 조달하고 직접 배분하는 국가주도적 금융시스템이 국내투자와 경제성장을 촉진했다. 이 과정에서 정부는 수출성과에 기초하여 금융지원을 나눠 주는 방식으로 대기업들을 규율하며 동시에 지원하여 부패와 지대추구 등의 비효율을 방지할 수 있었다. 또한 정부는 자본통제로 경제를 안정적으로 관리하고 공교육 확충을 위해 노력하여 상대적으로 균등한 소득분배를 유지할 수 있었고 이는 성장과 분배의 선순환을 낳았다.

하지만 1980년대 말 이후 이러한 발전국가 모델은 경제의 변화와 함께 약화되고 이에 따라 구조적 문제점이 심화되었다. 무엇보다도, 자본시장과 제2금융권의 성장으로 정부의 기업에 대한 금융통제가 약화되고 반면에 재벌대기업의 금융지배력이 강화되었던 것이다. 이러한 변화를 배경으로 재벌의 내부적 요구, 미국의 대외적 압력, 그리고 경제자유화 이데올로기 강화와 민주화의 진전을 배경으로 정부의 경제개입은 더욱 약화되고 자유화가 진전되었다. 1990년대 초 이후 금융자유화와 개방이 도입되었는데, 대내적으로는 단기금리가 먼저 자유화되었고 대외적으로도 기업과 금융기관들의 단기해외차입의 규제완화가 급속히 진전되었다. 그 결과로 1993년에서 1997년까지 단기해외차입과 단기대외부채가 급등했고 재벌과 금융기관들의 자금조달구조에서 금융취약성이 크게 높아졌다(이강국, 2005).

정부가 후퇴하고 시장규율이 아직 확립되지 못하여 내외부적으로 기업지배구조가 취약했던 재벌기업들은 이렇게 도입된 해외자금을 과다한 투자에 사용하여 투자수익성이 크게 악화되었다. 결국 1996년 수출시장의 쇼크와 1997년 동남아 금융위기의 발발을 배경으로 해외투자자들이 한국에 대한 단기대출의 만기연장rollover을 중단했고 이에 따라 1997년 12월 한국에 외환금융위기가 발생했다. 한국정부는 결국 IMF의 구제금융을 받게 되었고 IMF가 제시한 구조조정 프로그램을 수용하게 되었다. 1997년 한국의 금융위기는 재벌체제의 문제점 등을 그대로 둔 채 이루어진 무분별한 금융개방이 금융불안정을 심화시켜서 발생한 것으로, 준비되지 않은 금융세계화의 악영향을 잘 보여 준다.

경제위기 이후에는 동아시아식 발전모델의 문제점을 강조하는 주류적인 해석이 지배적으로 되었고 IMF와 한국정부는 신자유주의 경제구조조정을 도입했다. 우선, 재벌기업에게는 부채의 급속한 축소와 지배구조의 개혁을 요구했고 노동시장에는 정리해고와 파견근로제 도입 등 노동시장의 유연화 조치들을 시행했으며 GDP의 약 30%에 달하는 공적자금을 투입하여 부실채권을 해소하고 기존 금융기관의 40%가 넘는 금융기관들을 정리하여 금융부문을 구조조정했다. 또한 무분별한 금융개방이 위기의 주요한 원인이었음에도 불구하고 정부는 금융위기 이후 자본시장을 완전개방하고 해외차입을 더욱 자유화했으며, 금융기관들의 외환거래와 영업을 규제완화하여 보다 전면적인 금융개방과 금융세계화를 도입했다. 특히 정부는 외국인투자를 촉진하기 위해 다양한 지원조치를 도입하고 외국인의 적대적 M&A에 대한 규제와 은행 등 주요산업의 외국인 소유제한도 완화했다. 그 결과 외국인투자가 급증하여 주식시장과 특히 금융산업에서의 외국인지배가 크게 강화되었지만, 금융중개기능약화 등의 부작용도 나타났다. 또한 수출과 외국인투자 증가로 경상수지와 자본수지의 쌍둥이흑자로 외환준비금도 늘어났지만 통화량 증가 등 외자유입에 따른 거시경제 관리의 어려움과 경제불안정이 높아지고 있다(Crotty and Lee, 2002).

그렇다면, 이러한 신자유주의 경제구조조정과 금융개방의 결과는 어땠을까. 정부의 기대와는 달리 위기 이전 시기와 비교하여 경제성장과 투자는 정체된 반면, 소득분배와 빈곤 문제는 크게 악화되었음을 알 수 있다. 〈표 1〉은 1997년 위기 이후 한국경제의 주요 경제지표를 보여 준다.

〈표 1〉 1997년 경제위기 이후의 주요 경제지표(%)

	′93~′97	1998	1999	2000	2001	2002
GDP 성장률	7.4	−5.7	10.7	8.8	4	7.2
소비증가율	6.8	−9.9	10.1	7.8	5.5	8.1
고정투자증가율	8.14	−22	8.7	12.3	0.3	7.1
순수출/GDP	−0.66	12.2	6.4	2.9	2.2	1.4
저축률	35.78	36.6	34.6	33	31.1	30.5
국내투자율	36.72	25.2	29.1	30.7	29.3	29.3
제조업경상이익률	2.2	−1.8	1.7	1.3	0.4	4.7
제조업부채비율	319.5	303	214.7	210.6	182.2	135.4

	2003	2004	2005	2006	2007	2008
GDP 성장률	2.8	4.6	4	5.2	5.1	2.3
소비증가율	0.5	1	4.6	5.1	5.1	2
고정투자증가율	4.4	2.1	1.9	3.4	4.2	−1.9
순수출/GDP	2.3	4.2	2.7	1.4	1.5	−1.2
저축률	31.9	34	32.1	30.8	30.8	30.5
국내투자율	30	29.9	29.8	29.7	29.5	31
제조업경상이익률	4.7	7.8	6.5	5.7	6.2	3.2
제조업부채비율	123.4	104.2	100.9	98.9	107.1	123.2

자료 : 한국은행, 재경부.

1999년 이후 경제성장률은 회복되었지만 여전히 중장기적으로 위기 이전 시기에 비해서는 낮은 수준이다. 신용카드의 규제완화 등을 배경으로 한 2002년의 소비주도 호황은 2003년 버블의 붕괴와 함께 불황으로 이어졌고 최근에는 수출의존도가 90%가 넘을 정도로 크게 높아져 대외적인 충격에 취약해졌다. 특히 위기 이후 부채축소와 보수적 경영으로 인해 재벌기업들의 투자가 감소되었고, 최근 이들의 투자는 회복되었지만 금융구조조정과 외국자본의 은행지배로 인해 기업금융이 크게 축소되어 중소기업의 투자는 여전히 심각하게 정체되고 있다. 소득분배를 보여 주는 지니계수와 상위 20% 소득/하위 20% 소득 비율은 1998년 위기와 경제파산으로 급속히 높아진 후 경제회복에도 불구하고 계속 상승하여, 계층 간의 소득격차가 크게 악화되고 있다. 또한 빈곤율도 절대적 빈곤율과 상대적 빈곤율 모두 위기 이전에 비해 2배 이상 높아졌다. 결국 신자유주의적인 경제구조변화와 함께 심각한 소득불평등과 빈곤이 사회구조적으로 고착되고 있는 실정이다. 이러한 불평등은 단지 소득격차의 문제뿐 아니라 경제성장에도 악영향을 미칠 수 있기 때문에 더욱 심각한 문제라 할 수 있다.

앞서 최근의 연구들을 살펴보았듯이, 한국의 불평등은 사회집단들 사이의 갈등과 사회불안정을 악화시키고 가난한 이들의 교육투자를 억제하여 장기적으로 경제성장을 저해할 미칠 가능성이 크다. 즉, 위기 이후 한국경제는 기존의 평등주의적 경제발전과는 정반대로 저성장과 양극화의 악순환이 우려되고 있는 상황이다(Crotty and Lee, 2006).

최근에는 부동산시장의 버블이 심화되고 은행의 부동산 관련 대출의 증가 등으로 인해 예금에 대한 대출의 비율이 높아져 금융시장의 불안요인이 되고 있다. 또한 금융개방과 함께 많은 금융기관들은 해외단기차입을 더욱 증가시켜 2006년 이후 단기해외부채가 급등했다. 특히 조선업체 등 수출업체들이 몇 년 후에 받을 수출대금의 선물환forward exchange을 선물시장에서

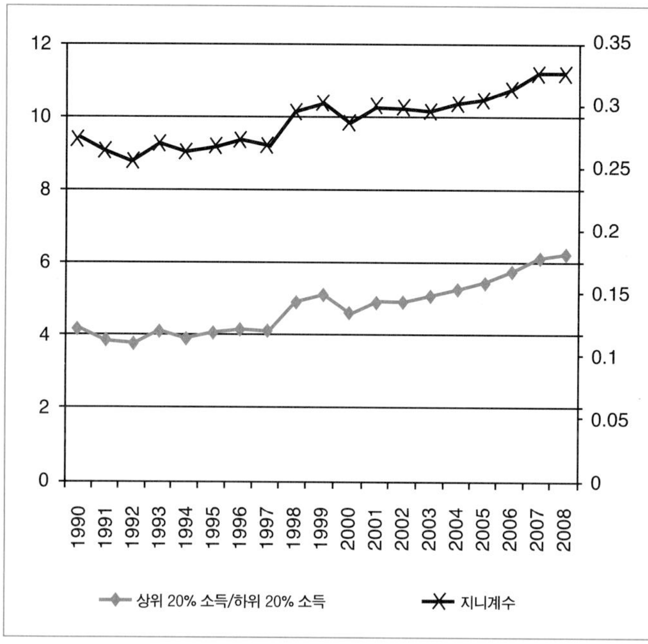

[그림 6] 한국의 소득분배 변화

매도하고 이를 매입한 금융기관들이 현물환을 매도하는 과정에서 해외단기차입이 크게 증가되었다. 또한 한국 원화의 평가절상 가능성이 커짐에 따라 원화와 달러화의 금리차와 현물환과 선물환의 환율 차이를 고려하는 아비트리지 거래와 관련된 해외의 자금이 국내채권 시장으로 유입되어 대외부채를 더욱 증가시켰다. 이러한 상황은 금융시장이 개방되고 파생금융상품시장이 발전되었을 때 정부의 자본유출입 관리가 더욱 힘들어짐을 잘 보여 준다.

결국 2008년 미국의 금융위기가 악화되자 한국도 달러자금의 수급에 미스매치가 발생하게 되었고 이에 따라 국내의 금융불안정이 급속히 심화되었다. 2008년 말 리먼 브라더스의 파산과 함께 단기해외차입이 대규모로 유출되고 한국에 대한 포트폴리오 투자도 유출을 기록하자 10월 말 환율이 폭등했고 국가의 신용도를 보여 주는 정부채권의 CDS 프리미엄이 급등했던 것이다. 이러한 위기상황은 한국정부와 미국 그리고 일본과 중국 등의 국가들과의 통화스왑 체결과 함께 빠르게 진정되었다. 또한 신흥시장의 금융위기 가능성이 높아진 2009년 3월에도 환율과 CDS 프리미엄이 급등하여 한국 금융시장은 또 다른 어려움을 맞기도 했다. 이후 금융시장은 안정되었지만 여전히 심각한 수준의 부동산 버블, 그리고 정부의 금융개방과 규제완화 추진, 또한 버블을 지지하기 위한 건설프로젝트 추진 등 한국경제는 위험요인이 상존하고 있는 상황이다. 이렇게 금융불안정이 심화되고 경제가 불황에 빠지는 상황에서 피해자는 결국 저소득층이었다. 최근 경제침체와 함께 소득분배와 빈곤이 더욱 악화되고 있는 현실이 이를 잘 보여 준다. 한국경제에서 금융개방과 금융세계화의 발전은 금융위기와 경제불안정의 심화 그리고 신자유주의 경제구조조정을 강화시켜 분배와 빈곤문제를 악화시켰고 이는 최근 금융위기의 경우에도 마찬가지라 할 수 있다. 이러한 변화를 극복하기 위해서는 신자유주의 세계화와 해외의존적인 발전전략 대신, 단기적 자본유입에 대한 통제조치 도입 등 금융개방과정에 대한 적극적인 관리의 소득재분배에 기초한 내수중심의 균형발전을 지향해야 할 것이다.

5. 맺음말

이 장에서는 1980년대 이후 세계화의 진전과 그 경제적 효과를 분석하고, 특히 세계화가 각국의 소득분배에 미치는 영향에 대해서 자세히 검토했다. 또한 자본통제에 기초하여 평등주의적 성장에 성공한 한국경제가 어떻게 금융개방과 세계화를 거치며 금융위기를 맞고 이후 양극화가 고착되었는지를 역사적으로 살펴보았다. 국제무역과 국제적 자본이동의 발전으로 대표되는 세계화와 단순한 경제개방은 경제성장을 쉽게 촉진하지 않는 반면, 국내적인 소득분배를 악화시킬 가능성이 크다. 세계화는 특히 선진국과 개도국 모두에서 자본과 부자들에게는 도움이 되고 소비자나 주주들에게는 이득을 가져다 줄 수 있지만, 노동자와 빈자들에게는 악영향을 미쳐 세계화의 패자로 전락시킬 확률이 높다. 따라서 경제의 개방과 세계화 과정에서 경제적 불안정을 관리하고 피해자들을 지원하기 위한 국가의 적극적인 역할이 더욱 중요해지고 있다. 세계화의 충격을 완화하는 복지정책, 그리고 공교육의 확충과 세계화 과정에서 산업의 구조조정과 노동이동을 도와주는 적극적 노동시장 정책이 요구되고 있다. 그리고 미국 주도의 신자유주의 세계화의 문제점을 극복하는 대안적인 경제발전모델의 확립과, 불안정한 단기자본에 대한 규제와 평등한 지역적 협력을 추진해야 할 것이다.

세계화의 승자와 패자에 관한 논의에서 한국경제는 매우 흥미로운 사례라고 할 수 있다. 한국은 수출주도적 공업화를 통해 세계화의 이득을 적극적으로 활용하고 동시에 자본통제를 통해 세계화의 위험을 적극적으로 관리하면서 세계최고의 고도성장에 성공했다. 한국은 토지개혁을 통해 경제성장 시작단계의 소득분배도 매우 균등했지만, 동시에 경제적 안정을 위한 개방의 관리 그리고 공교육 확충 등의 정책을 통해 고성장과 균등한 소득분배를 모두 실현하는 평등주의적 성장에 성공했다. 그러나 무분별한 금융개방으로 1997년 금융위기를 맞은 이후, 신자유주의 구조조정과 전면적인 금융세계화가 추진되었고 이와 함께 소득분배와 빈곤문제가 심각하게 악화되었다. 즉, 현재의 한국경제는 경제적 불안정과 함께 양극화와 저성장의 악순환이 나타나 세계화 과정에서 더 많은 패자들이 양산될 우려가 큰 상황이다. 게다가 2008년 이후 전개되고 있는 금융위기와 경기불황은 이미 구조화된 빈곤과 소득격차 문제를 더욱 악화시킬 것으로 보인다. 그럼에도 불구하고 민주정부의 경제정책과 양극화 대응에 대한 실망으로, 전 사회적으로 경제적 보수화가 심화되고 있다. 금융위기로 전 세계적인 차원에서 신자유주의와 금융 세계화에 대한 비판이 높아지고 있는 지금, 승자와 패자 간의 격차와 갈등을 악화시키는 신자유주의 세계화에 대한 근본적인 비판과 평등주의적 성장에 대한 열린 논쟁이 시작되어야 할 것이다. 특히 정치적 조직화와 광범위한 연대에 기초하여 구체적인 정책대안을 고민하기 위한 노력이 요구되고 있다.

참고문헌

이강국, 다보스, 포르투 알레그레 그리고 서울 : 세계화의 두 경제학, 후마니타스, 2005.

______, 가난에 빠진 세계, 책세상, 2007.

Aghion, P., C. Eve and G-P. Cecila, "Inequality and Economic Growth : the perspective of the new growth theories", *Journal of Economic Literature*, 37(4), 1999.

Cornia, G. A., and S. Kiiski, "Trends in Income Distribution in the Post-World War II Period", WIDER Discussion Paper, 2001/89, 2001.

Crotty, J. and K-K. Lee, "A political-economic analysis of the failure of neo-liberal restructuring in post-crisis Korea", *Cambridge Journal of Economics*, 26(5), 2002.

______. "From East Asian "Miracle" to Neoliberal "Mediocrity" : The Effects of Liberalization and Financial Opening on the Post-Crisis Korean Economy", *Global Economic Review*, 34(4), 2006.

Feenstra, R. and G. H. Hanson, "Global Production Sharing and Rising Inequality : A Survey of Trade and Wages," in Choi, E. K. and J. Harrigan, eds. *Handbook of International Trade*. Blackwell : Malden, 2003.

Goldberg, P. K. and N. Pavcnik, "Distributional Effects of Globalization in Developing Countries," *Journal of Economic Literature*, 45(1), 2007.

Kose, M. A., E. Prasad, K. Rogoff, and S-J. Wei, "Financial Globalization : A Reappraisal," IMF Working Paper, WP/06/189, 2006.

Milanovic, B, *Worlds Apart : Measuring International and Global Inequality*, Princeton University Press, 2005.

Rodriguez, F., and D. Rodrik, "Trade Policy and Economic Growth : A Skeptic′s Guide to the Cross-National Evidence," *Macroeconomics Annual 2000*, MIT Press, 2000.

제8장

글로벌화에 대한 찬반 양론

김형기(경북대학교 경제통상학부)

1. 머리말

2. 글로벌화에 대한 여론

3. 글로벌화 찬성론

4. 글로벌화 반대론

5. 맺음말 : 글로벌화 찬반론을 넘어

제8장

글로벌화에 대한 찬반 양론

김형기

1. 머리말

현재 진행되고 있는 글로벌화를 어떻게 보아야 할 것인가? 글로벌화에 대해서는 찬성론과 반대론이 다른 어느 사회경제적 이슈보다 첨예하게 대립되고 있다. 여기서는 글로벌화에 대한 찬성론과 반대론의 논거를 소개하고 그 양론을 비교 평가하고자 한다. 나아가 글로벌화에 대한 단순한 찬반론을 넘어서 글로벌화를 바라보는 제3의 관점을 제시해 보고자 한다. 글로벌화에 대한 찬반양론의 검토는 '지속가능한 글로벌화', '인간의 얼굴을 한 글로벌화'라는 대안을 모색하는 데 참고가 될 것이다.

2. 글로벌화에 대한 여론

미국의 경제전문 시사주간지 Business Week지가 여론 조사기관인 Harris Poll과 공동으로 2000년에 미국시민을 대상으로 글로벌화에 대한 여론 조사를 실시한 바가 있다. 그 여론 조사 결과가 "Globalization : What

Americans Are Worried About"라는 제목의 기사로 2000년 4월 24일자 Business Week지에 실려 있는데 그 내용이 흥미롭다.

우선, 글로벌화가 미국의 소비자, 기업, 경제 전체, 일자리 창출, 환경, 그리고 빈국에서의 일자리 제공과 경제력 강화 등에 좋은가 나쁜가를 물은 결과가 〈표 1〉에 나와 있다. 미국의 소비자와 기업 그리고 경제 전반에 대해서는 '좋다'는 견해가 많은 반면, 미국에서의 일자리 창출과 환경에 대해서는 '나쁘다'는 견해가 상대적으로 많았다. 글로벌화가 빈국의 일자리 창출과 경제성장에 좋다는 견해의 비중이 아주 높음이 주목된다.

〈표 1〉 글로벌화 : 좋은가 나쁜가

	좋다	나쁘다	모르겠다	무응답
소비자	68%	23%	9%	1%
미국 기업	63%	29%	7%	1%
미국 경제	64%	28%	7%	1%
미국 일자리 창출	50%	42%	7%	1%
환경	45%	38%	16%	1%
미국 일자리 제공과 경제 강화	75%	16%	8%	1%

출처 : Business Week지, 2004년 4월 24일자 기사.
BW/Harris Poll : Globalization : What Americans Are Worried About.

외국무역에 대한 세 가지 관점, 즉 자유무역주의자free trader, 공정무역주의자fair trader, 보호주의자protectionist 중 어디에 속하느냐는 질문에 대한 응답 결과는 〈표 2〉와 같다. 노동기준과 환경기준을 지키는 무역을 지지하는 공정무역주의자가 다수이고, 다음으로 미국 시장과 노동자들을 수입품으로부터 보호하기 위한 규칙이 있어야 한다고 생각하는 보호무역주의자가 그 다음의 비중을 차지하며, 아무런 제한이 없는 무역을 지지하는 자유무역주의자는 10%에 불과했다.

〈표 2〉 외국무역에 대한 관점

자유무역주의자	공정무역주의자	보호무역주의자	모르겠다	무응답
10%	51%	37%	3%	0%

출처 : 〈표 1〉과 같음.

무역의 확대가 미국 일자리를 증가시킬 것인가 아니면 감소시킬 것인가에 대해서는 '일자리 증가' 견해와 '일자리 감소' 견해가 거의 동일한 비율로 나타났다.

〈표 3〉 무역과 일자리

일자리 증가	일자리 감소	모르겠다	무응답
45%	44%	10%	1%

출처 : 〈표 1〉과 같음.

다음으로 무역과 임금 간의 관계에 대한 견해는 〈표 4〉와 같다. 즉 중국과 멕시코와 같은 저임금 국가와의 무역협정이 미국인에게 고임금을 가져다줄지 아니면 저임금을 가져다줄지에 대해서는 저임금을 초래한다는 견해가 압도적으로 많았다.

〈표 4〉 무역과 임금의 관계

고임금	저임금	모르겠다	무응답
19%	68%	11%	2%

출처 : 〈표 1〉과 같음.

위의 여론조사는 현재 글로벌화를 주도하고 있는 미국의 시민들이 글로벌화를 어떻게 보고 있는지 잘 보여 준다. 미국 시민의 입장에서는 글로벌화가 소비자와 기업 그리고 미국 경제 전체에는 이익이 된다고 보고 있지만, 미국의 일자리를 줄일 것이라고 우려하는 견해가 상당히 높은 비중을 차지하고 있음을 알 수 있다. 미국 이외의 다른 지역 사람들, 예컨대 유럽 사람들, 아시아 사람들, 라틴 아메리카 사람들에게 동일한 질문을 했을 때 어떤 결과가 나올지 궁금하다. 아마도 선진국 시민과 후진국 시민 사이에는 글로벌화에 관한 견해가 상당한 차이를 보일 것이다. 세계시장에서의 지위, 즉 선진국이냐 개발도상국이냐에 따라 글로벌화에 대한 입장이 달라질 수 있다.

글로벌화에 대한 찬반양론은 각 경제주체(개인 혹은 집단)의 이해관계에 따라, 그 사람의 이념 혹은 가치관에 따라 달라진다. 즉 자본가냐 노동계급이냐, 숙련노동자냐 비숙련노동자냐, 소비자냐 생산자냐, 수출시장 지향 기업이냐 내수시장 지향 기업이냐, 개방부문이냐 보호부문protected sector이냐에 따라 글로벌화에 대한 입장에 차이가 날 것이다. 여기서 대체로 전자 그룹은 글로벌화를 찬성하는 경향이 있고 후자 그룹은 글로벌화를 반대하는 경향이 있다.

글로벌화에 대한 입장은 이념의 차이, 경제사상의 차이에 따라 다르게 나타난다. 즉 자유무역주의자Free trader, 글로벌주의자globalist, 신자유주의neoliberalism, 세계주의Cosmopolitanism, 국제주의Internationalism 등은 글로벌화를 적극 찬성하는 경향이 있는 반면, 보호무역주의자protectionist, 지역주의자Localist, 반신자유주의Anti-neoliberalism, 민족주의Nationalism 등은 글로벌화를 반대하는 경향이 있다.

글로벌화에 대한 찬반양론은 찬반의 근거로서 경제성장, 소득분배, 고용창출, 경제주권, 환경, 문화 등에 대한 글로벌화의 상반된 효과를 각각 제시한다.

3. 글로벌화 찬성론

글로벌화를 적극 찬성하는 글로벌주의자들globalists의 주장은 다음 몇 가지로 정리될 수 있다(Steger 2003). 그 주장의 핵심 내용과 문제점은 무엇인지 알아보자.

주장 1 : 글로벌화는 자유화와 세계적 시장통합에 관한 것이다.

글로벌화, 즉 자유화와 글로벌 시장의 통합은 개인적 자유와 세계의 물질적 진보를 증진시키는 자연적 현상이다. 글로벌화가 자연적 현상이기 때문에 이것을 인위적으로 막거나 통제하는 것은 나쁜 결과를 초래한다. 글로벌화를 통제하거나 후퇴시키면 개인의 자유가 축소되고 세계가 물질적으로 퇴보한다.

그런데 시장의 자유화와 글로벌 통합은 오직 자유시장을 창출하기 위한 정치 프로젝트를 통해 실현될 수 있다. 글로벌주의자 혹은 신자유주의자는 시장의 작동을 제한하는 사회정책이나 제도를 약화시키거나 제거하기 위해 정부의 힘을 이용해야 한다. 따라서 글로벌화가 자연적 현상이라는 주장은 옳지 않다.

주장 2 : 글로벌화는 불가피하고 역전불가능하다.

글로벌화는 기술혁신에 의해 추동되는 보이지 않는 시장의 힘의 불가피한 확산을 반영한다. 이러한 불가피성 주장은 글로벌화에 관한 담론을 탈정치화한다. 1980년대에 신자유주의 정책을 주도했던 영국 Margaret Thatcher 수상의 그 유명한 "대안은 없다There is no alternative : TINA."라는 강변은 이러한 글로벌화 불가피성론의 가장 전형적인 사례이다. 글로벌화가 불가피하고 역전불가능하다는 주장은 글로벌화에 대한 가장 강력한 옹호론이라 할 수 있다.

그러나 글로벌화 특히 금융의 글로벌화가 금융자본의 이해를 실현하려는 정치적 선택의 결과라고 한다면 글로벌화는 정치적 선택에 따라 역전가능하다고 할 수 있다. 글로벌화는 자연법칙의 결과가 아니라 자본의 운동법칙의 결과이기 때문에 그것은 역사적 선택, 정치적 선택에 의해 역전가능하다.

주장 3 : 아무에게도 글로벌화에 대한 책임이 없다.

만약 시장의 자연법칙이 신자유주의적인 역사발전 경로를 예정했다고 한다면, 글로벌화는 특정 사회계급이나 집단의 자의적 의제를 반영하지 않는다. 따라서 글로벌화에 책임이 있는 것은 사람이 아니라 시장과 기술이다. Goldman Sachs International의 부회장이었던 Robert Hormats는 "글로벌화의 위대한 아름다움은 글로벌화가 어떤 개인, 어떤 정부, 어떤 기관에 의해서도 통제되지 않는다는 것이다."라고 주장하였다. 이러한 주장은 글로벌화가 어떤 개인적 혹은 집단적 이해를 실현하기 위해 기획된 것이 아니라는 것이다. 이 주장은 그동안 글로벌화를 주도해 온 초국적자본 혹은 다국적기업이 글로벌화의 부정적 효과에 대한 책임을 피하려는 의도에서 나온 것이라는 비판을 면하기 어렵다.

주장 4 : 글로벌화는 모든 사람에게 이익이 된다.

시장 자유화와 자본 자유화로 인한 이익은 세계 전체의 생활수준의 상승, 경제적 효율의 증대, 개인적 자유의 확대, 그리고 기술진보이다. 이 주장은 글로벌화 찬성론의 핵심적 주장이다. 글로벌화가 되면 지구촌이 하나의 세계시장으로 통합되는데, 세계시장은 기업들이 자신들의 제품을 다른 나라에 판매할 기회, 소비자들이 서로 다른 나라 제품을 선택할 기회, 투자자들이 외국에 투자할 기회를 확대한다. 다시 말해서 세계화는 생산자 선택, 소비자 선택, 그리고 투자자 선택의 확대를 가져온다. 그리고 글로벌화는 생산성을 향상시키고 혁신을 촉진한다. 즉, 세계시장에서 각국이 비교우위가 있는 상품을 생산할 경우 생산성이 더 빨리 향상되어 생활수준을 더 빨리 상승시키며, 글로벌 개방경제 아래에서 해외로부터 새로운 아이디어, 지식이 유입되어 혁신을 자극한다. 글로벌화의 이익은 선진국에만 국한되는 것이 아니다. 개발도상국은 선진국으로부터의 자본도입과 기술이전으로 자본 부족을 해결하고 기술수준을 높일 수 있다.

세계화는 세계화 반대론자들이 주장하는 "바닥을 향한 경주Race to the Bottom"가 아니라 "정상을 향한 경주Race to the Top"를 만들어 낸다. 그 이유는 개발도상국의 외국인직접투자FDI 기업이 현지수준보다 높은 임금을 지급하고 현지 주민이 원하는 일자리를 창출하기 때문이다. FDI는 현지 저임금 활용이 아니라 상대적으로 고임금의 일자리를 창출한다. 즉 고한노동sweat shop보다 괜찮은 일자리decent job를 창출한다. 세계화는 약자에게도 기회를 준다. 즉 세계화는 커다란 부와 권력의 기회를 지방수준 혹은 최약자들에게 안겨 주는 측면도 있는 것이다. 세계시장에 접근하지 못하고 있는 나라 근로자들의 생활수준은 세계시장에 참여하고 있는 나라의 근로자에 비해 훨씬 못하다는 사실이 이 주장을 뒷받침한다.

대표적인 세계화 찬성론자의 한 사람으로서 『렉서스와 올리브나무The Lexus and Oliver Tree』라는 베스트셀러를 쓴 토마스 프리드만Thomas Friedman은, 세계화의 패자는 기득권자와 국가 의존자라고 주장한다. 세계화에 따라 권력이 정부와 관료집단에서 민간기업과 기업가로 이동함에 따라 다음과 같은 패자들이 생겨난다. 즉, 관료체제 내의 지위를 바탕으로 자신의 위상을 뽐냈던 사람들, 이들과 결탁해 입지를 확보했던 사람들, 강력한 규제와 보호막 속에 안주했던 사람들, 정부로부터 특정 수출입품목에 대해 독점사업권이 부여되었던 기업인이나 권력 끄나풀, 매우 높은 관세장벽 속에서 관련 물품을 만들어 냈던 산업자본가, 노사협상 때마다 근로시간을 줄이고 급여는 높여 온 거대노조, 이윤을 내건 안 내건 고임금을 향유하던 국영기업체 근로자, 관대한 사회복지 혜택을 제공하는 복지국가의 실업자들, 시장경쟁 여건에 구애받지 않고 정부의 혜픈 보조에 기대어 먹고 살아온 사람들 등이다.

글로벌화가 선진국과 후진국, 자본가와 노동자, 숙련노동자와 비숙련노동자, 부자와 빈자 모두에게 이익이 된다는 이 주장은 자유무역론 옹호의 기초가 되고 있는 무역이익gains from trade 명제와 맥락을 같이한다. 하지만 이러한 주장은 현실에 부합되지 않는다. 글로벌화에 따라 승자와 패자가 생기고 소득불평등이 확대되고 '부익부 빈익빈' 현상이 나타나고 있기 때문이다.

주장 5 : 글로벌화는 세계 속에서 민주주의의 확산을 촉진한다.

자유시장과 민주주의는 동의어이다. Friedman에 의하면, 세계화 체제의 주요 행위자인 전자투자자 집단electronic herd은 민주화를 촉진한다. 그 이유는 전자투자자 집단이 투명성을 제고하고, 기준을 설정하며, 부패를 방지하고, 자유 언론을 강화하기 때문이다.

Friedman은 세계화가 3대 민주화, 즉 기술의 민주화, 금융의 민주화, 정보의 민주화를 초래한다고 보았다. 그 결과 세계화는 의사결정의 민주화와 권력구조의 분산을 가져왔다.

민주주의가 실현되어야 한 나라의 정치체제가 유연성, 정통성, 지속가능성이 있고 따라서 안정적으로 외국인투자가 이루어질 수 있다. 전자투자자 집단은 민주주의가 실현되고 있지 않는 나라에는 투자하려고 하지 않는다. 그런데 이 주장은 문제가 없지 않다. 독재정권이 있는 남미나 전제군주가 통치하는 중동 토후국가, 공산당 독재정권이 지배하는 중국에 대한 FDI 러시를 설명할 수 없기 때문이다. 오히려 자본의 가치증식과 이윤추구는 민주주의체제 아래에서 보다 독재체제 아래에서 잘 이루어질 수도 있기 때문에 이 주장은 설득력이 없다.

앞에서 글로벌화 찬성론의 다섯 가지 주장을 검토하였지만, 글로벌화를 가장 철저하게 옹호하는 것은 아마도 Friedman의 다음과 같은 주장일 것이다. 즉 세계화는 기술, 금융, 정보 등 3대 민주화의 산물이다. 그러나 이 세 가지 모두의 원동력이 되는 힘은 더 나은 삶을 이룩하고자 하는 사람의 원초적 본능이다. 모든 것에 대해 더 많은 선택의 자유를 누릴 수 있는 삶을 향한 사람들의 기본적 욕구가 기술, 금융, 정보의 민주화의 원동력이 되고 그래서 세계화의 추진력이 되는 것이다. 세계화는 밑으로부터, 허름한 길거리에서, 사람들의 영혼에서 그리고 마음 깊이 숨어 있는 포부와 염원으로부터 나오는 것이다. 세계화는 사실 한 사람 한 사람의 내면에서 일어나는 일반대중의 충동이기도 하다.

세계화의 추동력이 대중의 삶의 질 향상 욕구인가 아니면 자본의 가치증식 욕구인가? Friedman은 전자를 주장하지만 자본의 가치증식 욕구가 더욱 근본적인 추동력이라 할 수 있다.

4. 글로벌화 반대론

글로벌화 반대론은 다국적기업의 투자와 국제무역으로 인해 세계 전체의 노동자가 궁핍화하고 다국적기업의 자원약탈과 생산활동으로 전지구적 생태위기Global Ecological Crisis가 초래되었다고 주장한다. 글로벌화 비판서인 『세계화와 그 불만Globalization and Its Discontents』과 『인간의 얼굴을 한 세계화Making Globalization Work』라는 두 권의 베스트셀러를 출판한 노벨 경제학상 수상자 스티글리츠Josheph Stigliz는, 사람들에게 세계화가 제대로 작동하지 않았다고 주장한다. 일자리가 파괴되고 생활이 더욱 불안정해지는 가운데 많은 사람의 삶은 오히려 더 나빠졌다. 세계화는 일부 국가에는 도움을 주었지만,

대부분의 사람들, 심지어 이 일부 국가에 살고 있는 사람들에게조차 아무런 도움이 되지 못했다. 아웃소싱outsourcing으로 인해 일자리가 상실되고, 임금이 정체하여 선진국 노동자들의 상태가 악화되었다. 외국 상품 유입으로 국내 기업에서 실업자가 발생하고 임금이 정체하여 후진국 노동자들의 상태도 악화되었다.

세계화가 모든 사람들에게 이익을 가져다준다는 적하이론 경제학Trickle-down Economics 혹은 하향식경제학Top-down Economics은 잘못되었다. 세계화가 진전되는 가운데 '바닥을 향한 경주Race to the Bottom'가 나타나고 있다. FDI를 유치하기 위한 각국 정부 간의 조세경쟁tax competition과 임금경쟁wage competition이 세계시장에서 벌어지고 있는 '바닥을 향한 경주'이다. 이러한 세계시장에서의 경쟁이 세계 모든 나라의 노동자들의 상태를 악화시켰다. 다국적 기업의 유치를 위해 노동기준과 환경기준 완화 등 규제완화를 하고, 법인세를 인하하여 노동자 상태가 악화되고 생태위기가 심화하였으며, 복지가 축소되었다.

세계 소득불평등의 변화를 10분위 분배율 추이를 통해 측정한 〈표 5〉에서 보면, 1988~1998년 사이에 불평등이 심화되었음을 알 수 있다. 세계 전체의 Gini 계수를 지역 내 및 지역 간으로 분해한 〈표 6〉을 보면, 세계 전체의 Gini 계수가 1960~1998년 사이에 증가했는데, 이는 주로 지역 간 격차가 확대되었기 때문임을 알 수 있다. 세계 지역별 Gini 계수를 〈표 7〉에서 보면, 1960~1998년 사이에 서유럽·북미·오세아니아WENAO에서는 Gini 계수가 감소하였지만 다른 지역에서는 모두 증가하였음을 알 수 있다. 특히 아프리카, 아시아, 동유럽에서 불평등이 크게 증가하였다.

이처럼 세계 소득불평등의 심화의 결과, 〈표 8〉에서 보는 것처럼 세계 전체적으로 부국의 수와 제3세계의 수가 줄어든 반면 최빈국인 이른바 '제4세계The Fourth World'가 크게 늘어났다. 이러한 분석 자료에 비추어 볼 때, 글로벌화에 따라 세계수준에서 양극화가 심화되고 있음을 알 수 있다. 따라서 글로벌화가 모든 국가에 이익이 된다는 글로벌화 찬성론은 현실과 부합하지 않는다. 사실이 이렇다고 한다면, 글로벌화에 따라 세계는 평평해졌다는 Friedman의 주장(Friedman 2005)은 설득력이 없다고 할 것이다.

〈표 5〉 세계 소득불평등의 변화(10분위 분배율 추이)

	모든 국가		
연도	1988	1993	1998
1분위	0.307	0.235	0.233
2분위	0.441	0.375	0.380
3분위	0.539	0.476	0.482
4분위	0.635	0.571	0.581
5분위	0.736	0.677	0.686
6분위	0.855	0.804	0.810
7분위	1.000	0.959	0.962
8분위	1.201	1.182	1.181
9분위	1.541	1.566	1.552
10분위	2.745	3.156	3.138
계	10	10	10
국가 수	95	113	113
10분위 비율	8.9	13.4	13.5

주 : 평균 소득을 1로 두었을 때의 각 10분위 소득의 비율임.
출처 : Milanovic(2004 : 15).

〈표 6〉 세계 Gini 계수의 지역별 분해

구분	1960	1978	1998
지역 내	5.7	5.4	5.9
지역 간	35.5	34.2	40.2
중첩	5.2	7.9	7.7
세계 전체	46.4	47.5	53.8

출처 : Milanovic(2002 : 33).

〈표 7〉 세계 5대 지역별 Gini 계수의 추이

구분	1960	1978	1998
Africa	37.8	41.1	50.4
Asia	36.2	53.1	51.8
LAC	30.7	27.5	34.0
동유럽	15.0	18.4	32.3
WENAO	23.1	16.3	15.5

주 : LAC-라틴 아메리카와 카리브 연안 국가, WENAO-서유럽 · 북미 · 오세아니아
출처 : Milanovic(2002 : 38).

〈표 8〉 '4개의 세계' 의 구성 변화 : 1960년과 1998년의 비교

구분	부국	추격국	제3세계	제4세계	제5세계
			1960		
Africa	13	8	33	48	102
Aisa	15	15	40	30	100
Latin America	40	24	36	0	100
Eastern Europe	5	42	53	0	100
계	96	4	0	0	100
Total	32	17	31	20	100
			1998		
Africa	2	2	12	84	100
Aisa	17	13	13	58	100
Latin America	4	24	24	48	100
Eastern Europe	5	5	18	73	100
WENAO	96	0	4	0	100
계	21	8	14	57	100

출처 : Milanovic(2002 : 62).

이러한 현실을 직시하고 있는 Stigliz는, 세계화에 대한 불만의 이유로 다음 다섯 가지를 들고 있다(Stigliz 2002).

① 세계화를 편파적으로 진행시킨 규칙, 특히 선진국에 특혜를 주기 위해 마련된 규칙이 지배한다.

② 세계화는 환경이나 일상생활을 고려하기보다는 물질적 가치를 우선시한다.

③ 세계화 과정은 개발도상국들이 자국민의 안녕에 영향을 미치는 정책을 스스로 결정할 수 있는 능력과 주권을 대부분 빼앗아 왔다.

④ 세계화는 개발도상국과 선진국 모두에서 많은 패자를 낳았다.

⑤ 개발도상국을 압박해 온 경제시스템(미국식 자유주의 모델)은 부당할 뿐만 아니라 심각한 손해를 끼쳤다.

Stigliz는 특히 세계화가 미국보다 더 극단적인 시장경제를 강요하고 미국에서보다 더 기업의 이익을 강조한다고 지적한다. 그렇기 때문에 세계화는 미국이 아닌 다른 나라에서 더욱 파괴적인 효과를 낳는다.

그리고 금융의 글로벌화는 금융위기와 사회 양극화를 초래하였다. 개발도상국가들의 경우, 글로벌화에 무비판적으로 적응하여 추진한 성급한 자본시장 자유화 정책이 금융위기의 근본원인이었다. 또한 Stigliz의 지적처럼 자유무역협정FTA은 우려스럽다. 왜냐하면 양자 간 무역협정인 FTA는 다자간 시스템을 붕괴시키기 때문이다. 다자간 시스템은 차별이 없는데 FTA는 세계를 우방국과 비우방국으로 양분한다. 그뿐만 아니라 FTA는 자유무역이 아니다NAFTA IS NOT "FREE" TRADE. 그것은 많은 규칙과 의무 조항이 포함되어 있기 때문에 사실상 관리무역협정이다.

WTO체제 아래 보호되고 있는 무역관련지적재산권TRIPs은 개발도상국들이 복제약을 생산하지 못하도록 막아 전세계 극빈국들이 생명구호 의약품을 이용할 수 없게 하고 있다. TRIPs는 미국과 유럽에서 가장 큰 지배력을 행사하고 있는 지적재산권제도를 전세계에 강요하고 있다.

다른 한편, 글로벌화 반대론자에 의하면 미국이 주도한 신자유주의적 글로벌화 정책으로서 개발도상국에 사실상 강요하려고 한 워싱턴 컨센서스 Washington Consensus는 실패했다. 워싱턴 컨센서스의 정책 패키지는 다음과 같다(Steger 2003).

① 재정 규율의 보장과 예산 적자의 억제
② 공공지출의 삭감
③ 감세와 세원 창출을 목표로 하는 조세개혁
④ 금융자유화(이자율이 시장에서 결정되는 것을 포함한)
⑤ 수출주도성장을 지원하기 위한 경쟁적 환율
⑥ 무역자유화(수입규제의 폐지와 관세인하)
⑦ 외국인 직접투자의 촉진
⑧ 국영기업 민영화(효율성 증대와 성과 향상을 위한)
⑨ 경제에 대한 규제 완화
⑩ 사유재산권 보호

Stigliz는 이러한 워싱턴 컨센서스의 정책처방이 완전정보, 완전경쟁, 무위험시장을 가정하는 시장경제 원리에 근거하고 있는데, 이는 개발도상국의 현실과는 아무런 상관이 없다고 지적한다. 따라서 워싱턴 컨센서스는 정책실패의 가능성이 높을 수밖에 없었다. 실제 워싱턴 컨센서스를 전적으로 수용한 중남미는 실패하였다.

세계화가 민주주의에 미치는 영향에 대해, 세계화 찬성론자는 세계화가 민주주의를 촉진한다고 주장하지만, 세계화 반대론자는 그렇게 보지 않는다. 예컨대 Stigliz는, 세계화는 국가 엘리트에 의한 독재를 국제금융에 의한 독재로 대체하고자 한다고 주장한다. 다른 반대론자들은 세계화가 초국적

자본의 지배력을 강화함으로써 오히려 민주주의를 후퇴시키는 경향이 있다고 주장한다.

한편 세계화 반대론자들은 세계화를 추동하고 있는 주요한 세계기구 중의 하나인 국제무역기구WTO를 비판하고 있다. 반글로벌화 행동주의자의 WTO 비판은 다음과 같다.

① WTO는 오직 다국적기업의 이해에 봉사한다. WTO는 민주적 기구가 아니다. 왜냐하면 그 규칙들이 무역협상 시 내부적 영향력을 행사하는 다국적기업에 의해, 그들을 위해 작성되고 있기 때문이다. WTO규칙 제정 과정에는 소비자, 환경단체, 인권단체, 노동단체의 목소리가 반영되지 않는다.

② WTO는 노동권과 인권을 무시한다. 노동권 및 인권 억압에 대한 해결책이 WTO에 의해 저지된다.

③ WTO는 환경에 대한 적이다. 환경보호를 위한 규제를 '무역 장벽'으로 규정하는 경향이 있다.

④ WTO가 사람을 죽인다. 건강과 인간생명을 희생하면서 지적재산권을 적극적으로 방어하려는 WTO의 정책이, 저개발국가가 저가의 복제약품에 접근하는 것을 막으려는 다국적 제약회사들의 지적재산권을 보호함으로써 에이즈와 같은 질병에 걸린 저개발국가의 사람들이 죽어가게 만든다.

⑤ WTO는 불평등을 심화시키고 있다. 자유무역은 세계의 다수 사람들을 위해 작동하고 있지 않다. 세계 무역과 투자가 급증한 1960년 이후 최근까지, 불평등은 국제적으로 그리고 국가 내부에서 악화되었다.

⑥ WTO는 국가 주권을 침해한다. WTO의 규칙을 준수하도록 국가들을 경제적으로 제재할 수 있는 초국가적 재판시스템을 가지고 있기 때문

에 WTO는 국가 주권을 침해한다.

글로벌화 반대론자들은 자유무역주의에 반대하는 보호주의 입장을 취하는데, 이는 다시 특수주의적 보호주의particularist protectionism와 보편주의적 보호주의universalist protectionism로 나뉜다.

특수주의적 보호주의는 자국 내의 경제적, 정치적 및 문화적 해악을 초래할 글로벌화에 반대하는 것이다. 즉 자유무역, 글로벌 투자자의 권력, 다국적 기업의 신자유주의적 어젠다, 세계의 미국화 혹은 미국식 세계화 등에 반대하는 입장이다. 이 입장은 글로벌화에 따른 국가의 자기결정권의 상실, 자국 문화의 파괴 등을 우려하며 전통적 생활방식을 보호하려고 한다. 글로벌 연대에 기반한 평등한 국제질서 건설보다는 자국민의 복지향상에 더 많은 관심을 가지고 있다.

한편, 보편주의적 보호주의는 Global North와 Global South 간의 평등한 관계를 형성하려는 진보정당의 입장이다. 환경보호, 공정무역, 국제노동이슈, 인권, 여성이슈 등에 관심을 가지는 NGO와 초국가적 네트워크의 입장이다. 글로벌 수준의 부와 권력의 재분배에 기초한 새로운 국제질서 수립을 지향하고, 자국 국민뿐 아니라 세계 모든 민중에 대한 평등과 사회정의 이념을 지향한다.

5. 맺음말 : 글로벌화 찬반론을 넘어

글로벌화 찬성론과 반대론은 각각 자신의 논거를 입증하기 위해 실증분석과 사례연구를 수행해 왔다. 그런데, 그동안 행해진 많은 실증분석 결과들은 현재의 글로벌화가 모두에게 이익을 주고 있다는 글로벌화 찬성론의 주장을 입증하지 못한다.[1] 영국 BBC 방송이 2007년 1월에 세계 34개국 34,500명을 대상으로 실시한 여론조사 결과에 의하면, 글로벌화에 따른 자국 내 경제발전과정에서 이익과 고통이 어떻게 분담되었느냐는 질문에 대해, '매우 공정했다'가 5%, '어느 정도 공정했다'가 24%, '별로 공정하지 않았다'가 28%, '전혀 공정하지 않았다'가 24%의 반응을 보였다. 글로벌화가 공정했다고 보는 견해(29%)보다 불공정했다고 보는 견해(52%)가 훨씬 더 많은 비중을 차지하고 있다. 세계시민에 대한 이러한 여론조사 결과는 글로벌화 반대론의 주장을 뒷받침해 준다.

글로벌화라는 게임에서는 모두가 이익을 얻는 것이 아니라 소수의 승자와 다수의 패자가 존재한다. 글로벌화는 경제성장에는 플러스 요인이 될지 모르지만 금융위기와 사회의 양극화를 초래한다는 점에서 부정성을 가진다. 글로벌화가 경제성장에 기여하려면 일국 내에서 사회통합social cohesion을 위한 제도가 잘 정비되어 있어야 한다. 글로벌화 속에서 세계경제와 일국경제가 지속 가능한 성장을 하기 위해서는 Global-National-Local 세 수준에서 3중의 좋은 거버넌스good governance가 구축되어야 한다.

지난 30년간 진전된 글로벌화의 귀결은 글로벌화 반대론자들의 주장이 더 설득력이 있음을 입증한다. 그러나 글로벌화 찬성론자도 글로벌화가 일정한 문제점을 가지고 있음을 인정하고 있고(Thomas Friedman), 글로벌화 반대론자 중에서도 글로벌화 그 자체를 부정하기보다는 현재 진행되고 있는 글로벌화 방향을 수정하여 글로벌화를 제대로 작동하게 하자는 논의(Joseph Stigliz)가 주류다. 일부 극단적인 근본주의자를 제외하면, 찬성론자와 반대론자 모두 '지속 가능한 글로벌화Sustainable Globalization' 혹은 '인간의 얼굴을 한 글로벌화Globalization with Haman Face'에는 대체로 공감하고 있다.

1_ 글로벌화가 소득분배와 경제성장에 미친 효과에 관한 자세한 논의는 이 책 7장을 참조할 것.

'공정한 글로벌화Fair Globalization' 혹은 '모두를 위한 글로벌화Globalization for All'의 관점에서 글로벌화 찬성론과 반대론의 합리적 핵심을 흡수하여 '대안적 글로벌화Alternative Globalization' 방향을 제시하는 것이 과제라 하겠다.

참고문헌

Manfred B. Steger, *Globalization : A Very Short Introduction*, Oxford University Press, 2003.

이강국, 다보스, 포르투 알레그레 그리고 서울 : 세계화의 두 경제학, 후마니타스, 2005.

F. Chesnais, *La mondialisation du capital*, 1997(서익진 역, 자본의 세계화, 2003).

Thomas. L. Friedman, *The Lexus and the Olive Tree*, 2000(신동욱 옮김, 렉서스와 올리브나무, 2003).

Thomas, L. Friedman, *The World Is Flat*, 2005.

Joseph. E. Stigliz, *Globalization and Its Discontents*, 2002(송철복 역, 세계화와 그 불만, 세종연구원, 2003).

Joseph. E. Stigliz, *Making Globalization Work*, 2006(홍민경 역, 인간의 얼굴을 한 세계화, 2008).

ILO, *A Fair Globalization : Creating Opportunity for All*, 2004.

Branko, Milanovic, "Can We Discern the Effect of Globalization on Income Distribution?", http://worldbank.org/research/inequality.

제9장

반세계화운동의 전개, 성격과 전망

조희연(성공회대 사회과학부)

1. 머리말 : 반세계화운동의 파고

2. 반세계화운동의 명칭과 특성

3. 반세계화운동의 공통지점

4. 반세계화 진영 내부의 다양한 입장들과 분화

5. 맺음말

제9장

반세계화운동의 전개, 성격과 전망

조희연

1. 머리말 : 반세계화운동의 파고

1999년 11월 세계무역기구WTO 2차 각료회담이 열렸던 시애틀은 전 세계에서 몰려든 시위대의 함성에 뒤덮였고 최루탄이 발사된 진압을 통하고서도 회의는 서둘러 폐막되는 방식으로 끝났다. 시애틀 투쟁은 1999년 6월 독일 쾰른에서 열린 25회 주요 선진국 정상회담에서 3만 명의 시위대가 진행한 '인간 사슬' 투쟁과 함께, 과거의 운동과는 다른 새로운 '반세계화운동'이라는 것이 수면 위로 떠오르는 사건이었다.

이제 반세계화운동은 일부 급진적인 활동가의 문제가 아닌 대중적인 운동으로 발전해 가고 있다. 2001년 7월 21일 이탈리아 제노바에서 열린 G8정상회담에서는 시위대원 1명이 죽을 정도로 반세계화운동이 격화되고 있음을 보여 주었다. 이제 시애틀, 다보스, 워싱턴, 프라하, 서울 등 '세계화를 추동하는 집행기구'들의 회합이 있는 곳이면 어김없이 민중들의 반세계화 반대 연대행동이 벌어지고 있다. 어떤 점에서 세계화 관련 회의는 예외 없이 '수난'의 시대를 맞을 정도로, 세계화에 대한 저항은 전 지구적 현상이 되고 있다. 한국에서도 투자협정·WTO 반대 국민행동, 국제연대정책정보센터,

국제민주연대, 아셈2000민간단체포럼, 대구라운드 등 다양한 세계화 관련 운동들이 있어 왔으며, 현재도 '투기자본감시센터' 같은 경우 외환은행 헐값 매각사건을 쟁점화하면서 금융자본의 투기적 행태를 쟁점화하는 노력을 진행하고 있다. 민중으로부터 일체의 정당성을 상실한 80년대 전두환 정권하에서 매일 거리 시위가 열리고 한국사회가 거대한 진통에 휩싸였던 것을 상기해 보자. 어떤 의미에서 현재의 이른바 신자유주의적 세계화는 유사하게 정당성이 취약하고 그에 대한 저항이 격화되다 보니 '회의도 열기 힘든' 상황에 놓여 있다고 할 수 있다. 이런 의미에서 반세계화운동은 '정당성의 위기'에 직면한 세계화의 문제점에 집단적으로 대결하는 운동이라고 할 수 있다.

아래의 표는 반세계화운동으로 불리는 투쟁의 대표적 사례를 연대기적으로 보여 주고 있다.[1]

〈표 1〉 반세계화운동의 주요일지

시위	일시	사건	장소	참가인원 및 참고사항
쾰른 시위	1999년 6월	주요 선진국 정상회담	쾰른	3만 명
시애틀 시위	1999년 11월	WTO 각료회담	미국 시애틀	5만 명
다보스 포럼 시위	2000년 1월	WEF	스위스 다보스	3만 명
워싱턴 시위/A16	2000년 4월	WB/IMF 연차총회	미국 워싱턴	5만 명
시드니 시위/S11	2000년 9월	WEF	호주 시드니	3만 명
프라하 시위/S26	2000년 9월	WB/IMF	체코 프라하	5만 명
ASEM 반대시위	2000년 10월	아시아-유럽 정상회담	서울	2만 명
퀘벡 시위	2001년 4월	FTAA	캐나다 퀘벡	5만 명
괴텐보리 시위	2001년 6월	EU 정상회담	스웨덴 괴텐보리	3만 명

1_ 반세계화운동의 전개에 대한 자세한 서술로는 원영수, "시애틀에서 워싱컨, 프라하, 멜버른, 서울까지", 『진보평론』 6호, 겨울호, 2000.; 원영수, "반세계화운동의 흐름과 전망: 새로운 변혁의 가능성?", 『진보평론』 17호, 가을호, 2003. 참조.

시위	일시	사건	장소	참가인원 및 참고사항
제노바 시위	2001년 7월	G8 정상회담	이탈리아 제노바	30만 명
오타와 시위	2001년 11월	WB/IMF	캐나다 오타와	
브뤼셀 시위	2001년 12월	EU 정상회담	벨기에 브뤼셀	
뉴욕 시위	2002년 1월	WEF	미국 뉴욕	
앨버타 시위	2002년 6월	G8 정상회담	캐나다 캐나나스키스	
바르셀로나 시위	2002년 6월	EU 정상회담	스페인 바르셀로나	30만 명
워싱턴 시위	2002년 9월	G-7 IMF 회담	워싱턴	649명 구속
다보스 투쟁	2003년 1월	WEF	스위스 다보스	
국제 반전 시위I	2003년 2월	전 세계 700여 개 도시		1,500만 명
에비앙 시위	2003년 6월	G8 정상회담	프랑스 에비앙	10만 명
칸쿤 시위	2003년 9월	WTO 각료회의	멕시코 칸쿤 (이경해 열사투쟁)	2만 명
국제 반전 시위II	2004년 3월	전 세계 300여 개 도시		300만 명
홍콩 시위	2005년 12월	WTO 각료회의	홍콩(전농, 민노총 등 천여 명 참여)	2만 명
글렌이글스 투쟁	2006년	G8 정상회담	스코틀랜드	10만 명

2. 반세계화운동의 명칭과 특성

반세계화운동은 다양한 이름으로 불리기도 한다. 예컨대 '전 지구적 정의운동global justice movement'[2]이라는 표현도 사용된다. 피터 워터만P. Waterman은 '전 지구적 정의와 연대운동global justice and solidarity movement'[3]이라고 부른다. 금융거래과세연합ATTAC 등 프랑스 사회운동에서는 '운동들의 운동

2_ 죠지 몽비오, 황정아 옮김, 『도둑맞은 세계화 : 지구 민주주의 선언』, 창비, 2006.

3_ Waterman, Peter, "The Global Justice and Solidarity Movement", Jai Sen et. al. eds., Challenging Empires: World Social Forum, New Delhi: The Viveka Foundation, 2004.

movement of movements'이라는 개념을 사용하기도 한다. '대안세계화운동', '세계민주주의운동', '글로벌 반자본주의운동' 등도 사용된다. 사회운동으로서의 반세계화운동은 기존의 운동과는 다른 새로움을 지니고 있다. 이는 과거 민족적·국민국가적national 지평 위에서 활동하던 운동과 다르게 지구적 차원의 의제와 지구적 공간지평 속에서 활동한다는 점에서 과거의 운동과 구별된다. 이슈면에서 보면, 새롭게 진행되는 세계화의 문제점과 파괴적 효과, 그것을 주도하는 국제금융기관 등의 전횡과 반민주성, 반투명성 등에 대항한다는 점에서 새로운 이슈운동이라고 할 수 있다. 또한 반세계화운동은 공간적으로 지구적으로 분산되어 움직이는 운동이기 때문에, 인터넷을 통한 사이버 소통이 매개가 되는 네트워크형 운동이라는 점에서 작동방식상의 새로움도 존재한다.

3. 반세계화운동의 공통지점[4]

반세계화운동에 참여하는 개인이나 집단의 요구사항과 지향은 단일한 것은 아니다. 거기에는 무정부주의자, 생디칼리스트적 노동운동가, 환경 NGO, 농민운동가, 여성해방주의자, 종교인 등 다양한 그룹과 지향이 혼재되어 있다. 그들이 내거는 요구사항도 IMF 개혁에서 자본주의 타도, 세계화 중단 등 다양하게 나타나고 있다. 그럼에도 불구하고 이들을 묶는 것은 현재의 세계화의 반민중적인 성격에 대한 전제이다. 그러한 전제에는, 현재의 세계화가 민중들의 민주주의적 권리와 생존권을 약화시키는 '바닥을 향한 경

4_ 이에 대해서는 조희연, 『비정상성에 대한 저항에서 정상성에 대한 저항으로』, 아르케, 7장. 반세계화 행동주의의 논리와 쟁점, 2004a. 참조. 현존 세계화의 문제점과 관련된 다양한 이론적·실천적 쟁점들에 대해서는 이강국, 『다보스, 포르투 알레그레 그리고 서울』, 후마니타스, 2005. 참조.

쟁race to the bottom'으로 전개되고 있다는 점, 극빈국 국민들이 부유한 국가들의 일종의 '채무노예debt bondage'가 되어 있으며 외채문제는 이미 세계 경제적·구조적 '재앙'이 되어 있으므로 외채의 전면적인 탕감이 필요하다는 점, 국내적·국제적 차원에서 '20대 80'의 양극화를 심각하게 동반하고 있다는 점, 동아시아의 금융위기 등에서 보이는 바와 같이 투기적인 금융자본에 의해 주도되는 현재의 세계화는 부도덕하고 지속가능하지 않다는 점, 현재의 세계화를 주도하는 국제통화기금IMF, 세계은행WB 등의 국제경제기구들이 미국과 소수 선진국, 거대한 초국적자본들에 의해 주도되고 이들의 이해를 대변하는 집행기구로 전락하였다는 점 등이 포함된다.

현재의 세계화를 주도하는 흐름의 근저에 미국의 월가, 미 재무부, 거대 초국적자본들을 중심으로 하여 이른바 '워싱턴 컨센서스Washingto Consensus'가 있다고 하면, 현재의 반세계화 행동의 근저에는 '반反워싱턴 컨센서스'가 자리하고 있다고 할 수 있다. 현존 세계화의 부정적 측면은 기업이 상징하는 최대이윤만이 중시되고 인간의 가치는 그것에 종속되는 새로운 기업의 시대corporate century, 약육강식의 논리가 팽배하여 경제적 강자만이 승승장구하는 '람보 자본주의', 도박과 투기적 성격이 만연한 채로 작동하는 '카지노 자본주의'[5], '터보 자본주의Turbo-capitalism'[6] 등으로 표현된다. 심지어 조지 소로스 같은 사람마저 이러한 신자유주의적 세계화의 부정적 측면을 '시장 근본주의market fundamentalism'[7]라고 비판하고 있다.

이러한 반워싱턴 컨센서스의 핵심은 현재의 세계화가 신자유주의적 세계화로 진행되고 있다는 것으로 요약될 수 있다. 그런 점에서 반세계화 운동

5_ Susan Strange, Casino Capitalism, NY: Manchester Univ. Press, 1997.

6_ Edward Luttwak, Turbo-Capitalism: Winners and Losers in the Global Economy(New York, HarperCollins Publishers), 1999.

7_ 조지 소로스, 『세계 자본주의의 위기』, 김영사, 1998.

은 세계화에 대항하는 운동이면서 동시에 그 신자유주의적 성격과 반민중적 성격에 대항하는 운동이라고 할 수 있다.[8]

[그림 1] 199년 시애틀에서의 반세계화 시위

[그림 2] 2003년 멕시코 칸쿤에서의 반세계화 시위

[그림 3] 2005년 12월 홍콩 WTO각료회의에서의 반세계화 시위

8_ 세계사회포럼의 대척점에 '세계경제포럼(The World Economic Forum: WEF. http://www.weforum.org/)이 있다. 이는 제네바에 기초한 비영리단체의 형태를 띠고 있고, 이 재단이 1년마다 한 번씩 다보스에서 회의를 개최하기 때문에 다보스 포럼이라고 불린다. 이 포럼에는 세계 각국의 정(政)·관(官)·재(財)계 고위인사들이 모여서 각종 정보를 교환하고 세계경제의 현안들에 대해서 논의한다. 공식적 의제는 없으며, 자유로운 의견교환을 중심으로 회의가 진행된다. 2008년에는 지역별로 포럼이 열리기도 했다. 예컨대 2009년에는 중국 보아오에서 '창의포럼'이 열리기도 했다.

4. 반세계화 진영 내부의 다양한 입장들과 분화

반세계화운동에는 다양한 성격의 운동들이 참여하고 있다. 사회민주주의, 민족주의, 사회주의, 자율주의, 무정부주의 가치·이념을 대표하는 정치운동이나 정당들을 포함하여, 전통적인 여러 가지 부문운동(예컨대 노동운동, 여성운동 등), 여러 가지 이슈 중심의 운동 등(금융, 외채, 물, 보건 등)이 참여하고 있다.

이처럼 다종·다양한 반세계화운동의 여러 흐름들이 모이는 장이 바로 '세계사회포럼'이다. '다른 세계는 가능하다Another World is Possible'는 구호 아래 2001년 브라질 포르투알레그레에서 시작된 세계사회포럼은, 전 지구적 반세계화운동이 함께 모이는 '지구적 포럼'과 '유럽 사회포럼' 같은 '지역별 포럼' 형태의 모임과 '국가포럼'으로 나뉜다. 한국도 2001년에 열린 1회 사회포럼에는 겨우 10명이 참여했지만, 필자도 참여한 4회 인도 세계사회포럼에는 400명이 참석하여 그 수가 늘었다. 아래의 표는 세계사회포럼의 진행을 보여 주고 있다.

〈표 2〉 세계사회포럼 개최현황

제1회 세계사회포럼	2001년 1월	브라질 포르투알레그레
제2회 세계사회포럼	2002년 1월	브라질 포르투알레그레
제3회 세계사회포럼	2003년 1월	브라질 포르투알레그레
제4회 세계사회포럼	2004년 1월	인도 뭄바이
제5회 세계사회포럼	2005년 1월	브라질 포르투알레그레
제6회 세계사회포럼	2006년	대륙별 분산 개최(카라카스, 바마코, 카라치)
제7회 세계사회포럼	2007년 5월	아프리카 케냐 나이로비
제8회 세계사회포럼	2008년 1월	국제공동행동의 날로 대체
제9회 세계사회포럼	2009년 1월	브라질 아마존의 벨렘
제10회 세계사회포럼	2010년 1월	브라질 포르투알레그레

세계사회포럼의 지역 버전Regional Forum이라고 할 수 있는 포럼도 열렸다. 유럽 사회포럼ESF이 이탈리아의 피렌체에서 2001년 11월에 열렸다. 이때의 구호는 '반전·반인종주의·반신자유주의Against the war, against racism and against neo-liberalism'였다. 이때 6만 명이 참가했고, 폐막 시에 벌어진 시위에는 100만 명이 참가했다고 보고되었을 정도였다. 이어 2003년에는 파리에서, 2004년에는 런던에서, 2006년에는 아테네에서, 2008년에는 말모Malmö에서 열렸다.

반세계화 행동진영 내부에서도 다양한 입장차이가 존재한다. 사실 무정부주의자, 트로츠키주의자에서부터 생태주의자, 노동조합주의자, 여성운동가, 농민운동가, 소수인종 권리운동가에 이르기까지 다양한 그룹이 참여하고 있기 때문에, 이념적 편차도 크고 대안적 세계화의 방향에 대해서도 차이를 보이고 있다. 캘리니코스는 반세계화운동의 지향을 넓은 의미의 '반자본주의'운동으로 보고 — 이를 마르크스의 공산당선언의 분류와 유사하게 — '반동적 반자본주의', '부르주아적 반자본주의', '지역주의적 반자본주의', '개혁적 반자본주의', '자율주의적 반자본주의', '사회주의적 반자본주의' 등으로 나누고 있다.[9] 경상대 정성진 교수는 반세계화운동의 내부의 입장 차이를 중심으로 지역주의, 국제적 케인즈주의, 제3세계 민족주의, 자율주의, 사회주의로 나누고 있다.[10] 지구적 금융에 대한 지구촌 시민사회의 입장과 관련하여, 메그나드 데사이 같은 학자는 고립주의자, 지지자, 개혁론자, 대안론자로 나누기도 한다.

반세계화운동 내부에서 핵심적인 차이는 민족주의적 입장과 국제주의적 입장 사이이다. 전자는 세계화의 파괴적인 결과를 극복해 내기 위하여 국민국가의 주권강화와 국민경제적 조절력의 강화를 주장하게 되는 반면에, 후자

9_ 알렉스 캘리니코스, 정성진 · 정진상 옮김, 『반자본주의 선언』, 책갈피, 2003.

10_ 정성진, "반세계화의 세계화", 『황해문화』 겨울호, 2003.

는 현재의 세계화가 국민국가적 질서를 초국민국가적 질서로 재편하는 과정이기 때문에 지구적 질서 자체를 급진적으로 재편해야 한다는 지향을 보인다. 예컨대 우리의 FTA반대투쟁 정서에도 이러한 두 가지 정서가 혼재한다. 이것을 필자는 '반제국주의적 운동'과 '반제국적 운동'으로 개념화한다.[11] A. 네그리 같은 학자는 민족국가를 기반으로 하는 '국지적 운동'은 '반동적이기까지 하다'고 말한다.[12]

반세계화운동진영 내부에서는 선진국 운동과 후진국 운동 간의 일정한 긴장과 균열도 존재한다. 실제 99년 G7회담에서 '중채무빈국 외채탕감계획'이 발표된 후, 이 프로그램에 대한 대응을 둘러싸고 외채탕감운동세력 내부에서 격렬한 논쟁이 나타나게 되었고, 이 과정에서 '주빌리2000' 운동은 남·북반구로 분화되었는데, 급진적 입장을 대표하는 남아공, 브라질, 필리핀 등이 중심이 된 주빌리 남반구는 '제3세계 모든 외채의 조건 없는 탕감'을 주장하면서 남반구 정부에 대해 외채상환 거부를 촉구하고 있다. 또 하나, 선진국 운동과 후진국 운동의 갈등, 노동조합과 환경운동의 갈등도 존재한다.

물론 모든 운동에서 그러하듯이 '혁명이냐 개량이냐'의 논쟁도 존재한다. 80년대 한국사회를 달구었고, 20년대 코민테른에서부터 사회주의 붕괴에 이르기까지 급진주의 운동에서 지속적인 쟁점이 되었던 개량이냐 혁명이냐의 긴장이 반세계화론 내부에서도 존재한다. 4회 세계사회포럼이 열리는 장소의 반대편에서 '뭄바이 저항Mumbai Resistance'라는 반대집회가 운동단체들에 의해 열리기도 했다. 7회 나이로비 세계사회포럼에서는 '엔지오 축제NGO Fair'라는 빈민단체들의 비판도 이어졌다. 참여를 통한 개혁이냐 근본적인 전

11_ Cho, Hee-Yeon, "FROM ANTI-IMPERIALIST TO ANTI-EMPIRE MOVEMENT: THE CRYSTALLISATION OF THE ANTI-GLOBALISATION MOVEMENT IN SOUTH KOREA", Jai Sen and Peter Waterman eds., Worlds of Movement, Worlds in Movement: Challenging Empires series Volume 3, forthcoming.

12_ 안토니오 네그리, 마이클 하트 · 윤수종 옮김, 『제국』, 이학사, 81쪽, 2001.

복의 입장이냐는, 현존 세계화를 주도하는 국제경제기구들의 '개량적' 조치들, 타협적 조치들이 확대될수록 확대되게 될 것이다. 이러한 개량이냐 혁명이냐의 입장은 세계화를 주도하는 글로벌 기구들, 예컨대 세계무역기구의 해체dis-empowerment냐 개혁reform이냐 하는 문제로 구체화되어 나타나고 있다. 이를 필자는 개혁fix지향적 운동과 해체nix지향적 운동으로 표현하기도 한다.

헬드와 맥그류Held and McGrew는 다음 그림[13]을 통해 친세계화론자와 반세계화론자의 내부 차이를 보여 주고 있다. 이 그림에서 보는 것처럼, 친세계화 진영 내부에서도 통상적인 신자유주의자 외에, 국제적 자유무역을 옹호하면서도 투명성, 민주적 거버넌스 등을 보강해야 한다고 주장하는 자유주의적 국제주의자liberal intenationalist, 소로스나 스티글리츠[14]와 같이 친세계화 진영 내의 제도개혁론자가 존재한다. 워렌 버핏이 2002년 신용디폴트 스와프CDS라는 금융상품을 '금융대량살상무기'라고 경고했던 적도 있었고, 무분별한 '파생상품' 규제가 없으면 위기가 출현할 것이라는 견해를 제출했던 것이 그 예가 될 것이다. 반세계화 진영 내부에는 이상의 여러 차이를 갖는 부류가 존재하는데, 크게 보면 글로벌 개혁론자, 국가(민족)주의자, 급진주의자 등이 존재한다. 여기서 친세계화진영의 개혁론자와 반세계화진영의 온건론자가 만날 수 있는 지점도 존재한다는 것을 말해 준다. 그런 속에서 그는 공통의 기반을 '코즈모폴리턴 사회민주주의'로 개념화하고 있다.

13_ Held, David, "Global Social Democracy", Anthony Giddens ed., The Progressive Manifesto, London: Polity Press. p.99, 2003.

14_ 조지프 스티글리츠, 송철복 옮김, 『세계화와 그 불만 – 前 세계은행 부총재 스티글리츠의 세계화 비판』, 세종연구원, 2002. 참조.

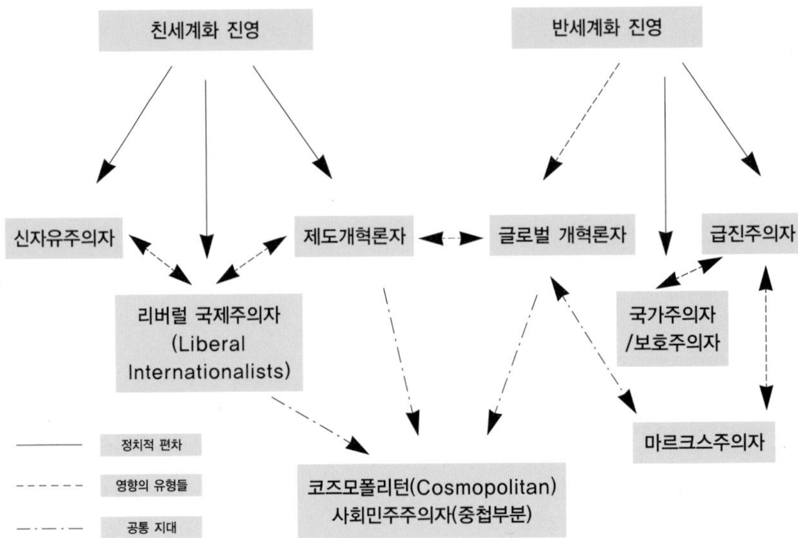

[그림 4] 세계화의 정치 내에서의 편차

반세계화운동의 입장에 대해 친세계화진영에서 "당신이 '원하지 않는' 것을 알겠다. 그렇다면 당신이 '원하는' 것은 무엇인가?"라는 도전을 제기한다. 이에 대응하기 위하여, 최근에는 대안적인 논의가 활성화되고 있다. 필자도 참석한 5회 브라질 세계사회포럼에서는 10개 영역 중 직접적으로 2개 영역이 대안에 대한 논의를 다루고 있었다. 반대로 친세계화진영에서도 – 반세계화운동에 의해서 '미봉적인 개량적 술책'으로 비판받고 있으나 – 친세계화진영이 반세계화운동의 의제를 자기 방식대로 수용하거나 인적인 초빙의 시도를 행하고 있다. 인도 출신의 글로벌 포커스 부회장이 세계은행 코디네이터로 이동한 경우, IMF 깡드쉬가 주빌리2000의 회장에 취임하는 것, 세계은행이 적극적으로 NGO포섭전략을 수행하고 대화전략을 구사하면서 일정한 자신의 쇄신을 시도하는 것도 이런 예에 속할 것이다. 세계은행 같은 경우에는 NGO와의 의사소통 채널을 새롭게 마련하고 있다. 2008년 10월 표면화된 글로벌 금융위기는 현재의 글로벌 경제시스템의 문제점, 규제 없는 금융자본의 초국경적 운동에 대한 문제점을 표면화시켰기 때문에, 2009년 4월에 열린 G20 2차 정상회담에서는 예컨대 헤지펀드 등록 및 활동공개, 세계금융감독기구로서의 금융안전위원회 설립, 조세회피 지역 공개 및 제재 등의 조치가 이루어졌다. 반세계화운동의 비판사항이 세계화추진세력의 개혁조치로 선택적으로 수용될 가능성은 앞으로 더욱 커질 것으로 예상된다.

5. 맺음말

자본주의는 자유경쟁시장의 역사가 아니라 시장에 대한 공적 규제의 역사이다.

많은 사람들은 자본주의의 역사를 자유경쟁적 시장을 만들기 위한 역사라고 인식한다. 그러나 필자는 자유경쟁적 시장의 비인간성과 가혹성에 주목하면서, 자유경쟁적 시장에 공적 규제를 확립하기 위한 투쟁의 역사였다고 생각한다. 이런 점에서 한편에서 자본이 주도하는 세계화 – 전 지구적 자유시장 질서, 전 지구적인 제한 없는 자본축적구조를 만들고 있는 – 에 반대하면서 그 가혹성과 비인간성을 규제하기 위한 투쟁이 과거의 국민경제적 차원에서가 아니라 세계경제적 차원에서, 또한 국민국가가 아니라 지구촌 사회 차원에서 전개되고 있으며, 그것이 정확히 반세계화운동이다. 필자는 민주주의의 기본원칙을 "경제가 사회(민중의 삶)에 미치는 영향을 정치를 통해서 규제하는 것이다."라고 본다. 단지 이러한 민주주의의 기본원칙이 지구적 차원에 관철되고 있지 않은 것이다. 이런 점에서 반세계화운동은 글로벌 민주주의 정치운동이라고 할 수 있다. 문제는 우리가 지구화되어 가는 현실 속에서 어떻게 세계화의 파괴적 측면을 아래로부터의 운동을 통해 '정치화'할 것인가 하는 것이다.

반세계화운동과 관련하여 한국 사회운동에 제기되는 도전도 있다. 이미 한국의 사회운동은 반세계화운동의 중요한 동력이 되고 있다. 2006년 12월 홍콩 투쟁이나, 2003년 칸쿤 WTO 3차 각료회의에서 이경해 씨의 자살투쟁은 사실 WTO 각료회의를 무산시킨 동력이었다. 이제 한국의 사회운동은 더욱 적극적으로 지구적 차원의 운동에서 '의제형성자'로서도 기여해야 한다. 많은 한국인에게 지구적 질서는 대단히 '신비화된' 영역이다. 유엔사무총장을 배출한 나라에서 지구적 질서를 최대한 적응해야 하는 '주어진given' 것으로 인식하는 것 자체가 어떤 의미에서 문제현실일 수 있다. 1997년 외환위기 당시 IMF가 제시하는 정책권고(고금리 정책 등)나 대출조건 등에 대해 일부가 '재협상'론을 제기하였는데, 그들은 '나라의 역적逆賊'처럼 매도되었고 바로 재협상론을 철회하게 되었다. 이는 경제위기 상황에서 불가피하게 받아들일 수밖에 없다는 현실론을 기반으로 하는 인식이기보다는, 서구가 주도하는 각종 국제질서와 국제기구를 '자연적 질서'로 보는 '물신화物神化적 인식'에 다름 아니라고 생각된다. 이러한 물신화된 인식 때문에 한국에서 배출된 유엔사무총장은 아무런 독자적인 '지구적 개혁의제'가 없는 '무난한' 총장이 되는 것이다. 이제 지구적 질서 자체를 주어진 것이 아니라, 인간다운 사회를 향하여 변화하고 재편해야 하는 대상으로 바라보고 개입하고자 하는 노력이 필요하다.

2004년 4월 발표된 런던선언[15]이 지적하고 있듯이, 현재의 글로벌 질서를 보면 WTO가 추동하고 담지하는 경제적 규칙만이 힘을 가지고, 각종 인권 규범, 환경 규범 등은 글로벌 경제에 대해 전혀 구속력이 없는 상태로 있다.

15_ '또 다른 세계를 가능하도록 하기 위한 국제기구체계의 개혁'이라는 제목으로 발표된 런던선언(2004년 4월 1일)은 "현재 여러 부문에서 광범한 지지를 받고 있는 제안에 따르면, 유엔 경제사회이사회를 변화시켜 각종 유엔 기구들, 프로그램, 브레튼우즈 기구들, WTO에 대해서 효과적인 통제권을 갖는 경제사회환

단지 이윤의 논리만이 아니라 인간안보, 최소한의 인간다운 삶과 인권의 보장, 지속가능한 환경, 평화주의의 원리가 민주주의의 이름으로 글로벌 경제 질서가 규율될 수 있어야 한다.[16]

경안전보장이사회(Economic, Social and Enviromental Security Council)를 만드는 것, IMF와 세계은행의 경우 설립 당시의 원래 과제들(IMF의 경우 세계 화폐, 거시경제적 균형 유지, 세계은행의 경우 재건설과 발전)로 복귀하고 내부에 민주적인 의사결정과정을 확립하고 그것이 유엔 내에 효과적으로 통합되도록 해야 한다. WTO는 유엔 내에 재설립되어야 하며, UNCTA와 협력하에, 인권 및 세계의 사회적 · 환경적 기준에 부응하는 세계무역정책을 수립해야 한다. 나아가, 동시에 유엔은 세계금융거래를 규제하기 위한 프레임을 확립하기 위해서 긴급한 조치를 취해야 한다(http://www.reformcampaign.net)."라고 주장하고 있다.

16_ 대안적 질서의 제도적 형태와 관련해서는 세계의회, 세계연방, 세계공화국 등 다양한 논의들이 제시되고 있다(조희연, "민주주의의 지구적 차원 : '지구적인 민주주의 정체(政體)'의 형성과 그 사회화", 조희연 · 지주형 편, 『지구화 시대의 국가와 탈국가 – 비판사회과학과 탈국가적 상상력』, 한울아카데미, 2009. 참조). 세계사회포럼에서도 환경, 여성, 무역, 인권 등 다양한 주제로 세션이 개설되지만 최근에는 '대안'을 둘러싼 세션도 많이 개설되고 있다. 반세계화 진영에서 대안에 대한 대표적인 연구로는 International Forum on Globalization(IFG)을 중심으로 이루어진 다음의 책을 참조. John Cavanagh, Jerry Mander eds., 2002, Alternatives to Economic Globalization : A Better World Is Possible, San Francisco : Berrett-Koehler Publishers).
필자는 궁극적으로 근대의 국민국가적 질서가 '세계연방(World Federation)'의 형태로 초국민국가적 질서로 통합되어야 한다고 생각한다. 이 세계연방은 – 하나의 국민국가가 연방제로 이루어진 경우, 국민국가적 차원 외에 지역정부적 차원이 상당한 독자성을 갖고 존재하는 것처럼 – 초국민국가적 차원, 국민국가적 차원, 지역정부적 차원이 일정한 자율성을 가지면서 통합된 형태가 될 것이라고 생각된다. 인류의 역사를 보면 '정체(polity)'의 광역화(廣域化)가 일관되게 관철되어 왔음을 알 수 있다. 현재의 국민국가적 질서도 유럽적 기준에서 보면 1648년 이후 '베스트팔렌 체제'라는 형태로 '구성'된 것이다. 이미 인적 · 물적 교류의 초국경적 확산은 이미 국민국가적 질서를 뛰어넘는 질서의 물적 기초를 예비하는 형태로 전개되고 있다고 생각된다. 단지 이러한 과정이 어느 정도의 시간적 범위를 가지고 전개되는가 하는 것이다.

더 읽을 거리

* 이강국, 『다보스, 포르투 알레그레 그리고 서울』, 후마니타스, 2005.
  세계화의 구조적 문제점에 대한 설명과 반세계화운동의 흐름에 대한 약술.

* 주성수, 『글로벌 가버넌스와 NGO』, 아르케, 2000.
  세계화와 관련된 개혁의제들을 정리한 책.

* 죠지 몽비오, 황정아 옮김, 『도둑맞은 세계화: 지구 민주주의 선언』, 2006.
  반세계화운동 입장에서 그리는 대안적 사회의 모습을 찾아볼 수 있다.

* 알렉스 캘리니코스, 정성진 · 정진상 옮김, 『반자본주의 선언』, 책갈피, 2003.
  반세계화운동진영 내부의 입장 차이를 잘 보여 주는 책.

* 피터 마르틴 · 하랄드 슈만, 『세계화의 덫 – 민주주의와 삶의 질에 대한 공격』, 영림카디널, 1997.
  '20 대 80' 사회라는 말을 회자시킨 책으로서, 세계화의 문제점을 지적.

* 크리스 하머 · 존 리즈, 정영욱 옮김, 『저항의 세계화: 세계를 뒤흔든 반자본주의 운동』, 북막스, 2002.
  반세계화운동을 반자본주의운동의 입장에서 이해하고 쟁점을 정리한 책.

* 엄기호, 『닥쳐라, 세계화!』, 당대, 2008.
  세계화의 폭력적 과정에서 희생되는 다양한 주체들의 저항을 저자의 체험에 기초해 서술.

* 에리프릴 카터, 조효제 옮김, 『직접행동: 21세기 민주주의, 거인과 싸우다』, 교양인, 2007.
  직접행동의 관점에서 기존의 민주주의론의 재검토. 지구화와 직접행동에 대한 풍부한 예시를 찾아볼 수 있다.

제10장

대안적 글로벌화의 비전과 전략 : 지속가능한 세계화의 과제와 전략*

김호기(연세대학교 사회학과)

1. 문제제기

2. 이념구도의 변화와 새로운 발전전략의 모색

3. 새로운 발전모델과 지속가능한 세계화

4. 결론

*_ 이 글은 『현대사회와 문화』 27호, 2008에 실린 것이다.

제10장

대안적 글로벌화의 비전과 전략 : 지속가능한 세계화의 과제와 전략

김호기

1. 문제제기

최근 우리 사회는 민주화 시대가 마감되고 세계화 시대가 본격화되면서 새로운 발전모델의 모색을 요청받고 있다. '87년 체제'나 '97년 체제'를 둘러싼 논쟁에서 볼 수 있듯이 민주화 시대 이후 우리 사회가 나아갈 방향에 대한 관심이 증대되어 왔으며, 지난 2007년 12월 대통령선거를 보더라도 '경제 살리기', '차별 없는 성장', '사람 중심, 진짜 경제' 등 성장 및 경제 관련 담론이 새로운 국가 비전으로 제시되기도 했다. 우리 사회는 현재 어디에 서 있으며, 또 어디로 가야 할 것인가. 새로운 발전모델에 대한 탐색은 이 질문의 중핵을 이루고 있다.

돌아보면, 1960년대 이후 산업화가 본격화된 이후 우리 사회를 주도해 온 발전 모델은 발전국가론과 신자유주의였다. 먼저 발전국가론은 국가에 의한 시장의 창출과 시민사회의 통제 논리를 그 핵심으로 한다. 1960년대 박정희 정부에 의해 본격적으로 추진된 이 발전국가론은 고도의 경제성장은 물론 근대적 사회제도를 정착시키는 데 기여해 왔다. 하지만 이 발전국가론은 그 성과만큼이나 작지 않은 부정적인 결과를 가져 왔다. 국가 중심의 성장 논리는 경쟁력 제고를 위한 시장의 유연성 및 효율성을 억제해 왔을 뿐만 아니라, 민주주의의 사회적 토대인 시민사회의 자발적인 성장을 가로막아 왔다.

1997년 외환위기는 우리 사회에 신자유주의 발전모델을 도입하게 하는 계기를 이루었다. 신자유주의는 국가 역할의 축소, 탈규제와 민영화, 노동시장의 유연화 등을 추구하며, 무엇보다 시장에서 경쟁의 원리를 강조한다. 이명박 정부가 등장하기 전까지 김대중 정부가 경제적 신자유주의와 사회적 복지국가를 결합한 '민주주의와 시장경제의 병행발전론'을 추진해 왔다면, 노무현 정부는 이런 전략을 대체적으로 계승한 '좌파 신자유주의'의 발전 전략을 구사해 왔다. 좌파 신자유주의 전략은 세계화의 충격에 대한 중도 세력의 대응을 담고 있었지만, 국민 다수의 공감대를 확보하는 데는 그리 효과적이지 못했던 것으로 보인다.

이 장의 목표는 바로 이런 문제의식에서 한국사회가 모색해야 할 새로운 발전모델을 검토하는 데 있다. 그 내용은 크게 세 부분으로 이루어진다. 2절에서는 노무현 정부의 좌파 신자유주의와 우리 사회의 이념 구도의 변화를 검토하고자 한다. 3절에서는 새로운 발전모델로서의 지속가능한 세계화를 다루는데, 여기서는 이중의 선순환, 능동적 정부, 사회 협약, 거버넌스 구축을 그 구체적인 전략들로 제시하고자 한다. 결론에서는 이제까지의 논의를 요약하고 그 함의를 다시 한 번 강조하고자 한다.

2. 이념구도의 변화와 새로운 발전전략의 모색

거시적으로, 2007년 12월에 치러진 대통령선거는 민주화 시대의 종언을 알리는 선거였다. 무엇보다 이 선거는 1987년 이후에 형성된 '민주 대 반反민주 구도'가 해체된 상태에서 치러진 선거였다. 중도 세력이 선거에서 패배한 것은, 페르낭 브로델의 역사이론을 빌리면, 선거 과정 내내 사건사적 차원에서 '노무현 정부 심판론'이라 할 수 있는 '노무현 프레임'에 갇혀 있었다는 점, 국면사적 차원에서 민주화 시대에서 세계화 시대로의 변화에 능동적으로 대응하지 못했다는 점에 기인한다.[1] 우리 사회에서는 1997년 이른바 '97년 체제'의 등장 이후 국면사적 전환이 진행되어 왔음에도 불구하고, 다시 말해 세계화의 그늘인 사회 양극화가 진행되어 왔음에도 불구하고 이에 대해 중도 정부가 효과적으로 대처하지 못해 왔다는 점을 고려할 때 선거에서의 중도 세력의 패배는 예정되어 있었던 것으로 보인다.

2007년 대통령 선거 과정을 돌아보면 문제는 비교적 선명히 부각된다. 네거티브 공방전이 치열하게 이루어져 왔지만, 그 이면에 놓인 것은 성장동력의 확충, 비정규직 노동자와 사회 양극화의 해소, 중소기업과 자영업 문제, 교육과 주택 문제 등이었으며, 그 동안의 대선에서 주요 쟁점을 이루어 온 남북관계는 상대적으로 관심을 적게 받았다. 여기서 주목할 것은 성장, 일자리, 양극화, 중소기업, 자영업, 교육 등의 이슈는 민주화가 아니라 세계화에 더 밀접히 연관된 쟁점이라는 점이다. 그리고 이를 모두 포괄하는 '경제 살리기'라는 보수 세력의 '선진화' 패러다임에 대해 중도 세력 또는 진보 세력은 효과적으로 대응해 오지 못했다.

물론 이런 변화된 상황에 대한 인식이 부재한 것은 아니었다. 선거과정에서 중도 세력이 제시한 '차별 없는 성장' 또는 '사람 중심, 진짜 경제'는 보수 세력이 내세운 '경제 살리기'의 신자유주의적 발전전략에 맞서는 패러다임으로 볼 수 있으며, 적어도 세계화의 충격이 가져온 변화에 대한 국면사적 인식을 담고 있었던 것으로 보인다. 하지만 이러한 새로운 패러다임이 국민 다수의 지지를 얻기 위해서는 사건사적 흐름과 일정하게 조응해야 했는데,

1_ 국면사와 사건사에 대해서는 Braudel(1958a, 1958b)를 볼 것.

사건사를 주도해 온 노무현 프레임을 극복하고 국민 다수의 이반을 되돌리기에는 상황이 너무 어려웠던 것으로 보인다.

이런 맥락에서 볼 때 2007년 대선은 5년 동안 국가운영을 이끌어 온 '좌파 신자유주의' 전략의 패배라 할 수 있다. 노무현 대통령이 명명한 바 있는 좌파 신자유주의라는 말은 좌파와 신자유주의 중 어디에 방점을 둘 것인가에 따라 그 의미가 달라진다. 좌파에 방점을 찍을 경우 기존 좌파의 노선을 따르되 신자유주의를 수용하는 것을 말한다면, 신자유주의에 강조점을 둘 경우 신자유주의 노선에 좌파의 성격을 덧붙이는 것으로 볼 수 있다. 생각건대 노무현 정부는 전자의 어법을 선호했던 것으로 보이지만, 지난 5년을 돌아보면 후자의 노선이 현실이었다고 할 수 있다. 이 좌파 신자유주의가 물론 새로운 개념은 아니다. 울리히 벡은 '신자유주의적 좌파'라는 말을 사용한 바 있는데(〈표 1〉을 볼 것), 이 말은 정치적으로는 좌파이되 신자유주의 경제정책을 수용하는 '제3의 길'을 지칭한다.

〈표 1〉 2차 모더니티의 이념 분화

① 좌파의 경우

		보호주의	개방주의
주권/정체성	민족적/자율적	보호주의 좌파	신자유주의 좌파 ; 제3의 길
	초국가적/협동적	초국적 거점 좌파	코스모폴리탄 좌파

② 우파의 경우

		보호주의	개방주의
주권/정체성	민족적/자율적	윤리적 우파 ; 외국인 혐오	신자유주의 우파 ; '제3의 길 우파'
	초국가적/협동적	초국적 거점 우파	코스모폴리탄 우파

출처 : Beck, 2005: 270-271.

주지하듯이 좌파 신자유주의에 내재된 문제는 신자유주의 경제정책과 복지국가 사회정책 사이의 긴장이다. 태생적으로 신자유주의는 시장에서의 경쟁을 강화시킴으로써 성장에 어느 정도 기여할 수 있지만, 바로 그 경쟁이 사회 양극화를 심화시키는 문제를 갖고 있다. 좌파 신자유주의의 '제3의 길'은 나라에 따라 그 상황이 적잖이 다르다. 서구 사회에서 '제3의 길'이 신자유주의 경제정책을 수용했다 하더라도 기존 복지국가에서 마련된 최소한의 안전장치가 작동해 왔다면, 한국 사회에서 '제3의 길'은 최소한의 안전장치가 사실상 부재하기 때문에 세계화의 충격 속에서 사회 양극화가 점차 강화돼 왔다. 사회 양극화를 해소하기 위해 김대중 정부와 노무현 정부는 사회적 약자를 위한 일련의 사회정책을 추진해 왔지만, 그 결과는 만족스러웠다고 보기 어렵다.

서구의 상황을 고려해 최근 우리 사회의 이념 구도를 다시 정리해 보면 〈표 2〉와 같다. 여기서 먼저 주목할 것은 이번 대선을 거치면서 우리 사회의 보수 세력은 발전국가론에서 보수적 신자유주의로 이미 전환했다는 점이다. 보수적 신자유주의를 잘 보여 준 말은 2007년 한나라당 대통령 후보의 경선 과정에서 제시된 '줄푸세(세금을 줄이고 규제를 풀며 법질서를 세운다)'이다. '줄푸세'는 다름 아닌 신자유주의가 내세우는 작은 정부, 규제완화, 민영화, 법치주의를 의미한다. 최근 이명박 정부의 기조도 기본적으로 이런 보수적 신자유주의적 성격을 갖고 있으며, 여기에 대운하 정책과 같은 과거 발전국가

〈표 2〉 한국 사회의 이념 구도

구분	보수	중도	진보
신자유주의	보수적 신자유주의	중도적 신자유주의 (좌파 신자유주의, 제3의 길)	진보적 신자유주의
반신자유주의	보수적 반신자유주의 (발전국가론)	중도적 반신자유주의	진보적 반신자유주의 (민족해방주의, 정통마르크스주의)

적 요소가 결합되어 있다고 볼 수 있다.

한편 중도 세력은 신자유주의를 축으로 분화하고 있다. 대체로 다수파는 한·미 자유무역협정FTA 추진 등에서 볼 수 있듯이 중도적 신자유주의를 지향하지만, 앞서 지적한 좌파 신자유주의의 딜레마와 유사한 난관에 직면해 있다. 사회복지를 강화하는 데 나름대로 주력해 왔음에도 불구하고 그것이 사회 양극화를 제어하는 데 그리 효과적이지 않은 것으로 보인다. 주목할 것은 소수파를 이루고 있는 중도적 반신자유주의 그룹인데, 지난 대선에서 창조한국당으로 결집된 바 있는 이들은 중소기업, 일자리 창출, 비정규직 노동자 등을 이슈화함으로써 어느 정도 관심을 모은 바 있다.

우리 사회의 진보 세력에는 민족해방주의, 사회주의, 사회민주주의, 녹색주의 등 다양한 성향이 공존한다. 최근 이 세력은 분화 과정에 놓여 있는데, 분화를 가져온 직접적인 계기는 북한 정권을 어떻게 볼 것인가의 문제였다. 하지만 길게 보면 우리 사회 진보 세력은 변화에 따른 불가피한 분화의 지점에 도달한 것으로 보인다. 〈표 1〉에서 서구 좌파의 경우 보호주의를 지지하는 세력 안에서 민족적이냐 초국가적이냐에 따라 분화가 진행되어 왔듯이, 민족해방주의를 강조하는 그룹과 생태 또는 소수자 문제로 의제를 확장하려는 그룹 사이의 긴장 및 갈등이 점차로 증대되어 왔다.

3. 새로운 발전모델과 지속가능한 세계화

1) 지속가능한 세계화의 전략

앞서의 논의가 함의하는 바는, 우리 사회에서 민주화 시대가 마감되고 세계화 시대가 본격화되면서 이 세계화 시대에 어떻게 대응할 것인가를 둘러싸고 다양한 발전모델들이 경합하고 있다는 점이다. 그렇다면 어떤 전략이 우리 사회의 적합한 대안적인 발전모델이 될 수 있는가. 바람직한 발전모델을 모색함에 있어 먼저 우리 사회가 현재 직면한 대외적, 대내적 조건을 검토할 필요가 있다. 그 조건은 각각 다음과 같은 세 가지 점에서 살펴볼 수 있다.

대외적 도전으로 먼저 꼽을 수 있는 것은 세계화의 충격이다. 1997년 외환위기 이후 우리 사회에서도 세계화 시대가 본격화되었으며, 지구적으로도 무한경쟁, 승자독식 구조가 더욱 두드러지고 있다. 둘째, 기술혁신과 인적자원이 갈수록 중요해지는 지식기반경제로의 전환이 빠른 속도로 이루어지고 있다. 셋째, 동아시아 국가의 구조변동도 주목되어야 한다. 일본은 헤이세이 불황을 딛고 활력을 다시 찾고 있으며 중국, 인도의 추격도 만만치 않다. 특히 중국은 우리에게 기회인 동시에 위협이기도 하다.

대내적 조건 역시 중대한 기로에 있다. 첫째, 세계화 시대에는 정보·기술발전으로 인해 '고용 없는 성장'이 불가피하기 때문에 고용을 동반한 신新성장동력, 무엇보다 일자리를 동반한 성장 전략이 요청된다. 둘째, 개방에 따른 사회갈등도 불가피할 것으로 보인다. 한·미 FTA의 사례에서 볼 수 있듯이 대외개방과 대내복지의 선순환을 마련하는 것은 갈수록 중대한 과제가 되고 있다. 셋째, 남북관계 변화도 예상할 수 있다. 이명박 정부 아래에서 우여곡절이 적지 않겠으나 남북관계가 결국 어느 정도 진전될 것으로 보인다.

'지속가능한 세계화sustaniable globalization'는 이런 대내외적 조건에 적극적으로 대응하려는 새로운 발전모델이다.[2] 그것은 세계화에 능동적으로 대응하되, 이런 전략을 대내적으로 지속가능성과 접목시키는 모델을 말한다. 여기서 지속가능성이란 생태학에서 말하는 인간과 자연의 공존만을 의미하는

2_ 세계화에 대해서는 사회과학 전반에서 다양한 토론이 이루어져 왔다. 세계화에 대한 기본적인 논의에 대해서는 Beck(1999), Held, McGrew, Goldblatt and Perraton(1999), Stiglitz(2002)를 볼 것.

것이라기보다, 자본과 노동, 중앙과 지방, 남성과 여성, 기성세대와 신세대의 공존을 모두 포괄한다. 현재 우리 사회는 무엇보다 경제성장과 사회통합을 동시에 성취해야 하는 과제를 안고 있는바, 그것은 세계화를 지속가능한 발전전략으로 구체화하는, 다시 말해 사회배제적 세계화가 아니라 사회통합적 세계화를 모색하는 방향으로 추진되어야 한다. 이러한 지속가능한 세계화는 아래의 세 가지 전략으로 다시 구체화할 수 있다.

'이중의 선순환'은 지속가능한 세계화의 첫째 전략이다. 최근 우리 사회에서 기존의 성장과 분배의 선순환 못지않게 중요한 것은 대외개방과 대내복지의 선순환이다. 우리의 인구 및 경제 규모는 덴마크, 네덜란드, 스웨덴 같은 강소국强小國보다 오히려 영국, 프랑스, 독일과 같은 강중국强中國에 가깝다. 강중국들은 대기업과 중소기업을 동시에 발전시켜야 하며, 해외시장과 내수시장 또한 동시에 겨냥해야 한다. 바로 이런 맥락에서 성장과 분배의 선순환을 넘어서 대외개방의 이익을 대내복지의 투자로 선순환시켜야 하는 또 하나의 과제를 우리 사회는 안고 있다고 볼 수 있다.

둘째 전략은 '일자리 창출의 성장'이다. 세계화와 정보 시대에 고용 없는 성장이 불가피하지만, 그래도 역시 좋은 일자리를 창출할 수 있는 일차적인 수단은 성장에 있다. 최근 우리 사회의 고용률은 외환위기 이전 수준을 회복한 상태이지만, 소재부품산업, 사회서비스업을 활성화하는 동시에 여성·청년·노인 친화적 일자리를 적극적으로 창출해 고용률을 선진국 수준인 70% 이상으로 올려야 한다. 더불어 외주용역 규제 등을 통해 비정규직 비율을 경제개발기구OECD 평균인 25% 정도까지 줄여야 한다.

셋째 전략은 '대기업과 중소기업의 상생'이다. 최근 우리 사회의 현재적 조건은 2~3개의 대기업이 경제를 주도하는 강소국 모델로는 당면 과제를 해결하기 어렵다는 것을 보여주고 있다. 이점에서 대기업은 대기업대로 글로벌 경쟁력을 강화해야 하며, 중소기업은 중소기업대로 혁신과 투자를 통해 경쟁력을 높이는 강중국 모델을 적극적으로 수용할 필요가 있다. 투명성 강화를 조건으로 부분적인 규제완화를 추진해 대기업의 경쟁력을 강화하는 동시에, 중소기업은 물론 중견기업에 연구개발R&D을 포함한 다각적인 지원을 강화해야 한다. 현재 우리 중소기업이 전체 고용에서 차지하는 비중이 90%에 가까운 점을 고려할 때, 기술혁신과 투자, 하도급 비리 척결 등을 통해 중소기업의 경쟁력을 더욱 높여야 하는 것은 매우 시급한 과제이다.

요컨대, 지속가능한 세계화는, 세계화의 충격이 불가피하다면 능동적인 개방을 모색하되, 그 대외개방의 성과를 바탕으로 대내복지를 확충함으로써 사회 양극화를 해소해야 한다. 오늘날 사회 양극화 해소는 어느 사회이건 매우 중대한 과제이다. 주지하듯이 세계화는 국가 간, 기업 간 경쟁을 강화시키는바, 그 결과 세계화의 물결을 탄 대기업들은 지속적인 성장을 이루지만, 물결을 타지 못한 중소기업들은 시장에서 탈락하는 위기에 처하게 된다. 개방과 양극화는 세계화의 야누스적인 두 얼굴이며, 이 가운데 양극화는 사회통합을 약화시킴으로써 민주주의의 지반을 위협한다.

최근 우리 사회의 양극화는 다양하다. 대기업과 중소기업, 첨단산업과 전통산업, 고소득층과 저소득층, 정규직과 비정규직에 이르기까지 기업, 산업, 소득, 고용 등 경제 및 사회 전반에서 관찰된다. 다른 나라와 비교해 주목할 또 하나의 양극화는 수출과 내수의 양극화인데, 수출은 높은 성장률을 기록한 반면 내수는 부진하다 못해 얼어붙은 상태이다. 국내 투자가 감소하고 내수가 결빙되다 보니 자연 계층 간 빈부격차의 체감은 더욱 커져 온 것으로 보인다.

문제는 현재의 양극화가 지속된다면 소득격차가 증가하고, 결국 사회통합의 기반마저 훼손할 것이라는 점이다. 자본주의 사회에서 빈부격차가 어느 정도 불가피한 것이라 해도 우리 사회의 양극화는 이미 위험 수위에 도달했다. 중요한 것은 이 양극화를 가져온 주요 요인이 세계화의 충격이라는 구조적 원인에 기인한다는 점이다. 구조적인 과제는 임시방편으로 해결될 수 있는 게 아니라 체계적인 처방을 요구한다. 인위적인 경기부양책이 단기적으로는 가시적인 성과를 가져올지 모르지만 장기적으로 양극화를 오히려 강화한다는 것은 1997년 외환위기 이후 체험을 통해 얻은 교훈이다. 이중의 선순환, 일자리 창출, 그리고 대기업과 중소기업의 상생 발전을 통한 지속가능한 세계화 전략은, 바로 세계화에 능동적으로 대응함으로써 사회 양극화를 해소하는 데 그 목표를 갖고 있는 모델이라 할 수 있다.

2) 능동적 국가

지속가능한 세계화는 국가의 새로운 변화를 요청한다. 지난 50년의 산업화 과정을 돌아볼 때 국가 중심의 명령식 모델은 산업화 초기에는 적합할지 모르지만 고도화된 산업구조에 더 이상 유효한 전략이 아니다. 그렇다면 시장 중심의 신자유주의 모델이 새로운 대안이 될 수 있는가. 시장 제도에 기반을 둔 민주적 경제운영이 시장에 내재된 규율 매커니즘을 통해 경쟁력을 제고시킬 뿐만 아니라 정경유착과 도덕적 해이를 제거시킬 것이라는 점을 주목할 때 시장 기능의 회복과 정상화는 매우 중대한 과제이다. 하지만 동시에 시장은 그 자체만의 조직화 논리에 맡길 경우 자기 파괴적 경향을 만들어 낼 수 있다는 중대한 약점을 갖고 있다(Polanyi, 1957). 문제의 핵심은 이러한 자기 파괴적 속성을 적절히 제어하기 위해 시장에 대한 국가의 개입이 불가피하지만, 과연 어떤 수준에서 국가가 시장에 개입할 것인가에 놓여 있다.

시장이 갖고 있는 긍정적 측면을 활성화하되 그 부정적 속성을 제어하는 것이 시장과 국가의 새로운 관계 모색에서 핵심 관건이라면, 시장을 민주적으로 개입하고 관리하는 전략이 현재로서는 최선의 방도라고 할 수 있다

(Boyer and Drache, 1996). 역사적으로 시장에 의존하는 자본주의는 그 위험성을 보완하기 위해 민주주의가 제공하는 보완 기능을 필요로 해 왔다. 시장이 항상 동요하고 평형으로부터 이탈하려는 경향을 갖는 한, 이러한 경향이 제어 불가능한 파괴력으로 전환되지 않도록 하기 위해 시장은 민주주의의 견제를 필요로 할 수밖에 없기 때문이다(임혁백, 1994, 2000). 견제되지 않은 시장의 급속하고 무한정한 확장이 만들어 내는 파괴적 영향은 지난 1990년대 후반 세계 금융위기에서 볼 수 있듯이 개별 국민경제에 대해 엄청난 파괴력을 가질 수 있다. 이런 점에서 '사회 없는 시장'을 추구하는 신자유주의 모델은 우리 사회에 바람직하지 않으며, 오히려 시장에 대한 국가의 민주적 감독과 균형의 역할이 적극적으로 요청된다고 볼 수 있다.

능동적 국가란 바로 이런 국가의 민주적 감독과 균형의 역할을 지칭하는 개념이다. 시장 메커니즘의 기능적 효율성을 저하시키지 않는 한에서 국가의 개입이 이루어져야 하며, 시장에서의 경쟁 원칙과 사회에서의 형평 원칙이 적극적으로 결합하는 것이 다름 아닌 능동적 국가의 목표라 할 수 있다. 이러한 목표를 달성하기 위해서는 먼저 그 개입의 주체로서 국가의 개혁이 이루어져야 한다. 지난날 국가 중심의 발전전략이 갖고 있었던 중요한 약점 가운데 하나는, 국가의 과도한 시장 개입이 권력의 중앙 집중화를 낳고 그에 따라 일부 국가기구의 부패와 도덕적 해이, 그리고 행정의 비효율성이 증대되었다는 점이다. 이러한 국가는 급변하는 세계질서에 능동적으로 대응하기 어려울 뿐만 아니라 장기적으로 국민들로부터 정치적 정당성을 상실할 위험을 지닌다. 따라서 국가는 투명성과 효율성을 증대시킬 수 있도록 스스로를 적극적으로 개혁해야 한다.

국가 내부의 개혁과 더불어 사회적 형평을 제고시키는 것 또한 능동적 국가의 매우 중대한 과제이다. 서구의 역사적 경험이 보여 주듯이, 자본주의 경제체제는 생산과 소비가 유기적 관련을 맺을 때 고도화될 수 있으며, 이

때 중산층은 이러한 대량생산과 대량소비의 핵심적인 주체로서의 역할을 담당한다. 중산층의 규모가 클 때 시장의 구매력이 증가하여 내수시장이 확대되고 저축을 통한 자본축적이 원활해지지만, 이 중산층이 붕괴한다면 구매력이 감소하여 내수시장이 축소되고 생산이 위축되어 경기가 침체될 가능성이 높다. 이러한 사실을 주목할 때 국가는 1997년 외환위기 이후 가시화된 중산층의 위기를 제어할 수 있는 다양한 정책들을 적극적으로 추진해야 한다. 구체적으로 일자리를 창출하기 위한 혁신 중소기업 육성과 정보사회에 걸맞은 교육개혁 및 직업훈련 프로그램 등을 활성화해야 하며, 동시에 실업보험과 연금보험의 개혁 등 실업자의 생활을 지원하기 위한 사회적 안전망을 더욱 강화해야 한다.

3) 사회협약

최근 우리 사회를 냉정하게 진단할 때, 신자유주의적이든 반신자유주의적이든 어떤 개혁 의제도 순조롭게 추진되기가 어려운 것이 현재적 조건이다. 따라서 불필요한 사회적 갈등을 최소화하고 선택과 집중을 통해 국가자원을 효율적으로 활용할 수 있는 조건을 창출하는 사회협약은 지속가능한 세계화를 실현하기 위한 구체적 방법의 하나로 제시될 수 있다(선학태, 2006 ; 김정한, 2004 ; 임상훈·바카로, 2006 ; Katzenstein 1985 ; Berger and Compston, 2002 ; Pierson, 2001 ; Zeitlin and Trubek, 2003). 거시적으로 사회협약을 위한 조건이 아직 무르익지 않았다고 볼 수도 있지만, 그 필요성은 어느 때보다도 훨씬 절실하게 요구되고 있다. 한국식 사회협약을 맺기 위한 조건에 대해서는 다음의 네 가지가 중요하다.

첫째, 사회협약이 성공하기 위해서 무엇보다 중요한 것은 주요 협약 참가자들 사이의 상호 신뢰이다. 신뢰가 부재하면 개방적인 논의가 이루어지지 않으며, 또한 상생의 합의를 이끌어내기 어렵다. 1998년 노사정위원회의 경험이 있었지만, 우리 사회에서 민주노총 및 한국노총의 노동계 대표집단과 전경련, 경총 등 기업계의 대표집단 사이에는 신뢰를 바탕으로 한 정책 결정 경험이 사실상 전무하다. 또한 최근 노동계와 정부 사이의 불신은 사회협약을 추진하는 데 있어서 정부의 적극적 활동에 불리한 조건으로 작용한다. 이 점에서, 노동 문제와 같은 예각적인 이슈가 아니라 국민적인 공감대가 높은 다른 이슈를 먼저 다룸으로써 신뢰를 쌓아 가는 것에 우선적으로 주력할 필요가 있다.

둘째, 참가자들의 대표성을 높여야 한다. 노동계의 경우 여전히 노동조합 조직률이 매우 낮은 상황이고, 각종 시민사회 단체들의 경우도 이들이 일반 국민들의 이익을 직접적으로 대표한다고 보기는 어려운 실정이다. 기업계의 경우도 전경련과 경총이 사회적 타협에 참여해 왔지만 이 대표 기구들의 결정이 개별 기업에 대해 구속력을 가질 수 있는 실효성은 거의 없는 셈이다. 참가자들의 대표성이 낮은 경우 국민적 공감대를 창출하기 어려우며, 이는 타협의 결과에 대한 무관심 내지 거부로 이어질 수 있다. 따라서 다소 시간이 걸린다 하더라도 참가자들의 대표성을 높일 수 있는 준비가 이루어져야 한다.

셋째, 언론을 포함한 공론장의 역할이 중요하다. 사회적 타협은 경제적 교환이 아니라 정치적 교환이다. 정치적 교환이 성공하기 위해서는 공론장에서 활발한 논의가 병행되어야 하며, 이를 통한 국민 다수로부터의 적극적인 지지가 요청된다. 하지만 현재 우리 사회 공론장은 과도하게 분열되어 있으며, 국민적 이익보다는 정파적 이익에 충실한 경우가 작지 않다. 공론장이 이렇게 분열되어 있는 한, 국가, 시장, 시민사회 사이의 사회적 합의가 이루어진다 하더라도 이것이 국가적 의제로 공감대를 얻기가 쉽지 않다. 따라서 사회적 타협에 대한 공론장에서의 정치적 휴전이 요청된다.

마지막으로, 협약 참가자들의 사회적 타협의 필요성에 대한 공감대 또한 매우 중요하다. 시각에 따라서, 우리 사회에는 사회적 타협의 여건이 아직 충분하지 않다고 볼 수도 있다. 사회적 양극화가 점점 가속화되는 반면 대기업들은 최대의 호황을 누리고 있는 상황에서 타협이 선뜻 이뤄지기를 기대하기란 쉽지 않기 때문이다. 어느 나라이건 사회적 타협이 추진되는 시기는 자본과 노동 모두 벼랑 끝에 놓여 있을 때였으며, 우리 사회의 노사정위원회도 외환 위기라는 절체절명의 상황 아래에서야 추진될 수 있었다. 하지만 상황과 조건이 이렇다고 해서 우리에게 사회협약이 전혀 불가능한 것은 아니다. 구조적 강제 속에서 전략적 선택을 극대화하는 것이 필요하며, 이를 자유로운 선택이 아니라 규범적 지향으로 받아들여야 한다.

앞서 지적했듯이, 성공한 것으로 평가되는 사례들을 보더라도 정형화된 사회적 타협 모델은 없다. 각 나라들은 제 나름대로의 조건과 상황에 맞는 모델을 개발하고 운영해 왔음에 주목할 필요가 있다. 사회협약이 서로 다른 이익을 조정하는 것인 한, 긴장과 갈등의 발생은 불가피하다. 게다가 세계화가 사회협약을 강제한다고 해서 일방적으로 어느 한 집단의 희생을 강요할 수는 없다. 겉으로는 타협을 주장하면서도 속으로 상대방의 무장해제를 원한다면, 그리고 사회적 분위기상 타협의 테이블에는 앉아 있되 마음은 이미 그 자리를 떠났다면, 이런 타협은 생산적인 결실을 맺기 어렵다는 점에 주의해야 한다.

4) 거버넌스 구축

민주화 시대가 가져온 사회적 결과 중 하나는 사회갈등의 증대이다. 사회갈등을 부정적으로 볼 필요는 없다. 어느 사회이건 이익 및 가치관의 차이에 따라 갈등이 발생하기 마련이기 때문이다. 중요한 것은 이런 갈등을 해결하는 데 정부가 모든 것을 주도하는 일방적인 통치에서 벗어나 국가와 시민사회가 함께 문제를 해결하는 거버넌스가 중시되어야 한다는 점이다(Rosenau,

1995, 2002 ; OECD, 2001). 거버넌스는 일방적인 명령 체계가 아닌 조직간 자발적 네트워크로서의 상호의존성을 강조한다. 이 거버넌스를 구축하기 위해서는 다음의 네 가지 과제가 적극적으로 추진되어야 한다.

첫째, 예방적 갈등관리 시스템이 구축되어야 한다. 이제까지 사회갈등은 사후적인 대처를 중심으로 전개되어 왔기 때문에 적지 않은 시간과 노력 등의 사회적 비용을 치러야 했다. 따라서 정책 입안 및 집행에 앞서서 시민사회와의 적극적인 의사소통을 중심으로 한 예방적 정책 방향을 모색할 필요가 있다. 사회갈등의 사전 조율을 위해서는, 먼저 정부-민간전문가-시민단체 간의 정책네트워크를 구축하고, 이를 통해 시민단체를 포함한 시민사회의 적극적인 참여와 의제형성을 반영할 수 있는 논의구조를 마련해야 한다. 더불어, 정책 가이드라인의 제시, 갈등영향평가제도의 도입 등을 통해 기존 정부의 일방적인 정책 기획 및 추진에 대한 견제가 이루어져야 한다(이영희, 2004 ; 박재묵, 2005).

둘째, 갈등조정 기구에 실질적 권한이 부여되어야 한다. 다수의 이해당사자가 관련된 복잡한 갈등을 해결하기 위해서 무엇보다 중요한 것의 하나는 권한 있는 조정자의 역할이다. 이해당사자들에게 실질적 권한을 부여함으로써 시민사회와 정부, 그리고 정부 내 다양한 입장과 이해관계의 통합·조정 기능을 수행하게 해야 한다. 나아가 이 기구들은 갈등유형 및 성격에 맞는 '문제해결 프로세스'를 구축해야 한다. 이와 연관해서 주목할 것이 지난 노무현 정부하에서 추진된 바 있는 한탄강 댐 갈등관리 프로세스 디자인이다. 이 디자인에 따르면, 갈등 현안에 대해 조정위원회를 구성하고 조정에 성공할 경우와 실패할 경우를 나누어 합의를 도출하게끔 했다(지속가능발전위원회, 2004). 더불어, 정책평가 시스템을 통해 기존 정책기획 및 추진방식에 대한 검토 작업을 수행하고, 향후 갈등조정 과정에서 이를 적극적으로 반영할 필요가 있다.

셋째, 사회적 합의형성을 위한 구체적인 제도가 마련되어야 한다. 우리 사회에서 사회갈등이 쉽게 해소되지 않는 원인 중 하나는 갈등 발생 시 형성된 찬반구도가 계속 유지된다는 데 있다. 찬성과 반대의 두 가지 안 가운데 하나를 보완하려는 것으로는 문제 해결에 도달하기 어렵기 때문에, 찬반구도를 넘어설 수 있는 혁신적인 타협안을 제시할 필요가 있다. 이를 위해서는 찬반 입장에 따른 위원 선정이나 찬반동수의 위원회 구성, 하나의 안에 대한 찬반 입장의 개진 및 확인 작업이 아니라, 현실적인 대안에 대한 토론을 통해 서로 간의 활발한 상호작용 과정이 진행되고 이를 기반으로 대안적 타협이 가능해야 한다. 구체적으로 시민합의회의, 시나리오 워크샵, 공론조사, 시민배심원 등 시민참여적 합의형성의 절차와 기법을 다양하게 활용해 민주적 공론 형성과 사회적 합의창출 방법을 강구할 필요가 있다(이영희, 2004). 이런 사회적 합의 형성은 단기적으로 사회적 비용을 더 지불하게 할지 몰라도 장기적으로는 효율적이며, 무엇보다 참여민주주의의 확장을 의미하는 것이기도 하다.

넷째, 시민사회의 대표성 제고와 공공성 강화가 이루어져야 한다. 거버넌스가 활성화되고 제도화되기 위해서는 시민사회 주체들의 성찰성과 자기관리능력 또한 제고되어야 한다. 사회적 대화의 과정에서 시민사회 역시 문제에 대한 성찰의 기회를 갖게 되는데, 시민사회 내 다양한 행위주체들은 자신의 견해와 입장을 단지 관철시키기 위해 노력하는 것이 아니라, 자신의 가치와 도덕성을 다시 한 번 숙고해 보는 기회를 가질 수 있다. 이와 연관해 중요한 것은 시민단체의 대표성과 공공성 강화이다. 거버넌스에 참여하는 시민단체의 대표성을 제고하고 공공성을 강화하는 것은 무엇보다 시민사회의 정치적 협상 및 조정역량을 증진시킬 수 있다.

4. 결론

이제까지의 논의를 요약하면 다음과 같다. 노무현 정부의 마감과 이명박 정부의 등장은 우리 사회에서 민주화 시대가 종언하고 세계화 시대가 본격화되었음을 보여 준다. 이 세계화 시대는 우리 사회에게 새로운 과제를 안겨주고 있다. 한편에서는 세계 시장에서의 경쟁력을 더욱 강화시켜야 하는 동시에, 다른 한편에서는 세계화가 가져오는 부정적 결과들을 해소해야 하는 것이 바로 그것이다. 1997년 외환위기 이후 김대중 정부와 노무현 정부는 이런 과제를 해결하기 위해 한국식 제3의 길이라 할 수 있는 좌파 신자유주의 정책들을 추진해 왔다. 이 정책은 우리 사회를 외환위기에서 벗어나게 하는 데는 성공을 거두었음에도 불구하고, 사회 양극화의 강화를 포함한 새로운 시련에 직면해 왔다.

우리 사회가 놓인 대내외적 조건들을 고려할 때 지속가능한 세계화는 새로운 대안적 발전모델로 제시될 수 있다. 지속가능한 세계화는 세계화에 능동적으로 대응하는 동시에, 세계화가 가져오는 양극화를 적극적으로 제어하려는 전략이다. 그것은 성장과 분배의 선순환과 대외개방과 대내복지의 선순환을 포괄하는 이중의 선순환, 시장의 경쟁과 사회적 형평을 생산적으로 결합하려는 능동적 국가, 자본과 노동 사이의 역사적 타협을 모색하는 사회협약, 그리고 사회갈등을 민주적으로 해결하려는 거버넌스의 구축으로 구체화할 수 있다. 본격적인 세계화 시대를 맞이하여 이런 지속가능한 세계화를 어떻게 성취할 것인가에 우리 사회의 미래가 달려 있다고 해도 과언이 아닐 것이다.

참고문헌

김정한 외, 『세계 각국의 사회협약』, 한국노동연구원, 2004.

박재묵, "갈등예방과 갈등영향분석", 지역사회학회·환경사회학회 공동학술대회 발표문, 2005.

선학태, 『사회협약정치의 역동성』, 한울, 2006.

이영희, "민주화와 사회갈등 : 공공정책을 둘러싼 사회갈등의 이해", 『동향과 전망』 제61호, 2004.

임상훈·바카로(L. Baccaro), 『약자들의 사회협약』, 한국노동연구원, 2006.

임혁백, 『시장, 국가, 민주주의』, 나남, 1994.

______, 『세계화 시대의 민주주의』, 나남, 2000.

지속가능발전위원회, 『갈등관리시스템 구축방안 연구보고서』, 지속가능발전위원회 자료집, 2004.

Beck, Ulrich, *What is Globalization*, Cambridge : Polity, 1999.

______, *Power in Global Age : A New Global Political Economy*, Cambridge : Polity, 2005.

Berger, Stefan and Hugh Compston(eds.), *Policy Concertation and Social Partnership in Western Europe*, Oxford : Berghahn Books, 조재희 외 옮김, 『유럽의 사회협의제도』, 한국노동연구원, 2002.

Boyer, Robert and Daniel Drache, "Introduction", in Robert Boyer and Daniel Drache(eds.), *States against Markets*, London : Routledge, 1996.

Braudel, Fernand, "역사학과 사회학", 신용하 편, 『사회사와 사회학』, 창작과비평사, 1958a.

Braudel, Fernand, "역사와 사회과학 : 장기지속," 신용하 편, 『사회사와 사회학』, 창작과비평사, 1958b.

Held, David, Anthony McGrew, David Goldblatt, and Jonathan Perraton, *Global Transformations*, Oxford : Blackwell, 1999.

OECD, *Governance in the 21th Century*, Paris : OECD, 2001.

Pierson, Paul(ed.), *The New Politics of the Welfare State*, Oxford : Oxford University Press, 2001.

Polanyi, Karl, *The Great Transformation*, Boston : Beacon, 1957.

Rosenau, James, "Governance in 21th Century", Global Governance Vol. 1 No. 1, 1995.

______, "Governance in a New Global Order", in David Held and Anthony McGrew(eds.), *Governing Globalization*, Cambridge : Polity, 2002.

Stiglitz, Joseph, *Globalization and its Discontents*, New York : W.W. Norton & Co., 2002.

Zeitlin, Jonathan and David Trubek(eds.), *Governing Work and Welfare in a New Economy : European and American Experiments*, Oxford : Oxford University Press, 2003.

제11장

글로벌화와 한국의 국가전략*

임혁백(고려대학교 정치외교학과)

1. 머리말 : 금융위기, 세계화, 민주주의

2. 세계화와 민주주의 간 연계성에 관한 경쟁적 시각들

3. 세계화와 민주주의의 상관관계에 관한 검증

4. IT혁명과 세계화, 그리고 한국의 변화

5. 국내정치의 거버넌스 : 신유목적 민주주의

6. 신유목적 민주주의의 정치참여

7. 미래 국가전략

*_ 이 글은 임혁백, 2009. 『신유목적 민주주의』(서울: 나남)를 수정 보완하였다.

제11장

글로벌화와 한국의 국가전략

임혁백

인간은 상상했던 것을 현실로 바꾸면서 진화하였다. '상상'은 희망의 한 축, 그리고 목표의 한 축을 담당하며 인류 역사의 수레바퀴를 굴려 온 동력이다. [그림 1]은 코펜하겐 미래학연구소에서 "This is your future."라는 제목으로 1958년에 제작한 이미지이다. 무려 60여 년 전에 상상된 미래에는 이미 3Ddimension 벽걸이 컬러 TV와 개인용 헬리콥터가 착륙할 수 있는 슬라이드

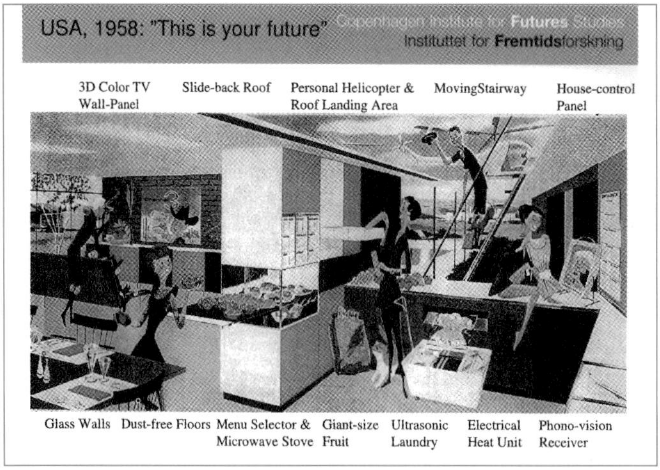

[그림 1] 코펜하겐의 미래연구소가 제작한 미래 이미지

식 지붕이 등장한다. 전자동화된 가사 시스템은 물론이고 집안에서도 에스컬레이터로 이동한다. 2010년 현재, 이들 중 일부는 이미 현실화되었고 또 일부는 진행 중에 있다. 전쟁의 상흔을 추스르기 시작하던 한국은 물론이고 전 세계적으로도 이제 막 컬러 TV가 보급되기 시작하던 시절이라는 것을 감안하면 이들의 상상력에 감탄하지 않을 수 없다.

1. 머리말 : 금융위기, 세계화, 민주주의

세계화의 메인 스트리트인 월스트리트에서 일어난 금융위기는 순식간에 전 세계 금융시장을 사실상 붕괴시키고 빠른 속도로 실물경제로 파급되고 있다. 자유주의자들의 세계화에 대한 장밋빛 신념이 흔들리고 있다.

[그림 2] 금융위기, 세계화와 민주주의

2008년 10월, 미국 월스트리트에서 금융위기가 터질 때까지 세계화와 민주주의의 상관관계에 대한 설명은 자유주의 또는 신자유주의 경제학이 독무대를 차지했다. 그들은 무역개방과 자본이동의 자유화를 추구하는 세계화가 민주주의를 촉진할 뿐 아니라, 역으로 성숙한mature 민주주의일수록 자본개방과 무역개방을 촉진하기 때문에 세계화를 지구촌의 대세로 만들고 있다고 주장하였다. 더 이상 다른 대안이 없는 '역사의 종언'이 다가오고 있다는 것이다. 그러나 세계화 반대론자들은 세계화가 국가 간, 지역 간, 계급 간, 그리고 노동자 간(정규직 대 비정규직, 고기술 숙련 노동자 대 비숙련 단순노동자) 불평등을 야기함으로써 사회안전의 기본 틀을 허물고 민주주의의 물질적 기반을 약화시킬 것이라고 주장한다(Martin and Schumann, 1997).

2. 세계화와 민주주의 간 연계성에 관한 경쟁적 시각들

세계화와 민주주의 간의 인과적 연계성에 관해서는 다양한 설명들이 있으나 대체로 다음 네 가지로 요약될 수 있다(임혁백, 2000 ; Eihengreen and Leblang, 2007).

첫째, 세계화가 민주주의를 촉진한다는 (신)자유주의적 시각이 있다. 세계화가 민주적 이념을 확산시킨다는 시각은 멀리 칸트Immanuel Kant까지 올라간다.

둘째, 자유주의적 시각과 역의 논리로 무장한 민주적 세계화론이 있다. 이들은 성숙한 민주주의가 무역개방과 자본의 자유로운 흐름free flow of capital을 보장함으로써 세계화를 촉진한다고 주장한다.

셋째, 세계화는 민주주의를 저해한다는 반세계화 시각이 있다. 이 이론은 세계화가 국민국가의 정책주권을 심각하게 제약함으로써 인민이 정부를 선택하여 정부로 하여금 인민들이 원하는 정책을 실현하게 하는 민주주의의 실현을 가로막고 있다는 것이다(Przeworski, 2005).

넷째, 민주주의가 세계화의 핵심인 무역개방을 촉진한다기보다 보호주의를 고수함으로써 세계화를 저해한다는 것이다.

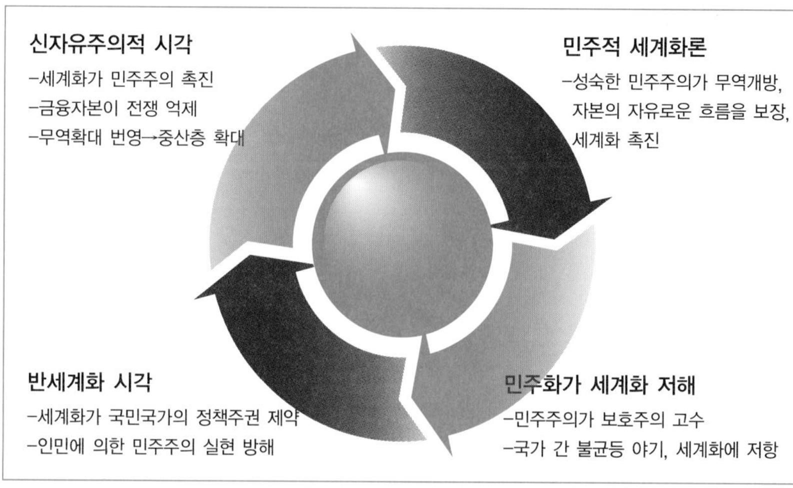

[그림 3] 신자유주의와 민주화의 연계성에 관한 네 가지 이론

3. 세계화와 민주주의의 상관관계에 관한 검증

1) 강한 긍정의 관계, 그러나 지나친 장밋빛 낙관

캘리포니아 대 버클리 캠퍼스의 아이헨그린B. Eichengreen 교수와 콜로라도 대학의 르블랑D. Leblang 교수는 세계화와 민주주의의 상관관계에 관한 경쟁적 주장들을 156개 국가를 대상으로 하여 1870년에서 2000년까지의 자료를 갖고 실증적으로 비교·검증하였다. 그들이 내린 결론은 세계화와 민주주의, 민주주의와 세계화 간에는 긍정적인 관계가 있다는 신자유주의자의 주

아이헨그린, 르블랑

민주주의는 세계화 촉진

-민주주의가 성숙할수록 무역개방에 적극적
-금융개방, 자본자유화도 민주주의와 긍정적 관계

무역개방은 민주주의 촉진

-브레턴우즈 체제를 제외하고, 자본통제는 민주주의에 부정적 영향을 미침

➡ **세계화와 민주주의 상관관계에 대한 자유주의적 시각 지지**

[그림 4] 세계화와 민주주의의 상관관계 검증

장을 뒷받침하는 것이었다.

첫째, 민주주의는 독재보다 무역개방과 자본자유화로 측정되는 세계화를 촉진한다. 무역개방 측면에서 볼 때, 민주주의가 성숙해질수록 무역개방에 더 적극적이다. 금융개방과 자본자유화 측면에서도 민주주의와 세계화 간에 긍정적인 관계가 발견된다. 민주주의 국가일수록 국경을 넘나드는 자본통제를 해체하는 경향이 있다. 그런데 시기적으로 예외가 발견되었다. 브레턴우즈 체제하에서는 민주주의가 독재보다 더 자본통제를 강화하는 경향이 있었던 것이다. 그것은 임금과 실업 간의 상쇄관계를 고려하는 통화당국의 정책 때문이었다. 브레턴우즈 체제 붕괴 이후 변동환율제를 채택하는 것이 가능해지면서 통화정책의 자율성을 유지하기 위한 자본통제가 필요하지 않게 되었다.

둘째, 브레턴우즈 체제 시기를 제외하고 무역개방은 민주주의를 촉진하는 것으로 나타났다. 그러나 민주주의에 대한 무역개방의 긍정적 기능은 민

주주의가 무역개방을 촉진하는 것만큼 강력하지는 않았다. 자본자유화가 민주주의에 긍정적으로 작동하는 것은 전간기Interwar Period나 포스트-브레턴우즈 시기에 동일하게 발견되었다. 다른 시기에는 자본자유화와 민주주의 간에 통계적으로 유의미한 효과가 나타나지 않았다. 그런데 민주주의의 지속성 요소를 넣었을 때, 브레턴우즈 시기를 제외하고는 자본통제가 민주주의에 부정적 영향을 끼친 것으로 나타났다.

2) 세계화의 삼중모순 : 트라일레마Trilemma

전간기의 윤리적 사회주의자인 카를 폴라니는 20세기의 명저인 『대변환Great Transformation』에서 19세기 고전적 자유주의 세계질서(자율조절적 시장사회, SRM : Self Regulating Market)는 자율조절적이 아니며 불안정하고 지속가능하지 않다고 갈파하였다. 말하자면, 자기파괴적인 시장운동은 그로부터 위협받는 사회와 자연으로부터 반대운동을 불러온다는 것이다. 왜냐하면 시장은 평등한 기구가 아니며 가난한 사람, 약자의 필요에 응답하는 자원배분 기구가 아니기 때문이다. 따라서 사회와 자연은 시장의 횡포로부터 자신을 보호하기 위해 어떤 조치를 취하게 된다(Polanyi, 1944). 시장은 외부효과로 발생하는 환경문제에 무관심하며, 인간과 인간을 둘러싼 자연환경을 파괴하는 시장에 대항해 자연은 환경재앙으로 시장에 복수하고 인간은 시장에 대한 보호주의로 저항한다. 따라서 세계화와 민주주의는 긴장관계에 빠질 수밖에 없다. 많은 경우 세계화와 민주주의는 병행 발전할 수 있는 관계가 아니라 선택관계에 있을 수밖에 없다는 것이 폴라니의 논지이다.

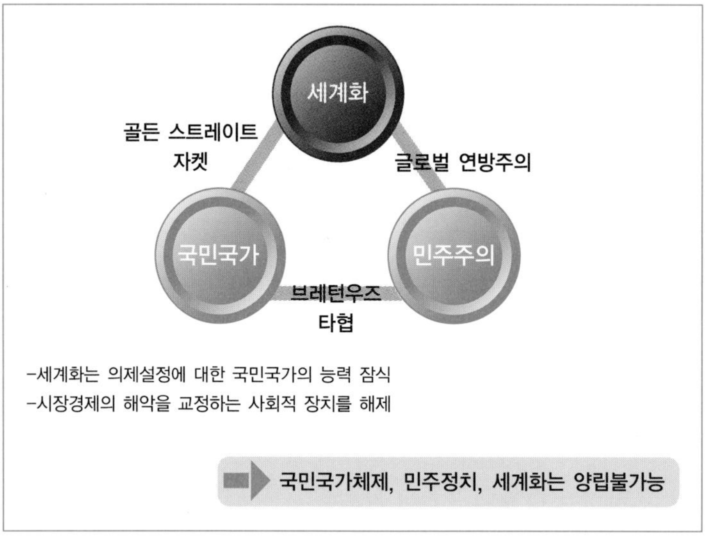

[그림 5] 세계화의 트라일레마

4. IT혁명과 세계화, 그리고 한국의 변화

21세기의 IT혁명과 세계화는 정주사회를 유목사회로 변화시키고 있다. IT와 세계화는 사회를 엄청나게 이동적인mobile 사회로 바꾸어 놓고 있다. '사람, 사물, 제도, 기업, 개념, 가치, 연대감, 사랑, 가족, 일, 소비 양식, 식사 시간과 수면시간, 이데올로기, 전쟁형태, 명성, 여가나 여흥' 등에서 정주성은 사라지고 있다(아탈리, 2005 : 32).

1) 경제적 변화

경제적으로는 한국경제는 전통 산업에서 지식정보산업으로 중심축이 이동하고 있다. 디지털 산업, 소프트웨어 산업, 콘텐츠 산업, 문화 산업, 브랜드 산업("아이 찜," "문화를 마신다"), 미디어 산업이 이제 미래의 한국 경제를 이끌어 가는 주역이 되어 가고 있다. '고위험, 고수익high risk, high profit'의 SOHO 형 창업이 활성화되고 있다. 노동과 자본이 가치창출의 원천이었던 산업사회는 지식, 돈과 자본 기업 간 경쟁의 핵심이 품질경쟁에서 시간경쟁으로 바뀌고 있다. 그러나 경제의 IT화는 경제의 양극화를 초래하는 부작용을 또한 낳고 있다. 현재 IT 혁명의 부수효과로 대기업 대 중소기업, 수출산업 대 내수산업, 참단 산업 대 전통 산업 간의 격차가 벌어지고 있다.

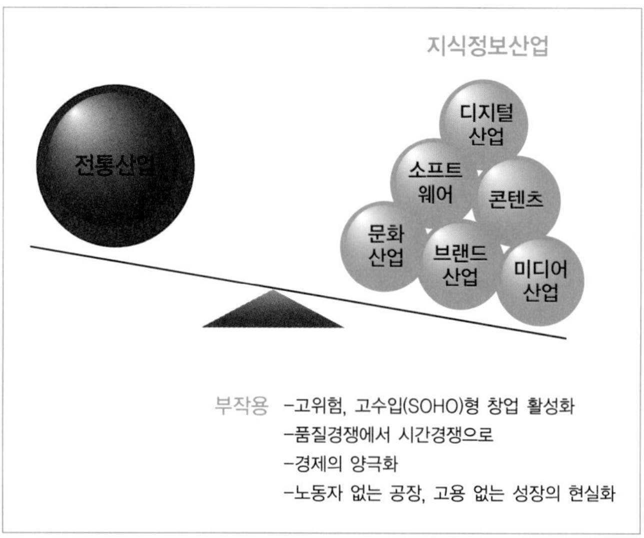

[그림 6] 경제적 변화

노동의 영역에서도 혁명적 변화가 일어나고 있다. IT의 기술혁신으로 대규모의 노동이 절약labor saving되어 '노동자 없는 공장workerless factory'이 현실로 나타나고 있다. 그 결과 IT는 '고용 없는 성장'이라는 한국경제의 새로운 과제를 던져 주고 있다. IT는 또한 다기능노동자를 요구하고 과제를 중심으로 모였다가 흩어지는 유연적 노동조직을 등장시키고 있다. IT는 연공서열,

종신고용으로 특징지어지는 한국의 노동시장을 유연화하는 압력으로 작용하고 있다.

2) 정치적 변화

정치적으로는 촛불집회에서 보듯이 축제와 같은 정치가 등장하고, 이념이 아니라 문화를 만드는 정당이 시민의 사랑을 받게 되고, 정치적 경쟁의 장이 계급투쟁에서 생활정치로 바뀌고 있다. 이성적 정치보다는 감성적 정치가 유권자의 표를 얻는 데 더 매력적인 것이 되고 있다.

3) 사회적 변화

디지털 혁명과 신경제, 자동차의 대중화, 고속도로망, 고속철 등의 교통혁명, 도시화 등으로 한국사회는 고도로 이동성이 높은 유목사회로 변모하고 있다. 사이버상의 이동, 지리적 이동, 직업적 이동, 교육 이동, 계층적 이동이 모두 활발하게 일어나고 있다.

〈표 1〉 산업사회와 지식정보사회의 특징

산업사회	지식정보사회
물질적 가치 중시	탈물질적 가치 중시
물질적 가치의 특징 : 객관적, 예측 가능, 저장 가능, 불변적	지식가치의 특징 : 주관적, 예측 불가, 저장 불가, 가변적
"소유"/소비의 경합	"이용"/소비의 비경합
가치 창출의 원천으로서의 노동과 자본	가치 창출의 원천으로서의 지식, 정보, 아이디어
규격화된 대량생산, 자원다소비형	다품종소량생산, 자원절약형
소비의 균질화, 대중화	주관적 만족 중시, 소비의 차별화, 다양화
공급자 중심의 산업분류 : 1차, 2차, 3차 산업	수요자 중심의 산업분류 : 物財산업, 위치산업, 시간산업, 지식산업

산업사회	지식정보사회
소유의 양극화 빈부격차	노동의 양극화 정규직 대 비정규직
경제와 문화의 일국적 통일	경제와 문화의 글로벌화
중앙집권적 영토 국민국가의 강화	국민국가의 상대적 쇠퇴, 지방분권화
권력의 집중 정치 · 경제권력의 우위	권력의 분산 사회 · 문화적 권력의 대두
위계적 조직 필하모니형 조직	네트워크형 조직 재즈밴드형 조직
물질적, 직업적 이해관계를 중심으로 한 집단형성/계급, 이익집단	기호, 의견, 문화적 공감대를 매개로 한 네트워크형 동원/축제로서의 정치
계급 · 정당귀속감에 따른 투표행동	인물 · 쟁점에 따른 투표행동
이성적, 안정적, 정책선호의 일관성	감성적, 유동적, 정책선호의 비일관성

5. 국내정치의 거버넌스 : 신유목적 민주주의

1) '비동시성의 동시성'

후발산업화 국가이자 후발 민주화 국가인 한국은 전근대와 근대 그리고 탈근대를 단계적으로 이행해 온 선진국과 달리 '전근대', '근대', '탈근대'라는 비동시적 역사적 시간이 동시적으로 공존하고 있는 '비동시성의 동시성'을 기본적인 특징으로 하고 있다. 선진국이 수백 년에 걸쳐 이루어 낸 근대화를 수십 년 만에 압축적으로 달성하였고 근대화를 완성하기도 전에 IT와 세계화의 충격에 재빠르게 대응하면서 탈근대로 들어가고 있다. 말하자면, 한국정치는 전근대, 근대, 탈근대라는 세 가지의 다른 역사적 시간이 동시에 공존하는 특이성을 보여 주고 있다.

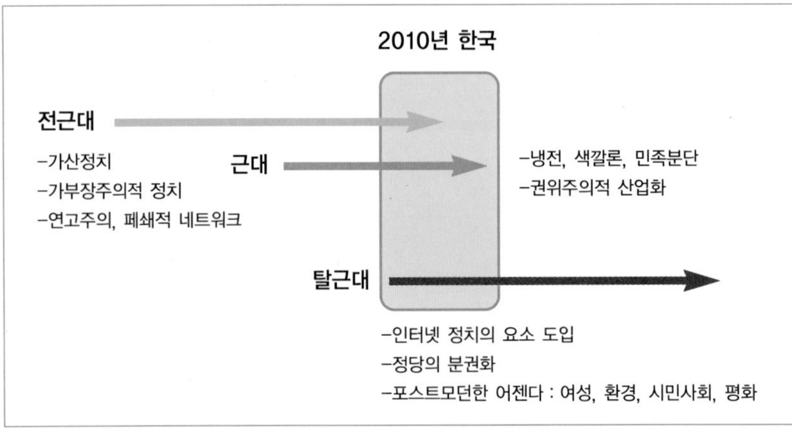

[그림 7] 비동시성의 동시성

한국정치에는 가산주의patrimonialism, 가신정치, 연고주의, 폐쇄적 네트워크 정치, 가부장주의 등 전근대적 요소가 여전히 온존하고 있다. 동시에 근대화의 양대 프로젝트라고 할 수 있는 산업화와 민주화를 세계에 유례없이 압축적으로 달성하였지만, 남북분단의 온존으로 아직까지 완전한 근대적 국민(민족)형성nation-building을 이루지는 못한 상태이다. 압축적 근대화는 전근대적인 의식, 행태, 관행을 청산하지 못한 채 근대적인 정당, 의회, 선거제도를 도입하는 '결함이 있는 근대화defective, deficient modernization'라는 결과를 낳았다. 그러면서도 디지털 혁명으로 인터넷 정치의 요소가 한국정치 영역에 들어오면서 탈근대적 정치행태와 제도가 출현하고 있다. 인터넷을 통한 여론은 기존 미디어 세력과 정치세력이 무시할 수 없는 힘을 발휘하며 근대적 정치의 모습인 거대 조직 정치를 약화시키고 있다. 제왕적 총재제도는 폐지되었으며, 지구당 조직의 폐지에서 보듯이 조직의 경량화, 탈조직화가 점차 대세가 되고 있다. 정치의 어젠다 역시 여성, 환경, 평화, 시민사회 등 포스트모던한 이슈들이 새롭게 부상하고 있다. 이렇듯 한국의 정치시간에는 전

근대와 근대, 그리고 탈근대가 혼합되어 나타나고 있다.

2) 대의제 정치의 유목화

IT혁명은 정치참여의 주체와 패턴을 크게 바꾸어 놓고 있다. 과거에는 연고집단 구성원, 정당·결사체 등과 같은 폐쇄적이고 위계적인 조직 중심의 집단화된 정치참여가 지배적이었다. 그러나 최근에 와서는 다원적이고 분산적인 네트워크에 기반하고 있는 '자율적 개인들'이나 '유동적'이고, '임시적'이며, '가상적인 조직'이 주도하는 정치참여가 점차 부각되고 있다.

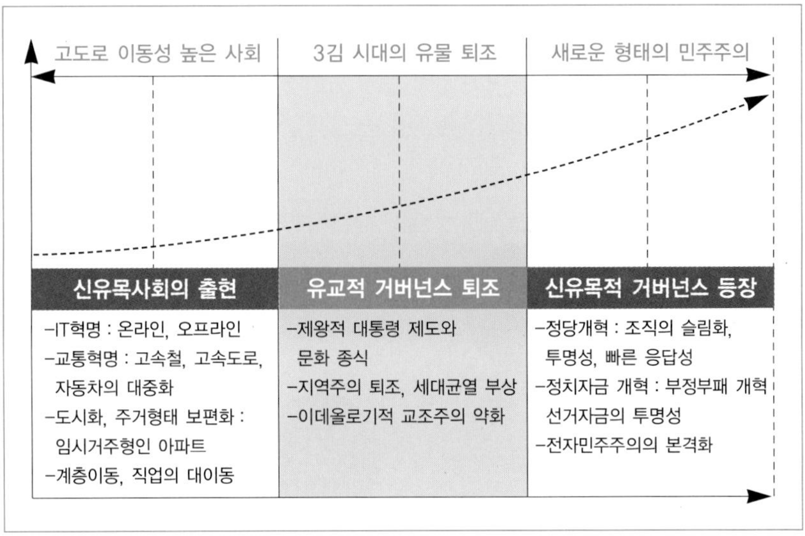

[그림 8] 대의제 정치의 유목화

3) 신유목적 민주주의 개념과 특징

(1) 개념 : 소속연개포小速連開包

IT혁명과 세계화는 정주사회를 유목사회로 변화시킴으로써 국내정치 거버넌스에도 패러다임 변화를 일으키고 있다. 국경을 넘나드는 초국가적 행위자들이 출현하고 이들의 영향력이 급속도로 확대됨에 따라 지리적 연대감이 약화되고 정치의 탈영토화가 일어나고 있다. 사회의 경계도 무너지고 있으며, 자본과 노동은 국경을 넘어서 움직이고 있다. 안방에서도 세계의 정보, 금융, 정치를 넘나들 수 있는 사이버 유목이 일상화되고 있다(조정관, 2005). 사회가 유목사회로 바뀌면서 대의제 민주주의도 유목화하고 있다. 대의제 민주주의는 유목민의 요구에 부응하여 조직을 경량화하고, 이동성을 높이고(小), 가벼운 몸집을 가지고 국민의 요구에 빠르게 응답하고(速), 다양한 유목시민들을 연결시켜 주며(連), 다양한 유목시민에게 언제 어디서나 참여를 개방하고 있으며(開), 주어진 가치를 분배하기보다는 새로운 가치를 창조해 권력을 정합적으로 분점함으로써 국민통합과 포용을 추구하는(包) 신유목형 민주주의로 변화하고 있다.

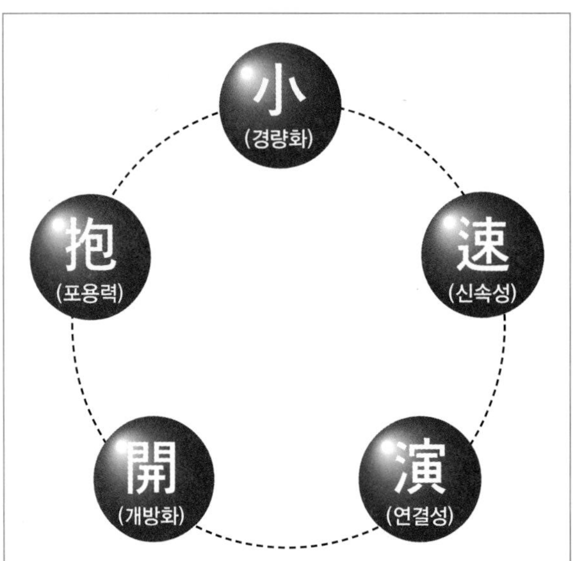

[그림 9] 신유목적 민주주의의 특징

〈표 2〉 정주적 민주주의와 신유목적 민주주의

	신유목적 민주주의	정주적 민주주의
인식론	▷사물을 유체적 · 유동적 · 변동적으로 인식	▷사물을 고체적 · 고정적 · 완결적으로 인식
가치	▷생성 · 창조 · 이질성 · 다양성 · 개성 등을 추구함	▷안정 · 영원 · 동일 · 불변을 추구함
특징	▷문제를 제기하고 특수화하여 창의적으로 풀어 감 ▷공리주의 부정 ▷모든 방향으로 이동	▷문제를 일반적으로 풀어감 ▷공리주의 인정 ▷다음 정착지로 직선 이동

자료 : 이진경, 2002. ; 조정관, 2005 : 42-43.

(2) 신유목적 민주주의 특징

가. 경량화 정치

한국의 신유목적 민주주의는 조직 경량화를 통해 저비용·고효율의 정치를 실현하려 하고 있다. 항상 이동해야 하는 유목민에게 물질적으로 무거운 것은 이동에 불편만을 준다. 신유목민은 오로지 생각과 경험, 지식이나 관계만을 축적하려 한다(아탈리, 1999). 한국정당들이 신유목민들의 기본 '유목물품' 중 하나인 인터넷을 활용한다면 정치비용을 획기적으로 절감할 수 있을 것이다. 거대국가, '유모乳母국가(드러커, 1993)'는 작고 유연한 조직으로 변해 신유목민들에게 방문형 서비스를 하는 신유목 정부 또는 유비쿼터스 정부로 바뀔 것이다.

나. 속도 정치

신유목적 민주주의는 국민의 요구에 빠르게 응답하는 정치를 실현할 것이다. IT가 소통의 시간적·공간적 제약을 제거하고 있기 때문이다. '지리의 종말'과 '속도전쟁'이 동시에 일어나고 있는 것이다. 신유목적 민주주의 하에서 대표와 시민들은 인터넷·휴대폰·팩스·MP3 등과 같은 유목물품을 가지고 빠른 소통과 대화를 시도하며 특히 대표는 시민의 요구를 재빨리 전

달받고 이를 빠른 속도로 정책에 반영하는 '속도정치'를 실현하고 있다(비릴리오, 2004).

다. 협치 네트워크 정치

신유목적 민주주의는 개방적 네트워크를 통해 시민과 대표, 시민과 시민을 연결하는 정치를 실현하려 한다. 신유목민의 유목물품인 휴대폰·인터넷·팩스·자동차·MP3 등은 다양한 네트워크와 항상 접속을 유지하기 위해 필요한 전송수단이다. 그런데 신유목 사회가 구축하려는 네트워크는 개방적 네트워크이다. 시·공간적 제약을 없앤 디지털 혁명은 중앙에서 지방, 그리고 국경을 넘어 전 세계적로 확장이 가능한 '확장형 네트워크'로 나가게 될 것이다. 이에 따라 프로젝트와 과업 중심으로 네트워크가 형성되고, 작업이 끝나면 해체되었다가 다시 새로운 과업이 발생하면 이를 중심으로 새로운 네트워크가 형성될 것이다. 정치에서는 이른바 '과제형 네트워크' 정치조직이 출현할 것이고, 국가·시민사회·시장 간 관계를 조정하는 '협치 네트워크' 정치가 출현할 것이다. IT혁명의 급속한 진행은 정보량의 급격한 증대와 정보의 글로벌화·스피드화를 가져오게 되고, 기존의 위계적 조직은 더욱 작고 유연한 네트워크 조직으로 변화해야 하는 압력을 받게 되며, 국가·시민사회·기업 간 힘의 관계 역시 변화압력을 받고 있다. 그 결과 국가·기업·NGO 간 협력·조화·협치·공치의 혼합통치체제heterarchy가 등장하고 있다. 국가·시민사회·시장(기업) 간 경계가 파괴되고, 고정적 경계의 시대에서 유동적 경계의 시대로 전환되고, 이러한 경계의 파괴는 세 영역이 혼합된 '회색지대'를 출현시키고 있다.

라. 열린 프론티어 정치

신유목적 민주주의는 개방적 민주주의를 지향한다. IT혁명은 산업화 시대에 종료되었다고 생각했던 프론티어 정치를 재개하고 있다. IT혁명은 생산력을 획기적으로 증대하고 인간생활에 새로운 영역을 열고 있다. 기존 아날로그 영역을 확장하고 있는 것이다. 이에 따라 주어진 산출물의 분배를 둘러싸고 제로섬zero-sum 분배게임을 특징으로 하는 농경시대형 '가치분배 정치'를 종식시키는 게 가능해졌다. 새로운 영역을 창출하고 기존영역을 확장하면서 새로운 영역의 관할권을 조정하는 포지티브섬positive-sum '가치창조 정치'가 열리게 되었다. 폐쇄적이고 배타적인 이념정치와 고정된 계급정치를 특징으로 하는 구정치는 쇠퇴하고, 새로운 정치세력이 항상 진입할 수 있는 개방적 정치가 등장하게 되었다.

마. 포용적 민주주의

신유목 사회는 포용성이 높은 민주주의를 이끌 것이다. 신유목민들이 계속 이동하면서 서로 거래·교환·교류하기 위해서는 서로를 포용하는 공존의 정치를 펼칠 수밖에 없다. 신유목민들은 서로 다른 생활양식과 가치관을 존중하면서 공존하며 이를 통해 복합문화를 조립하는 레고문명CiviLego 시대를 열어간다.

6. 신유목적 민주주의의 정치참여

1) 온 · 오프라인의 융합

현재 정치참여는 오프라인에서 온라인으로, 온라인에서 오프라인으로 방향전환이 매우 빈번하게 일어나면서 이뤄지고 있다. 오프라인을 기반으로 했던 정치조직들은 유권자를 동원하기 위해 온라인화 또는 디지털화하고 있고, 온라인을 통해 자발적으로 형성된 다양한 형태의 온라인 정치조직(온라인 정치커뮤니티 등)의 유권자들은 오프라인 정치에도 참여하려는 경향이 증가하고 있다.

2) '나 홀로' 정치참여

한국의 정치참여는 집단화된 정치참여와 개인화된 정치참여가 혼재된 양상을 보여 주고 있는데, 앞으로는 점차 개인화된 정치참여로 전환할 것으로 보인다. 더욱이 휴대폰, PDA, MP3 등 모바일을 통해 정부·정당·정치인이 유권자와 직접적이고 쌍방향적인 커뮤니케이션을 하는 이른바 '모바일 정치'가 활성화되면서 개인화된 정치참여가 더욱 증가할 것이다.

IT와 관련된 정치참여도 클럽이나 카페 등 사이버공동체를 통한 정치참여에서 미니홈피와 블로그 등 개인(소수)공간에 기반을 둔 개인화된 정치참여로 이동하는 추세에 있다.

3) 수요자가 주도하는 정치참여

정치참여의 새로운 트렌드는 정부, 정당, 정치인, NGO 등 기존의 '정치적 대표(공급자)'가 주도하는 '대의적' 정치참여에서 유권자, 네티즌(유티즌) 등 수용자(수요자)가 주도하는 '직접적·자발적' 정치참여로 점차 변화하고 있는 것이다. 자발적 정치참여로의 전환은 정부와 시민, 정당(정치인)과 유권자 간의 '직접적 접촉'에 기초한 IT네트워크형 정치참여를 증대시킬 것이고, 이는 소위 '인터넷 포퓰리즘'의 일상화를 초래할 가능성도 높이고 있다.

4) 자기 표출적 정치참여

IT는 자기절제와 이성적·합리적 판단이 요구되는 '심의적' 정치참여에서 자신을 드러내고 감성적 자유로움을 더욱 강조하는 '표현주의적' 또는 '자기 표출적'(이원태, 2004) 정치참여로 변화하고 있다. '리플' 또는 '댓글' 같은 자기 표출적 글쓰기 방식('리플놀이' 등)과 네티즌들이 직접 생산한(UCC : User Created Contents) 패러디 사진 및 동영상과 같은 이미지 콘텐츠의 활성화와 이를 통한 정보공유는 표현주의적 정치참여의 일상화를 잘 드러낸다.

5) 참여의 일상화

IT를 기반으로 하는 정치참여는 정치참여의 의미와 범위를 확장시키고 있다. 정치참여는 더 이상 투표, 선거 등 공식화되고 제도화된 정치과정에만 한정되지 않으며 일상적인 정치참여 또는 정치참여의 일상화로 확대되고 있다.

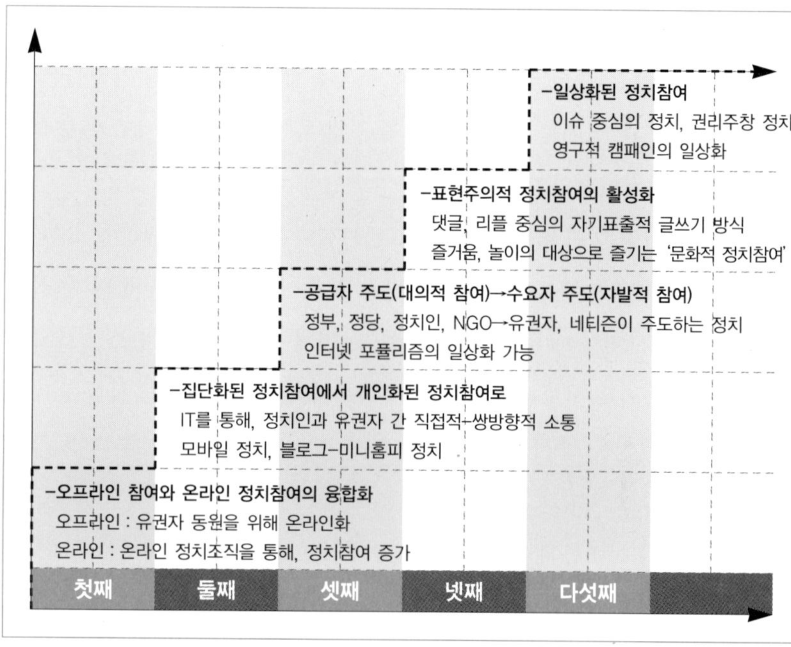

[그림 10] 신유목적 정치참여의 단계

7. 미래 국가전략

1) 창조적 인간을 통한 창조적 사회 실현

고전동화인 '개미와 베짱이'에서 개미는 열심히 일하는 근면의 상징이다. 반면 베짱이는 게으름과 계획성 없음의 상징으로 혹독한 시절인 겨울이 오면 죽음을 맞이한다는 것을 기본 내용으로 하고 있다. 그러나 21세기에는 다르다. 개미는 오늘도 근면성실하게 이른 아침부터 회사에 출근하여 착실하게 일하고 월급을 저축한다. 그러나 오르지 않는 급여과 천정부지로 치솟는 아파트값과 물가, 사교육비의 부담으로 하루하루를 전전긍긍하며 살다가, 시련의 시기인 구조조정시기에 이르러 일찍이 퇴직하여 준비되지 않은 긴 노후를 맞는다. 반면 자기가 좋아하는 일을 즐기며 사는 베짱이는 그의 엔터테인먼트 감각을 십분 발휘하여 연일 히트곡을 내놓는다. 그의 창작물은 그에게 엄청난 부와 명예를 가져다주는 것은 물론이고, 해외에서도 선풍적인 인기를 얻어 국위선양의 대표주자로 추앙받기에 이른다.

덴마크의 저명한 미래학연구소인 코펜하겐미래학연구원 원장인 요한 팔루단Johan Peter Paludan은, 세계는 IT혁명을 통해 산업사회에서 꿈이 현실로 실현되는 드림사회dream society로 들어섰고, 현재 드림사회는 포스트 IT사회 또는 창조적 사회로 변모하고 있다고 주장한다. 창조적 사회는 지식을 기반으로 하고 개인성을 중시한다. 드림사회가 명품브랜드를 선호한다면 창조적 사회의 고급 소비자는 타인과 자신을 차별화할 수 있는 독특함uniqueness을 추구한다. 루이비통은 돈만 있으면 누구라도 가질 수 있기 때문에 더 이상 그들이 선호하는 명품이 아니다. 모두에게 맞는 규격이 아니라 오직 자신에게만 맞는 단 하나의 규격이 창조적 사회의 소비자가 추구하는 상품이다. 창조적 사회에서 일상적 작업은 종말을 고하고 창조적 인간들이 단 하나의 독특한 상품을 만들기 위해 전력한다. 표준화는 더 이상 추구되는 목적이 아니며 대신에 다양성과 혁신, 감성, 맞춤형, 상호작용적 행동이 창조적 사회에 맞는 창조적 인간에게 요구되는 덕목이다(J. Paludan, 2006).

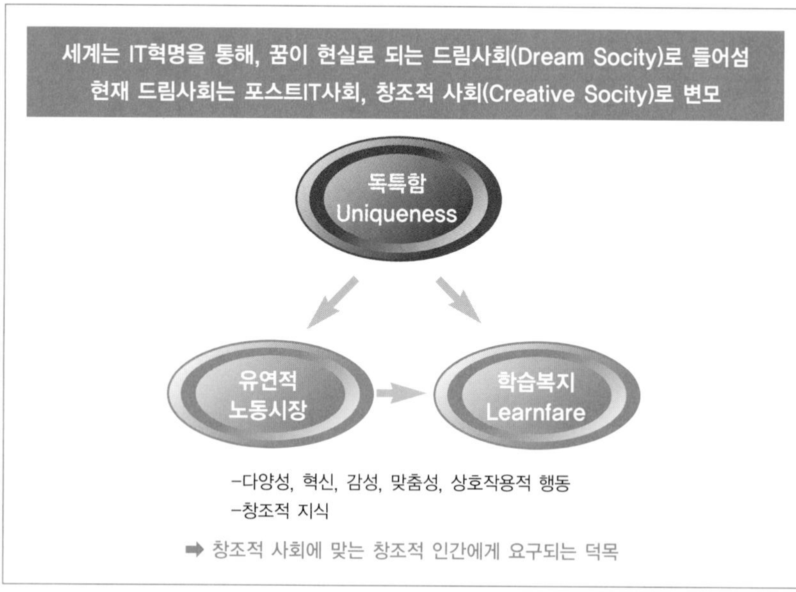

[그림 11] 인재육성을 통한 창조적 사회실현

드림사회의 등장과 창조적 사회로의 변화 와중에서 항상 고용될 수 있는 능력을 갖춘 창조적 노동자 또는 유비쿼터스 노동자(언제 어디라도 고용될 수 있는 노동자)를 만들기 위해서는 평생학습이 더욱 중요하다. 이는 복지의 '시혜'와 '고용창출'이라는 이중역할을 동시에 수행하는 새로운 복지모델이다. 21세기의 대통령은 유비쿼터스 복지를 통해 창조적 인간, 창조적 노동자를 육성하는 비전을 제시해야만 한다.

2) 경제적 국가전략 : 투자국가의 실현

21세기 한국은 통상국가trading state를 넘어 투자국가investment state 비전을 만들고 이를 국민에게 제시할 수 있어야 한다. 우리는 박정희 시대부터 무역을 통해서 먹고 사는 문제를 해결해 왔고 소득 2만 달러 시대에 진입하게 되었다. 그러나 한미FTA를 기점으로 통상국가는 정점에 달했다. 무역을 통해 3~4만 달러의 부를 창출하는 것은 한계에 부딪쳤다. 1,000년 전의 베네치아 공화국처럼 이제는 해외투자를 통해 부를 밖에서 만들어 와야 하는 시대가 되었다. 국가는 기업이 해외에 나가 부를 창출할 수 있도록 지원을 아끼지 말아야 할 뿐만 아니라 해외자본을 국내로 유치해 적극적으로 투자하도록 하여 부와 고용을 창출하도록 해야 한다.

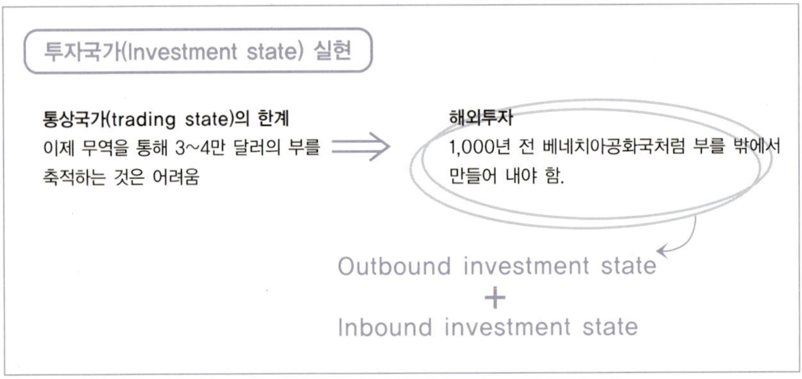

[그림 12] 경제적 국가전략 : 투자국가의 실현

3) 사회적 국가전략 : 복지화

민주화 이후 한국의 시대정신은 복지화이다. 선진화가 선진국처럼 되는 것이라고 했을 때 우리가 선진국에 비해 모자라는 것은 시장이 아니라 복지다. 그렇다면 선진화를 위해서라도 복지를 확충해야 한다. 민주화는 프리덤하우스가 정치자유등급에서 한국을 1등급으로 올린 데서 볼 수 있듯이 거의 선진국 수준으로 올라섰다. 우리가 선진국의 수준에 가장 못 미치는 낙후된 분야가 복지이다. 그런데 한국의 보수주의자들은 복지국가를 도입하기도 전에 영국병, 네델란드병, 독일병 하면서 복지국가의 실패·폐해를 이야기하면서 복지국가 도입을 반대하였다. 그러나 유럽의 복지국가에 문제가 있으면 '후발자의 이점'을 살려 관료주의를 배제하고 효율적인 복지전달체계를 갖추어 성장을 저해하는 것이 아니라 촉진하는 혁신적인 복지체제를 만들어야 할 것이지 복지국가 도입 그 자체를 반대한다는 것은 반민주적이고 반시장적이다. 왜냐하면 복지는 시민들이 시장에 의존하지 않고도(시장에 참여하지 않고도) 받을 수 있는 '사회적 임금social wage' 또는 시민이기 때문에 시민으로서의 존엄성을 유지하기 위해 국가가 시민에 제공하는 '시민임금citizen wage'이기 때문이다. 그렇기 때문에 복지는 평등주의에 기초한 민주주의와 불평등주의에 기초한 시장의 공존을 유지하기 위해 필수불가결한 장치이다. 그리고 복지는 시장경제의 유지를 위해서 필수적이다. 폴라니가 말한 바와 같이 복지와 보호주의는 시장과 인간 그리고 자연을 잇는 연대재solidarity goods의 역할을 하고 시장과 인간, 시장과 자연의 공존을 가능하게 한다.

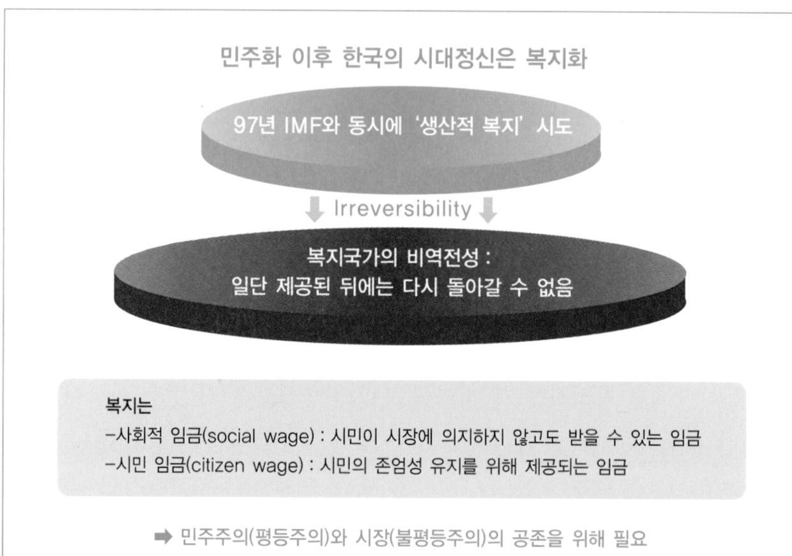

[그림 13] 사회적 국가전략 : 복지화

4) 대외적 국가전략 : 동북아 트리아드의 구축

세계화 시대에는 글로벌 생산네트워크·무역·기술이전·금융 등의 부문이 북미, EU, 동아시아 세 지역에 집중되는 '삼각화'가 이뤄지고 있다. 경제적 세계화는 이 세 지역에서 생산·무역·금융 구조의 수렴현상을 강화한다(Axtmann, 1996 : 119). 이 세 지역에서 기술적·경제적·사회적 문화의 통합은 이들 세 지역과 저발전 국가들 사이 혹은 저발전 국가들 사이에서의 통합보다 더 광범위하고 집중적이고 특징적이다.

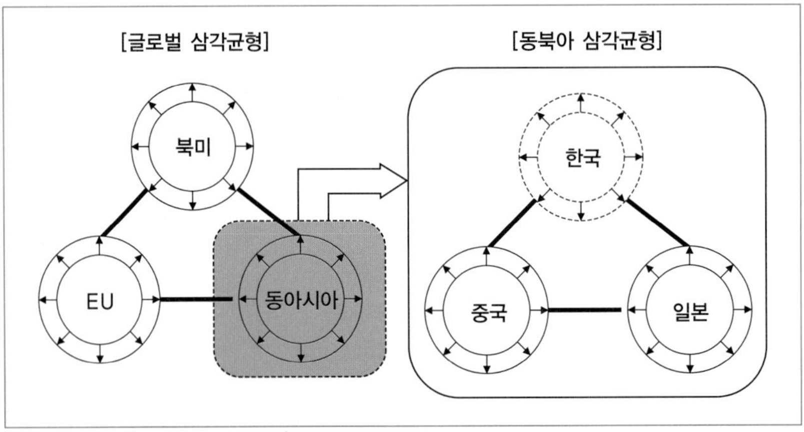

[그림 14] 글로벌 삼각균형과 동북아 삼각균형

동북아 지역에 속하는 한국은 지정학적으로 혹은 지리경제학적으로 글로벌 삼각체제를 형성하는 세 지역에 포함되는 행운을 가졌다. 동북아 지역은 전 세계 생산의 1/5을 차지하고, 공산품 생산의 세계적인 중심이며('세계공장'인 중국), IT혁명을 선도적으로 이끌고 있는(한국) 지역이다. 유럽인구의 네 배에 달하는 16억 인구가 동북아시아 삼각체제에 살고 있다.

많은 한국인들은 한국이 급속한 성장을 하고 있는 중국과 제조업 부문에서 가장 높은 기술과 경쟁력을 가진 일본 사이에서 샌드위치 국가 혹은 완충국가가 되는 위기에 처해 있다는 점에 공감하고 있다. 따라서, 한국이 중국과 일본이라는 두 거대한 경쟁국가 사이에서 완충국가로 살아남고 평화와 번영을 유지하기 위해서는 내적 균형과 외적 균형을 활용한 효과적 생존전략을 구축하여야 한다. 내적 균형은 국가의 상대적 힘에 의존하는데, 영토국가는 내부 권력자원을 통해 경쟁국과 균형을 이뤄 내려고 한다. 반대로 완충국가는 다른 국가와의 동맹형성 등 외부적 권력자원을 동원하여 외적 균형을 통해 경쟁국의 위협에 대응한다(Fazal, 2004 : 315-316).

(1) 한 · 중 · 일 동북아 삼각균형체제 구축 전략

한국이 취해야 하는 대국가전략으로서 '연대의 세 가지 전략'은 첫째, 대륙정책으로서 캄보디아에서 몽골에 이르는 초승달 동맹구축, 둘째, 7,000만 한반도 경제공동체 구축, 셋째, 한미동맹 강화를 통한 한미 간 새로운 파트너십 구축 등으로 요약할 수 있다.

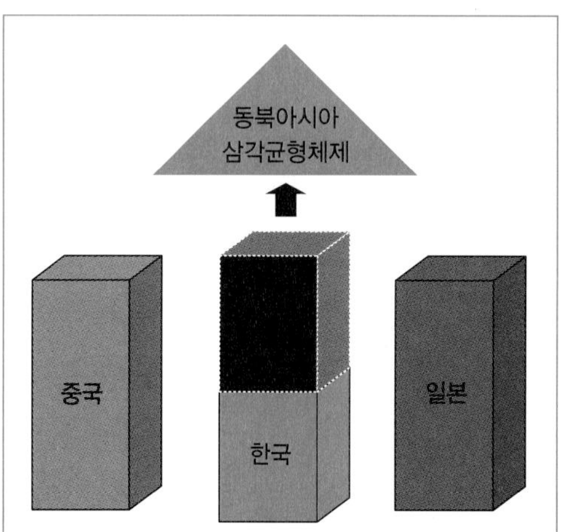

[그림 15] 동북아시아 삼각화와 연성균형

(2) 삼각균형체제 구축을 위한 이론적 접근방식

가. 대륙정책 : 캄보디아에서 몽골에 이르는 초승달 동맹구축

한국은 중국을 둘러싸고 있는 아시아 대륙국가인 베트남, 캄보디아, 미얀마, 우즈베키스탄, 카자흐스탄, 몽골 등으로부터의 외교적 지지가 필요하다. 이들 국가는 중국을 둘러싸고 있는 전략적 위치에 있다. 이들 국가와 연성동맹을 이루고 '평화와 번영의 아시아 초승달 지역'을 형성하게 되면 한국이 중국과의 경제적·문화적·정치적 교류와 협력을 확장하는 데 큰 힘이 될 것이다. 더욱이 이들 국가들은 풍부한 에너지 자원과 광물자원을 갖고 있기 때문에, 이들과 관계를 강화하게 되면 한국은 에너지와 원자재를 수입할 수 있는 국가를 다양화할 수 있게 된다. 그리고 이전 사회주의 국가들과 경제적 교류

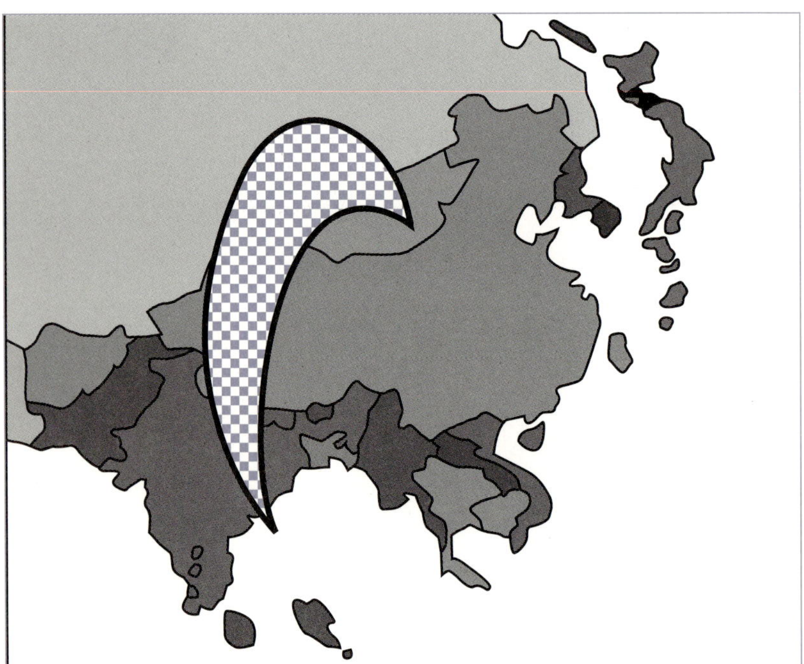

[그림 16] 평화와 번영의 아시아 초승달

를 확대하는 것은 북한과의 관계형성에 있어서도 긍정적 영향을 미친다. '평화와 번영의 아시아 초승달 지역'을 형성하기 위해서, 우선 한국은 현재의 ODA(Overseas Development Aid)와 EDCF(Economic Development Cooperation Fund) 프로그램을 확장해야 한다. 그리고 이 자금을 가지고 이 국가들에게 개발에 관한 전문지식 교육, 인프라 건설, 소프트웨어 개발, 시스템 구축 등을 조력하는 역할을 해야 한다. 또한 한국은 에너지와 광물자원 개발, 고속도로·항만·철도·공항 등과 같은 사회기반시설 건설에 참여할 필요성이 있다.

나. 한반도 정책

연성균형의 둘째 전략은 한반도를 통합된 경제공동체로 만들어 중국·일본과 경쟁할 수 있는 경제대국으로 업그레이드시키는 것이다. 7,000만 한반도 경제공동체 건설을 위해서는 북한이 중국경제에 동화되는 것을 막아야 한다. 미국은 국제사회에서 패권을 노리고 있는 중국을 억제하고자 하는데,

[그림 17] 복선 초승달 전략

남북 간 경제 공동체 형성은 미국이 한반도에 대해 갖고 있는 전략적 가치를 높일 수 있다. 북핵문제를 포함한 '북한문제'도 7,000만 한반도 경제공동체를 건설하는 데 있어서 필수조건이다. 북한문제는 미국과 러시아를 포함하여 동아시아 지역 국가들 간에 불화와 반목의 원천이었고 동아시아 지역협력이 한 단계 더 높은 지역공동체로 나아가는 것을 막아 온 장애요인이었다. 또한 경원선, 경의선을 연결하여 '꿈의 실크로드'라고 불리는 유라시아 철도, TCR(Trans China Raiload), TMGR(Trans Mongolia Raiload)을 연결하는 허브이자 관문이 되도록 해야 한다.

(3) 한미동맹 강화 : 21세기형 파트너십 구축

마지막으로 그러나 가장 중요한 전략은, 지난 50년간 한반도와 동북아의 평화와 안정을 유지시킨 한미동맹을 강화하여, 세계화 시대에 한미 간에 새로운 파트너십을 구축하는 것이다. 한미동맹은 중국·일본과 균형을 이루기 위한 외적 균형전략의 중요한 자원이 되어 왔다.

5) 삼각균형체제 구축을 위한 이론적 접근방식

(1) 평화이익에 기반한 균형

경제적 측면에서 삼각균형체제는 평화이익에 기초해야 한다. 특히 '동북아 에너지 공동체'는 각국 모두에 이익을 안겨 줌으로써 한반도 평화와 번영을 보장할 수 있다. '시베리아 가스 프로젝트'는 가스관이 통과하는 북한은 물론 공급자인 러시아, 개발자인 미국(엑슨-모빌)의 경제적 이익과 부합할 뿐만 아니라, 소비자인 한국, 일본, 중국 모두에게도 이익을 가져다 줄 수 있다. 유럽통합이 장 모네Jean Monet의 철석탄공동체로부터 시작되었다는 사실을 상기할 필요가 있다. 유럽통합에서 철석탄공동체가 수행했던 역할을 '동북아 에너지 공동체'가 수행할 수 있다.

(2) 절충주의적 전략에 기초한 균형

한국이 이러한 과제들을 달성하고 동북아시아의 명실상부한 허브로 부상하기 위해서 채택해야 할 전략은 '절충주의eclecticism'이다(Katzenstein and Okawara, 2002). 기본적으로 한국이 다른 국가들의 힘을 모아 허브국가로 부상한다는 구상은 현실주의적realism 요소를 갖고 있으며, 무역 및 투자를 통해 정치적 영향력을 확보하면서 한국이 주도하는 국제기구를 창설한다는 구상은 자유주의적liberalism 뿌리를 갖고 있다. 한편, 북한과의 경제교류를 증진하여 정치적 협력 기반을 마련한다는 것은 기능주의적functionalism 접근이다. 또한 중·소국들과 교육 및 인적 교류를 통해 일종의 인식공동체epistemic community를 만들어 낸다는 계획은 구성주의적constructivism 요소를 담고 있다. 이와 같이 한국의 대국가전략은 특정 이데올로기에 바탕을 둔 교조주의적dogmatic 전략이 되어서는 안 된다. 허쉬만이 말한 감정과 이익 중 기본적으로 이익에 바탕을 두면서 한반도 평화와 동북아 평화를 구축하는 원대한 이상과 비전을 추구해야 한다(Hirschman, 1997).